QUANDO A RAIVA DÓI

Dados Internacionais de Catalogação na Publicação (CIP)
(Câmara Brasileira do Livro, SP, Brasil)

McKay, Matthew
  Quando a raiva dói : acalmando a tempestade interior / Matthew McKay, Peter D. Rogers, Judith McKay ; tradução Maria Silvia Mourão Netto. - São Paulo: Summus, 2001.

  Título original: When anger hurts: quieting the storm within.
  Bibliografia
  ISBN 978-85-323-0737-8

  1. Raiva I. Rogers, Peter D. II. McKay, Judith. III. Título.

01-1933   CDD-152.47

Índice para catálogo sistemático:
1. Raiva : psicologia   152.47

www.summus.com.br

EDITORA AFILIADA

Compre em lugar de fotocopiar.
Cada real que você dá por um livro recompensa seus autores
e os convida a produzir mais sobre o tema;
incentiva seus editores a encomendar, traduzir e publicar
outras obras sobre o assunto;
e paga aos livreiros por estocar e levar até você livros
para a sua informação e o se entretenimento.
Cada real que você dá pela fotocópia não autorizada de um livro
financia um crime
e ajuda a matar a produção intelectual de seu país.

QUANDO A RAIVA DÓI

Acalmando a tempestade interior

Matthew McKay
Peter D. Rogers
Jusith McKay

Do original em língua inglesa
WHEN ANGER HURTS
Quieting the storm within
Copyright © 1989 by New Harbinger Publications
Direitos desta tradução reservados por Summus Editorial

Tradução: **Maria Silvia Mourão Netto**

Editoração: **Acqua Estúdio Gráfico**

Esta publicação destina-se a fornecer informações precisas e especializadas a respeito do assunto abordado. Fica claro que sua venda não implica, para o editor, a responsabilidade de prestar serviços psicológicos, financeiros, legais ou de outra natureza. Em caso de necessidade de atendimento ou aconselhamento particular, deve-se procurar a ajuda de um profissional competente.

Summus Editorial
Departamento editorial
Rua Itapicuru, 613 – 7º andar
05006-000 – São Paulo – SP
Fone: (11) 3872-3322
http://www.summus.com.br
e-mail: summus@summus.com.br

Atendimento ao consumidor
Summus Editorial
Fone: (11) 3865-9890

Vendas por atacado
Fone: (11) 3873-8638
e-mail: vendas@summus.com.br

Impresso no Brasil

Para nossos filhos

Dana, Noah, Jordan, e Rebekah

Èlan e Becky

Sumário

I ENTENDENDO A RAIVA

1. Como usar este livro 11
2. Os mitos sobre a raiva 19
3. Os custos fisiológicos da raiva 34
4. Os custos interpessoais da raiva 45
5. A raiva como escolha: o modelo de dois passos para a raiva 54
6. Quem é o responsável? 73

II CONSTRUINDO HABILIDADES

7. O combate aos pensamentos-gatilho 95
8. Controlando o estresse passo a passo 119
9. Detendo a escalada 145
10. Enfrentando a raiva por meio de um diálogo interior sadio 166
11. Treino da escolha da resposta 185
12. Comunicação para a resolução de problemas 201
13. Imagens da raiva 228
14. Raiva como defesa 239

III RAIVA EM CASA

15. Raiva e crianças 263
16. Maus-tratos entre cônjuges, por *Kim Paleg* 296

Apêndice: Protocolo de grupo de TER 333

Bibliografia 343

I
Entendendo a Raiva

1
Como usar este livro

A raiva tem custos enormes. O impulso que, no momento, parecia tão certo, tão justificado, torna-se outra fonte de culpa e remorso nos momentos de calma. O que parecia tão merecedor de crítica passa. O que fica são as cicatrizes, a mágoa, a alienação.

Se você fica freqüentemente com raiva, todos os seus relacionamentos podem sofrer com isso. O casamento torna-se um campo minado. Aumenta a distância. As paredes engrossam. Os filhos ficam endurecidos, resistentes e, ao mesmo tempo, carregam um intenso sentimento de desvalia. Os colegas afastam-se de você ou o sabotam, e o patrão o critica por tudo. Alguns amigos talvez sintam certa amargura em relação a você.

E a raiva afeta a sua saúde. Uma pesquisa longitudinal com 25 anos de duração, com estudantes de direito, que antes haviam sido testados quanto à sua hostilidade, revelou um dado espantoso. Vinte por cento dos que haviam tido os resultados mais elevados tinham morrido, comparados a apenas 5% dos estudantes que haviam tido os resultados mais baixos (*New York Times*, 1989). A raiva freqüente compromete o corpo e aumenta o índice de mortalidade para praticamente qualquer causa.

Quando a raiva dói

Este livro é destinado às pessoas preocupadas com sua raiva, que se cansaram do preço emocional e físico que ela cobra. É para quem quer menos raiva nos seus relacionamentos, para quem busca maneiras melhores de expressar suas necessidades e resolver seus problemas.

Este é um livro de auto-ajuda, o que significa que você irá trabalhar muito. Não é possível atingir o controle da raiva sem aprender e praticar habilidades essenciais para enfrentá-la. A leitura passiva do texto pode se mostrar decepcionante. Nada vai mudar em sua vida.

A verdadeira mudança em sua experiência e em sua demonstração de raiva só pode ser alcançada fazendo-se os exercícios, tentando as técnicas e praticando as novas habilidades diariamente. Quer esteja aprendendo a reduzir o estresse ou um sistema para alterar seus pensamentos disparadores da raiva, este livro só poderá ajudar se você dominar cada passo e depois aplicar o que aprendeu aos acontecimentos reais de sua vida.

Esse trabalho vai valer a pena. As habilidades que você aprenderá neste livro poderão ajudá-lo a obter benefícios importantes:

1. A capacidade de controlar demonstrações destrutivas de raiva. E a chance de proteger e reconstruir os relacionamentos que tiverem sofrido danos com explosões no passado.
2. Uma redução na freqüência e na intensidade de sua resposta fisiológica de raiva. Existe um verdadeiro tesouro de dados científicos que comprovam que a raiva prejudica sua saúde (ver Capítulo 3). Quanto menos raiva você sentir, mais tempo viverá.
3. Uma mudança nas crenças, suposições e atitudes que desencadeiam a raiva crônica. Assim que aprender a reestruturar os pensamentos-gatilho da raiva, perceberá que cada vez menos coisas o aborrecem.
4. A identificação das tensões e das necessidades que se encontram *abaixo* da sua raiva. Quando você tiver clareza a respeito do verdadeiro problema, poderá superar a fase da raiva e passar para a da tomada de decisões.
5. A capacidade de enfrentar o estresse de maneira eficiente. Em vez de explodir quando o estresse excede seu limiar de tolerância, você pode empregar métodos científicos de relaxamento.
6. Maior eficácia na satisfação de suas necessidades. A raiva

gera resistência e ressentimento nos outros. Pode ser que você obtenha a cooperação imediata mas, a longo prazo, suas necessidades serão ignoradas e você será evitado. Recursos de comunicação e resolução de problemas podem ajudá-lo a conseguir o que quer, *sem* raiva.

Quando a raiva ajuda

Apesar de seu custo, a raiva pode ser proveitosa. É um sinal de alerta de que alguma coisa está errada. Assim como a dor física pode ser uma advertência ("este fogão está quente, afaste a mão"), a raiva pode avisá-lo de um trauma iminente e fornecer a energia necessária para resistir às ameaças tanto emocionais quanto físicas. As situações excepcionais seguintes são exemplos de quando a raiva ajuda:

1. Talvez a situação mais óbvia em que a raiva pode ser útil seja a de uma *ameaça física* ou um ataque direto. A raiva pode mobilizar a pessoa a se defender ou escapar.

Há alguns anos, certa noite, Íris, uma mulher de meia-idade moradora de Nova York, ouviu os passos de alguém que a seguia, quando estava voltando sozinha do teatro. Claro que ficou com medo, mas também ficou com raiva ao pensar que poderia tornar-se uma vítima. Diminuiu a marcha. Então os passos ficaram mais próximos, ela girou como um pião e, com a máxima potência vocal de que foi capaz, gritou: "Vá embora, seu filho da puta, ou eu te mato!". O possível agressor fugiu.

2. A raiva pode ser proveitosa quando seus *limites são violados*. Esse tipo de infração pode ocorrer numa variedade de formas. No trabalho, o chefe de Sally muitas vezes lhe pedia que trouxesse café, embora a função de copeira não fizesse parte do seu cargo. O chefe de Jim espera que ele faça hora extra todos os dias, sem remuneração. O limite pessoal pode ser violado por parentes ou amigos, que aparecem sem telefonar antes, por um vizinho que toma emprestado ferramentas o tempo todo, pelo namorado que cobra da parceira algum tipo repulsivo de sexualidade.

A raiva pode ajudar a mobilizar seus recursos pessoais e com eles estabelecer limites apropriados. Você não precisa ser hostil ou agressivo com o chefe. Mas pode aprender a ser muito firme. Em sua vida pessoal, a raiva pode ajudar a estipular limites, dando-lhe a força necessária para resistir diante de exigências ameaçadoras.

3. Muitas pessoas lutam com a questão da *separação e individuação*. Algumas crianças passam quase a vida toda na sombra de pais invasivos ou abusados. E mesmo quando essa pessoa pensa que escapou porque não é mais criança, se casou e tem sua própria família, continua sendo invadida.

Penny é um exemplo disso. Quando ela, o marido e o bebê recém-nascido mudaram-se para o outro lado do país, pensaram que tinham adquirido certa independência. Mas não. Telefonemas semanais, cheios de interrogatórios e críticas, foram seguidos por prolongadas visitas, durante as quais a mãe de Penny "assumia" completamente o comando. Afinal, Penny (com o apoio do marido) correu o risco e confrontou sua mãe, sem gritos ou berros. Sua raiva controlada permitiu-lhe comunicar a intensidade de sua necessidade de criar o filho ao *seu* modo. A mãe de Penny se sentiu magoada e ficou com raiva. Com o tempo, aprendeu a respeitar sua filha como indivíduo.

A adolescência é uma época exigente e tumultuada para todos os envolvidos. Richard era um garoto razoavelmente "bom". Quando chegou ao colegial, começou a usar o apelido "Gandi" (apelido para Gandalf) e seus pais observaram uma mudança. Começou a ter e dar opiniões. Criticava abertamente o presidente e fazia comentários depreciativos sobre o capitalismo. Quando seus pais republicanos objetaram a esses novos valores políticos, sua primeira reação foi um afastamento taciturno. Depois de algum tempo, sua raiva o deixou energizado para um posicionamento mais audaz. Disse de modo taxativo aos pais: "Tenho o direito a crenças próprias. Me deixem em paz ou vocês vão ter uma guerra fria bem aqui em casa". Seus pais ficaram chocados mas decidiram lhe dar "mais espaço".

Chris e Sandy conheceram-se e apaixonaram-se. Depois de um namoro vertiginoso, resolveram morar juntos. Por algumas semanas foi tudo às mil maravilhas, mas logo Chris começou a sentir-se engaiolado.

Sandy foi cobrando cada vez mais atenção, a ponto de Chris sentir-se esgotado. Por fim, Sandy estava andando atrás dele como um cachorrinho perdido. Essa foi a gota d'água. Estar plenamente consciente de sua raiva ajudou Chris a estabelecer limites firmes. Depois de algum tempo, o casal teve realmente de se separar. Por mais enriquecedor que o relacionamento tivesse sido no começo, terminou por abafar as existências individuais de ambos e por não lhes permitir crescer.

4. Um dos problemas mais difíceis de enfrentar é o *abuso sexual ou físico* na infância. O assédio sexual, por um dos pais, pelos avós, irmãos ou vizinhos, é uma experiência arrasadora. Têm efeitos igualmente devastadores os maus-tratos físicos, verbais ou emocionais contínuos. As crianças que passam por essa espécie de situação ficam traumatizadas e armazenam imensas quantidades de pesar e raiva, que duram até a idade adulta.

Para os sobreviventes de abuso na infância, a recuperação significa virem à tona mais e mais sentimentos que estavam enterrados desde então. Primeiro a dor, a humilhação, a sensação de conter algo errado. Depois, a raiva e a constatação de que a própria inocência foi violentada. Finalmente, a sensação profunda de pesar. Este é por certo o melhor contexto em que os termos "legítima", "válida" ou "apropriada" cabem para qualificar a raiva.

Para as vítimas de abuso na infância, a catarse num ambiente terapêutico seguro é um requisito indispensável ao processo de "seguir com a vida em frente". Entrar em contato com a raiva da criança vitimizada é um grande passo no trabalho de recuperação.

5. A raiva ajuda a superar o *medo de declarar firmemente suas necessidades*. Muitas pessoas acreditam que não têm direito de pedir o que querem. Não merecem ser felizes. Sem os efeitos mobilizadores da raiva, elas simplesmente nunca teriam a coragem de comunicar suas necessidades.

Cindy é alguém assim. Estava sempre sendo tratada com pouco caso, mesmo na infância. A mensagem de sua família era: "Você não é importante". "Sua irmã precisa pôr aparelho nos dentes, ela vai participar do teatro da escola. Seus dentes estão em ordem. Não tem importância eles serem um pouco tortos." "Nós estamos mandando seu irmão para a universidade, ele é o inteligente. Você vai arranjar um trabalho até casar."

Chegou um momento em que Cindy finalmente bateu o pé. Sua raiva a fortaleceu e sustentou enquanto confrontava os pais. Em voz alta, ela lhes disse que não estava mais disposta a ser a segunda, que era o fim da "baboseira de Cinderela". Algumas coisas começaram a mudar. Para início de conversa, sua mãe pediu desculpas. E o pai se ofereceu para comprar os livros e pagar seus estudos na faculdade local.

Como usar este livro

Embora a raiva possa servir de maneira vital na proteção da integridade da pessoa, em sua defesa, numerosas vezes é usada como instrumento de destruição e abuso. A raiva crônica não torna a pessoa forte nem segura. Ela enfraquece. Ela incentiva ataques. A verdade é que a raiva engendra raiva. Quanto mais você grita, mais você atrai gritos. Quanto mais esbraveja, mais atrai a fúria do outro.

Existem dois tipos de raiva: a que a pessoa sente por si e a raiva dirigida a outrem. A raiva de si mesmo desencadeia depressão e prejudica a auto-estima. A raiva de si mesmo não faz parte do escopo deste livro. Se, para você, essa for uma questão significativa, sugerimos que leia *Self-esteem* (McKay e Fanning, 1986), em que é apresentado um completo tratamento comportamental cognitivo desse problema.

Este livro se dedica à raiva que sentimos dos outros. Quer você seja do tipo que dá vazão à raiva, quer seja do tipo que fica fervendo em silêncio, aqui você obterá ajuda.

Os Capítulos 2 a 4 contêm informações básicas sobre o que a raiva é e não é, assim como sobre seu custo fisiológico e interpessoal. O Capítulo 5 mostra que a raiva é *sempre uma escolha*. Você pode controlar a raiva controlando seus pensamentos disparadores da raiva. O Capítulo 6 explora a questão da responsabilidade. Para a pessoa zangada, a responsabilidade do problema sempre é do outro. Controlar a raiva significa assumir a responsabilidade por *tudo* que estressa, magoa ou frustra. Os Capítulos 7 a 14 dedicam-se à construção de habilidades. É de importância vital colocar em prática as informações contidas neles, e não apenas lê-los. Faça os exercícios, experimente as técnicas, descubra o que funciona melhor para você. Os Capítulos 15 e 16 focalizam os problemas especiais da raiva dirigida aos filhos e dos maus-tratos conjugais. O Capítulo 16 tem um formato que permite ser usado à parte, como componente de um programa de tratamento para casos de abuso conjugal. Com essa finalidade, as principais estratégias são detalhadas nos primeiros capítulos e resumidas numa seção sobre controle da raiva. Para os profissionais, o Apêndice contém um protocolo para a realização de grupos de Treino de Escolha de Resposta (TER).

Seu Diário da Raiva

Manter um diário da raiva é uma recomendação na utilização deste livro. Em vários momentos ao longo deste trabalho, você será instruído a observar e registrar aspectos específicos de sua raiva. Por exemplo, você deverá monitorar os padrões de tensão crônica em seu corpo, a sua resposta fisiológica de raiva e os pensamentos que a disparam. Fará um rastreamento dos alvos mais freqüentes de sua raiva. Observará e anotará as imagens e cenas lembradas que mais o imobilizam emocionalmente.

O diário é importante porque lhe permite aplicar o livro em sua situação específica. Em lugar de ler passivamente a respeito de estresse, você irá investigar os padrões de tensão de seu próprio corpo. Em vez de absorver abstrações e conceitos, você aprenderá quais são seus pensamentos e as imagens detonadores de raiva.

Enfrentar a raiva é um processo ativo. E o momento de dar início ao processo de mudança é agora. Compre um caderno espiral. Coloque na mesa, ao lado de sua cama, ou onde for mais provável que você o utilize. De hoje em diante, e até que tenha concluído o processo percorrendo todos os capítulos deste livro, faça as seguintes anotações:

1. O número de vezes em que ficou com raiva, nas últimas 24 horas.
2. O grau de excitação no momento em que a raiva estava no auge, nas últimas 24 horas. Use uma escala de 1 a 10, em que 1 é a excitação mínima e 10 é a máxima que você já sentiu na vida.
3. O nível de agressividade com que reagiu quando estava no auge da raiva, nas últimas 24 horas. Novamente use uma escala de 1 a 10, em que 1 é a agressividade mínima e 10, a mais forte que você já demonstrou.

Uma anotação típica seria algo como:

4 de dezembro – 4 vezes. Excitação 6. Agressão 2.
5 de dezembro – 3 vezes. Excitação 7. Agressão 5.

Monitorar sua raiva desta maneira pode ensinar-lhe muito a respeito de si mesmo. Mas também lhe servirá como uma medida de sua evolução. Ao longo de várias semanas, você será capaz de observar sua mudança tanto em relação à freqüência quanto à intensidade de sua raiva. Ver sua melhora documentada dessa maneira é um reforço poderoso de sua dedicação.

2
Os mitos sobre a raiva

A raiva, "cavalo desenfreado" nas palavras de Shakespeare, tem sido tanto aplaudida quanto amaldiçoada; mas, basicamente, mal-entendida. Seja "o sustentáculo da alma" (Thomas Fuller, *Of anger*), seja o que "jaz no peito do tolos" ("Eclesiastes"), a raiva tem sido, desde o início dos tempos, tema de especulações e controvérsia.

Alguma vez você já ficou com raiva e algum amigo lhe disse que "é bom botar tudo para fora?". Já foi aconselhado por algum terapeuta a parar de segurar a raiva? Alguma vez já teve a sensação de que a raiva é inevitável, de que é melhor encontrar uma maneira de extravasar antes de explodir? Todas essas situações são comuns. Mas essas crenças simplórias a respeito da raiva, aceitas inclusive por profissionais da saúde mental, terminaram revelando-se, em suma, erradas. Neste capítulo, examinamos os quatro mitos básicos acerca da raiva e descrevemos parte da pesquisa que está, no momento, trazendo a verdade à tona.

Mito 1: A raiva é um evento determinado bioquimicamente.
Mito 2: A raiva e a agressão são instintivas no homem.
Mito 3: A frustração leva à agressão.
Mito 4: É saudável extravasar.

Cada um desses mitos sustenta a infeliz conclusão de que a raiva e a agressão são uma parte *necessária* do ser humano. Ao sugerir que a raiva e a agressão são determinadas pelo instinto e pela biologia, que são elementos básicos à adaptação humana, esses mitos fazem a raiva parecer inevitável. O resultado final é uma era na história da psicologia durante a qual a expressão da raiva, além de encorajada, foi aplaudida. Presume-se que as pessoas naturalmente fiquem com raiva. E ainda lhes dizem que extravasar a raiva é o melhor caminho para a saúde mental.

A verdade é que a raiva raramente é inevitável e poucas vezes necessária. Mas isso é pôr a carroça na frente dos bois. Antes, será mais produtivo examinar um a um os mitos sobre a raiva.

Mito 1: A raiva é um evento determinado bioquimicamente

A crença de que a raiva é essencialmente um processo bioquímico é comum e endossada sobretudo pela comunidade médica. Em termos específicos, considera-se que a raiva é o resultado de mudanças hormonais ou de atividade do sistema límbico (por exemplo, hipotálamo e amígdala).

Raiva e hormônios

Alguns pesquisadores têm relacionado o hormônio prolactina (que estimula a produção do leite materno) com altos níveis de raiva. Kellner *et al.* (1984) constataram que mulheres com amenorréia hiperprolactinêmica (quadro caracterizado por níveis aumentados de prolactina no sangue durante ausência de menstruação) apresentavam escores de hostilidade mais elevados do que as mulheres com níveis normais de prolactina. Quando as mulheres hiperprolactinêmicas eram medicadas com uma substância que diminuía a presença desse hormônio, seguia-se uma diminuição significativa e progressiva em sua hostilidade. Em outra pesquisa correlata, as mulheres puérperas que tinham altos níveis de prolactina mostraram-se significativamente mais hostis do que um grupo de controle, e tão hostis quanto as mulheres hiperprolactinêmicas.

A testosterona também tem sido vinculada à hostilidade. Scaramella e Brown (1978) descobriram que a testosterona correlacionava-se com o comportamento agressivo. Konner (1962) observou que entre os homens presos de determinada instituição os prisioneiros com níveis mais elevados de testosterona eram os que com menos idade tinham sido presos pela primeira vez. Contudo, constatou-se que os níveis de testosterona também estão sujeitos a influências ambientais. Quando um macaco foi introduzido numa gaiola em que machos rivais tinham estabelecido suas áreas de domínio, Konner registrou que o recém-chegado exibiu uma rápida queda do plasma de testosterona. Por outro lado, quando um macho foi colocado na gaiola de fêmeas no cio, os níveis de testosterona subiram acentuadamente.

Há muito tempo, a norepinefrina tem sido incluída na produção da raiva. Friedman *et al.* (1960) relataram que sujeitos agressivos e hostis excretavam mais norepinefrina do que os sujeitos passivos e ansiosos com quem foram comparados. No entanto, essa pesquisa sofre do dilema "o ovo ou a galinha", pois não fica claro se a secreção de norepinefrina é produto da raiva, ou se os sujeitos tinham mais raiva porque os níveis de norepinefrina no seu sistema estavam mais elevados.

Não há dúvida de que os hormônios estão associados com a emoção. Mas, embora a excitação fisiológica possa ser um componente necessário de qualquer reação emocional, em si mesma ela não tem a capacidade de fazer a pessoa sentir raiva. Perceber no nível cognitivo um evento ou uma situação que provoca emoção e interpretar esse evento também é um segundo componente, e da mesma importância que o primeiro.

O trabalho de Stanley Schachter demonstrou de forma cabal a importância do ponto de vista cognitivo. Baseando-se na pesquisa de Maranon (1924), Schachter propôs uma teoria "bifatorial" da emoção. De acordo com essa teoria, a atribuição de um nome a uma emoção se fundamenta numa mudança fisiológica *mais* uma interpretação cognitiva dessa mudança.

Numa série clássica de experimentos destinados a explorar esse ponto de vista (Schachter e Singer, 1962), os sujeitos recebiam o que pensavam ser injeções de vitamina. Na realidade, eram de adrenalina. Um grupo de sujeitos recebeu a informação de que a "vitamina" iria produzir alguns efeitos colaterais, como palpitações cardíacas e tremores (efeitos colaterais reais da adrenalina). Outros grupos foram informados de que não deveriam esperar efeitos colaterais, ou esperar efeitos colaterais não comumente associados com a adrenalina.

Enquanto esperava por um "exame de vista", cada um dos sujeitos sentou-se numa sala de espera, com outra pessoa que, na realidade, era um integrante do grupo de pesquisa. Em alguns casos, o "colaborador disfarçado" parecia eufórico e tolo, lançando aviõezinhos de papel, rindo e brincando com um bambolê. Em outros casos, esse colaborador mostrava-se aborrecido e com raiva, terminando por rasgar um questionário que supostamente deveria preencher.

O objetivo dessa pesquisa era ver se os sujeitos testados, submetidos a essas diferentes condições experimentais, atribuiriam rótulos emocionais diversos às sensações fisiológicas produzidas pela adrenalina. O dado principal obtido dessa pesquisa foi que os sujeitos que não esperavam a excitação induzida pela adrenalina, e portanto não tinham como explicar as mudanças fisiológicas que estavam sentindo, mostraram-se propensos a usar a emoção demonstrada pelo pesquisador como rótulo para o que percebiam em seu corpo. Eles também expressavam euforia ou raiva, dependendo do modelo que o pesquisador lhes proporcionava. Por outro lado, os sujeitos que haviam sido instruídos a esperar efeitos colaterais mostraram-se menos propensos a espelhar os sentimentos do ajudante.

Muitos outros experimentos (Schachter, 1971) vêm endossando a noção de que os fatores cognitivos tendem a sobrepujar os efeitos da mera excitação. A autoridade em raiva Ray Rosenman (1995) concluiu que "[...] *é antes de mais nada a percepção de um evento que determina a reação emocional e, portanto, as conseqüências psicofisiológicas* [...] *A raiva é uma resposta cognitiva associada com julgamento e interpretação pessoal*".

Carol Travis, autora do prolífico trabalho intitulado *Anger – the misunderstood emotion*, concorda que a excitação induzida pelos hormônios não é suficiente para *causar* a emoção.

> Esta precisa de um componente psicológico antes que o calor seja transformado em hostilidade, que a incerteza se torne medo, a perturbação generalizada, depressão ou ira. A adrenalina não se torna o hormônio da raiva até que esteja vinculada com uma provocação, uma percepção de injustiça, ou alguma interpretação do evento. (Travis, 1982)

Raiva e o sistema límbico

A área do cérebro que os neurologistas consideram governar o comportamento violento é o sistema límbico. Este se localiza na região mais antiga do cérebro e inclui, entre outros componentes, a amígdala e o hipotálamo. A amígdala, em especial, é um dos grandes responsáveis pelo comportamento agressivo.

Elliot (1976) sugeriu que as doenças do cérebro que afetam o sistema límbico podem resultar no que é às vezes chamado de "síndrome de descontrole". Segundo ele, esta síndrome tem *"um importante papel como causa dos espancamentos de filhos e esposa, de ataques sem razão, de homicídios sem causa, de lesões corporais auto-infligidas, de condução perigosamente agressiva de veículos, de infelicidade doméstica, de divórcio"*, e assim por diante. Têm sido relatados vívidos históricos de caso da síndrome de descontrole nos quais constam todas as espécies de brutalidade, ataques sexuais, descuidos fatais. Essa síndrome também parece estar envolvida no trágico caso de Charles Whitman, o "Texas Tower", que assassinou 17 pessoas. Depois de sua morte, a autópsia revelou um tumor do tamanho de uma noz situado na amígdala.

Embora o sistema límbico, e particularmente a amígdala, esteja identificado com a agressão, Rosenman (1985) aponta que essa não é uma relação direta e objetiva:

> [...] A existência da amígdala não significa necessariamente que o cérebro esteja instintivamente programado para a agressão. Nesse sentido, sua estimulação no animal não elicia condutas agressivas *a menos que tenham sido aprendidas antes*. Além disso, sua estimulação nos sujeitos humanos causa, variadamente, ansiedade, depressão, raiva, temor e horror...

Outros pesquisadores concordam. Deschner assinala que a amígdala avalia os estímulos que vêm ao indivíduo em termos de seu potencial de ameaça ou favorecimento da vida.

> Essas primitivas avaliações "bom–mau" parecem controlar o acesso aos programas da raiva, no hipotálamo. Felizmente, os estímulos que vêm até o indivíduo devem ser primeiro recebidos e interpretados pelas áreas apropriadas nos hemisférios cerebrais especializadas em processar sinais, sons, e assim por diante. *Por conseguinte, a amíg-*

dala emite julgamentos sobre os estímulos que foram, antes, filtrados pelas partes conscientes da mente, onde são registrados todos os *inputs*, comparados com os registros anteriores da memória e com as crenças e expectativas passadas e, por fim, interpretados. Esse simples fato anatômico serve de tela entre o mesencéfalo e o mundo, e atua como a base inata da regulação cognitiva das reações de raiva. (Deschner, 1984)

Mito 2: A raiva e a agressão são instintivas no homem

A idéia de que os humanos são dotados de um instinto básico para a agressão recebe um apoio quase científico do trabalho de Raymond Dart. Sua análise de dados obtidos em cavernas da África do Sul, especialmente em Makapansgat, levou-o a descrever os primeiros ancestrais hominídeos em termos vívidos:

> Os predecessores do homem diferiam dos macacos de então por serem matadores comprovados: criaturas carnívoras que agarravam animais vivos usando violência, espancando-os até matá-los, para depois dilacerar o corpo todo quebrado, desmembrando-o parte por parte; a sofreguidão de sua sede era saciada pelo sangue das vítimas. (In: Leakey, 1981, p. 221)

Quando Dart continuou seu trabalho, examinando em detalhes os fósseis remanescentes dos australoptecos das cavernas, descobriu que também estes exibiam as inequívocas marcas da violência. Num ensaio de 1953, ele resumiu sua visão das origens da humanidade proclamando que

> os arquivos recobertos de sangue e repletos de carnificina, da história humana ancestral desde os primeiros documentos sumérios até as mais recentes atrocidades, praticadas durante a Segunda Guerra Mundial, falam de um canibalismo primordial universal [...] esse hábito predador, esse selo de Caim, separa diametralmente o homem de seus parentes antropóides e, pelo contrário, aproxima-o dos mais mortíferos carnívoros. (ibid.)

As conclusões de Dart foram levadas adiante por seu discípulo, Robert Ardrey, em livros como *African genesis* e *The territorial imperative*. O eloqüente registro de Ardrey sobre a vida pré-histórica, com seus cenários predatórios, carnívoros e canibais, foi um dos grandes impulsos na promoção da idéia de que o homem não pode escapar de seus instintos agressivos e de que, na realidade, ele é "[...] *um predador cujo instinto é matar com uma arma*".

Os resultados da moderna pesquisa científica tendem a refutar as alegações sobre as quais Dart e Ardrey basearam suas descrições do nosso sangrento passado. O principal pesquisador dessa área é Bob Brain, que desenvolve seu trabalho no Museu Transvaal, em Pretória. Ele descobriu que os fósseis enterrados perto do fundo de uma longa caverna podem estar recobertos por até cem pés de sedimentos. O efeito de todo esse peso é achatar e distorcer os fósseis dos hominídeos. Se um objeto pontudo tiver sido colocado próximo ao crânio, a pressão pode empurrar a ponta até o osso, ocasionando uma fratura localizada incidental que lembra os efeitos de um golpe letal contra a cabeça.

Brain recorreu aos resultados de um "experimento natural", quando descobriu um grande número de fragmentos ósseos de bodes numa aldeia hotentote. A carne desse animal era o alimento básico naquela região, e os restos eram atirados aos cães. Quando ele coletou e organizou os fragmentos, descobriu que só as partes mais duras e resistentes do esqueleto sobreviviam. Essa coleção de ossos era notavelmente parecida com a que tinha sido descoberta no sítio de Makapansgat. A impressão agora é que os fósseis que Dart interpretou como armas de uma cultura pré-histórica provavelmente sejam os restos de várias refeições carnívoras.

Talvez o mais conhecido proponente da base evolutiva da agressão humana tenha sido Konrad Lorenz. Famoso por seu livro *On aggression*, ele relaciona a agressividade humana com um instinto territorial universal em biologia. Por todo o reino animal, os territórios são estabelecidos e mantidos por meio de manifestações ritualizadas de agressão. Segundo Lorenz, nossos ancestrais adquiriam armas e transformavam esses rituais em combates sangrentos, intensificados pela sede primal de matar.

A escola de Lorenz sugere que a agressão é parte básica do mecanismo de sobrevivência territorial do animal, alimentado por uma pressão contínua para se expressar. De acordo com Lorenz, a agressão pode ser acionada por uma pista apropriada, como o aparecimento de uma ameaça vinda de outro animal. Mas, se essa ameaça não aparece, a pressão interna terminará atingindo um "ponto crítico", e o comportamento agressivo irromperá de maneira espontânea. Essa teoria poderia ser usada para explicar tudo, desde a pancadaria conjugal até a guerra nuclear, pois as pressões biológicas forçam os seres humanos a atravessar algum tipo de limiar inato para a raiva.

O antropólogo Richard Leakey (1981) discorda da hipótese defendida por Lorenz. Para início de conversa, ele sugere que os animais são territoriais por um motivo, geralmente a proteção de uma área de hábitat ou reprodução favorável. As bufadas dos peixes esgana-gata e a cacofonia matutina dos gibões são ambos comportamentos que anunciam demarcação de territórios. Os invasores são recebidos com essas formas ritualizadas de confronto, nas quais é inevitável que, dos dois, o animal biologicamente mais apto vença, mas sem infligir dano físico.

Essas formas de "agressão" são, na realidade, um exercício de demonstração competitiva, e não atos de violência física. A vantagem biológica desse comportamento competitivo é óbvia. Uma espécie que resolve suas disputas por meio da violência reduzirá suas aptidões em termos gerais e terá menos chances de sobreviver num ambiente que já é difícil o suficiente. Essa lei está profundamente entranhada na natureza da sobrevivência, e o sucesso evolutivo depende dela. Um animal que não seja capaz de refrear seu desejo de matar coloca a si mesmo e sua espécie em posição desvantajosa, do ponto de vista evolutivo.

Nossos ancestrais provavelmente viviam em pequenos bandos de parentes intimamente relacionados. Bandos vizinhos também mantinham relações similares de parentesco. Todo ato de assassinato, portanto, provavelmente envolveria alguém que era parente do assassino e, como o êxito evolutivo requer a produção de tantos descendentes quanto possível, uma agressividade inata descontrolada teria fadado a espécie humana ao extermínio.

O principal fator da evolução bem-sucedida é a cooperação em lugar do conflito. Até entre primatas, a maior parte das brigas é um processo ritualizado que preserva a espécie. Nesse sentido, a evolução do *Homo sapiens* parece decorrer da nossa capacidade de viver em grupos eficientes, diferentemente de outros proto-hominídeos que fracassaram quanto a isso.

Leakey conclui que a territorialidade e a agressão não são instintos universais. O comportamento territorial é acionado, quando necessário, pela escassez de comida ou de espaços para a cópula. É inevitável que alguns indivíduos mais fracos não consigam assegurar sua comida ou obter uma parceira. Essa é a árdua lição da seleção natural, ou a "sobrevivência do mais apto".

Em 1986, um grupo notável de vinte famosos cientistas do comportamento reuniu-se em Sevilha, na Espanha. Nesse grupo havia psicólogos, neurofisiologistas e etólogos de 12 nações. A conferência concluiu que não há evidências científicas para endossar a crença de que os seres humanos são bélicos e agressivos por natureza. A "Declaração de Sevilha", que resultou de suas deliberações, tem sido desde então defendida pela Associação Americana de Psicologia e pela Associação Americana de Antropologia, entre outras. Os seguintes excertos do documento (*Psychology today*, junho de 1988) servem para resumir seu posicionamento:

1. É cientificamente incorreto dizer que herdamos de nossos ancestrais animais a tendência a guerrear. Entrar em guerra é um fenômeno exclusivo aos humanos e não ocorre em outros animais. A guerra é biologicamente possível, mas não inevitável.
2. É cientificamente incorreto dizer que a guerra ou qualquer outro comportamento violento esteja geneticamente programado em nossa natureza humana. Exceto em patologias raras, os genes não produzem indivíduos necessariamente predispostos à violência.
3. É cientificamente incorreto dizer que, no curso da evolução humana, houve uma seleção em prol do comportamento agressivo. Em todas as espécies bem-sucedidas, o *status* obtido dentro do grupo é alcançado pela capacidade de cooperar.
4. É cientificamente incorreto dizer que os humanos têm um "cérebro violento". Embora tenhamos o aparato neuronal para agir com violência, não há nada, em nossa neurofisiologia, que nos obrigue a fazê-lo.

O grupo concluiu que "*a biologia não condena a humanidade à guerra, e que a humanidade pode ser libertada do jugo a um pessimismo biológico. A violência não está nem em nosso legado evolutivo nem em nossos genes*".

Mito 3: A frustração leva à agressão

Segundo Freud, os indivíduos nascem com um instinto inato para a agressão. Ele acrescenta que, quando essa ânsia instintiva é bloqueada ou "frustrada", ela provoca um ataque hostil. Quando o verdadeiro objeto da raiva é percebido como muito arriscado para se atacar, a raiva é deslocada. Dessa maneira, a criança desloca a agressão que seria dirigida contra os pais e briga com um irmão ou retruca ao professor.

Em 1939, Dollard et al. formularam a *hipótese da frustração–agressão*. Eles achavam que "*a agressão é sempre conseqüência da frustração. Mais especificamente, a proposta é que a ocorrência de um comportamento agressivo sempre pressupõe a existência de frustração e, vice-versa, a existência de frustração sempre leva a alguma forma de agressão*".

Embora haja muitas evidências da utilidade dessa hipótese da frustração–agressão, ela requer uma cuidadosa especificação. Embora a frustração possa levar à agressão, relatos provenientes de muitas culturas do mundo todo indicam que essa transferência não é de modo algum inevitável. Por exemplo, os kwoma da Nova Guiné podem reagir à frustração com submissão, dependência ou evitação, assim como com raiva (Whitting, 1941). Os balineses também são pouco propensos a reagir à frustração com raiva (Bateson, 1941). Uma reação mais comum é, para o homem de Bali, afastar-se de todo contato e ficar sem comida e água por vários dias. Os semai (uma tribo senoi) são famosos por sua não-violência (Dentan, 1968). As crianças semai são ensinadas a lidar com a frustração usando seus sonhos para elaborar alternativas de solução.

Respostas alternativas à frustração podem ser descobertas também em nossa cultura. Perder dinheiro numa máquina de café ou refrigerante pode provocar chutes e palavrões em algumas pessoas. Já outras simplesmente anotam o nome e o endereço do revendedor da fábrica e enviam pelo correio uma solicitação de reembolso.

A segunda parte desta hipótese, a de que invariavelmente uma frustração antecede uma agressão, também tem sido questionada. Basta lembrar os mercenários de aluguel que matam a sangue frio, ou das crianças que imitam a violência na TV, e essa formulação não se sustenta mais.

A frustração está definitivamente relacionada com a excitação da raiva, mas há a presença de um fator cognitivo. A frustração só pode ocorrer quando você tem uma expectativa que não é correspondida. A experiência do desapontamento requer cognições que incluem memória e imaginação. Além disso, uma pessoa frustrada não se comportará de maneira agressiva a menos que o contexto seja percebido como apropriado para a manifestação de hostilidade. Quer no campo de batalha quer numa discussão doméstica, a agressão só ocorre se for considerada apropriada ou aceitável dentro daquela situação.

Deve ser observado que Neal Miller efetivamente modificou essa famosa hipótese, em 1941. A reformulação de Miller dizia que a frustração instiga muitas formas de comportamento e apenas uma delas é a agressão. Essa avaliação claramente mais realista carece do impacto dramático da formulação original e, por isso, recebeu bem menos atenção.

Muitas pessoas usam o mito da "frustração que provoca agressão" para explicar e desculpar sua raiva. Uma vez que a frustração é invariavelmente vista como causa da raiva e da agressão, elas pensam que a raiva é automática e incontrolável. Quando frustradas, pressupõem que a raiva é a única resposta possível. Esse mito leva à crença de que você não tem escolha. Quando as coisas dão errado, a raiva é a resposta natural, a única reação aos impulsos frustrados. Na verdade, a raiva é só uma das reações à frustração. Este livro irá oferecer muitas outras novas opções de conduta e modos de enfrentar a situação, quando as necessidades individuais forem bloqueadas.

Mito 4: É saudável extravasar

Uma grande parte dos atuais equívocos pode ser historicamente atribuída ao trabalho de Sigmund Freud e de seus discípulos. Freud usou várias metáforas para descrever sua visão dos processos psicológicos. Considerando-as recursos úteis ao entendimento, advertia aos seus leitores que não considerassem tais modelos fatos científicos estabelecidos. Ele mesmo esperava que no futuro houvesse a eventual descoberta do mecanismo psicológico básico capaz de validar seus pressupostos. Infelizmente, muitos dos discípulos de Freud usaram suas metáforas como se fossem a realidade, e essas noções transitórias ganharam vida própria.

Um desses conceitos é o assim chamado "modelo hidráulico". Freud apresentou a metáfora da libido como fonte de energia que alimenta conflitos internos entre id, ego e superego. Se a energia for bloqueada ou acumulada, ou acaba encontrando caminhos alternativos para se expressar ou termina transbordando os limites do "reservatório" hipotético e inundando o sistema. No mesmo sentido, Freud descreveu a *repressão* como o processo inconsciente de "acúmulo" que impede o material perigoso de chegar à consciência e, com isso, provoca os mais variados sintomas neuróticos.

Embora a psicanálise tenha sido elaborada para aliviar os sintomas neuróticos ao trazer o material reprimido à luz, Freud não acreditava que a supressão dos instintos agressivos fosse indesejável. Aliás, ele acreditava que sua supressão e sublimação eram necessárias à sobrevivência da sociedade como um todo. Ele teria ficado estarrecido ao descobrir que suas teorias serviram para justificar a moderna recomendação de "botar tudo para fora".

A *hipótese da catarse* talvez seja a mais conhecida teoria para redução da agressão. Essa idéia também provém de Freud (em colaboração com J. Breuer). Para Freud, essa hipótese explicava por que há relativamente poucos casos de manifestação violenta de instintos agressivos. A catarse era a maneira de esvaziar os reservatórios emocionais (como no modelo hidráulico) e poderia ocorrer de várias maneiras, entre elas fantasiar, chorar, falar com raiva, destruir objetos.

Nos últimos vinte anos, assistimos ao surgimento de muitas novas escolas e teorias psicológicas. A noção de que não é saudável engolir os próprios sentimentos ocorre em muitas delas, variando desde o movimento dos grupos de encontro até a escola do "grito primal" de Janov. Os defensores desse ponto de vista foram chamados de "ventilacionistas" por Leonard Berkowitz. Muitos terapeutas dessa escola concordariam com Adelaide Bry:

> Presenciei como a raiva suprimida infesta a mente e o corpo da pessoa, gerando desequilíbrios tanto emocionais quanto físicos; como se insinua entre marido e mulher, entre os amigos, dissolvendo todos os bons sentimentos que originalmente os uniam; como envenena os relacionamentos no trabalho, na escola, no lazer, no amor, na vida toda. (Bry, 1976)

Além disso, ela enumera as virtudes de externalizar a raiva, entre as quais fazer a pessoa se sentir melhor consigo mesma, tornar seus relacionamentos mais significativos e *reais*, aliviar o estresse tanto físico quanto emocional e, por fim, instigar o apetite sexual.

Esse ponto de vista não pode ser desconsiderado como um "exagero" nos círculos psicológicos. O consagrado psicanalista Theodore Isaac Rubin propõe um ponto de vista semelhante em *The angry book*. A "mensagem" desse livro inclui vários aspectos interligados: (1) ao manifestar raiva, você está trabalhando a serviço de uma comunicação mais sadia e feliz; (2) expressar raiva oferece uma "sensação boa, limpa" e aumenta a auto-estima; e (3) o propósito da "raiva sadia, calorosa" é limpar o ambiente e fazer os reparos e as correções necessários.

Até mesmo fora da comunidade psicológica a crença geral é a de que externalizar os sentimentos ou "deixar sair o vapor" é benéfico. Mas, após resumir as principais pesquisas sobre raiva, Carol Travis (1982) observa que as pessoas mais propensas a dar vazão à sua raiva ficam com mais raiva, não com menos. E quem recebe a manifestação dessa raiva tem seus sentimentos feridos. Os estágios típicos de uma discussão conjugal em que se extravasam os sentimentos envolvem um evento desencadeante, uma explosão irada, argumentos gritados, choro e berros num crescendo (incluindo talvez até a violência física), e exaustão, ao que seguem desculpas e retraimento. Esse ciclo é repetido *ad nauseam*, e não há nenhuma diminuição aparente da raiva.

Jack Hokanson (1970) vem realizando uma extensa pesquisa na área da teoria da catarse nos últimos vinte anos. Sua descoberta original foi que a agressão era catártica (no sentido de que abaixava a pressão sanguínea), mas só quando dirigida contra os iguais. Expressar a raiva contra um superior, na realidade, gerava ansiedade, e assim acrescentava à raiva uma nova dimensão, em vez de reduzi-la. Numa série correlata de experimentos, Hokanson descobriu que, embora a agressão fosse catártica para a raiva entre homens, para as mulheres a amistosidade era catártica. Mesmo quando dirigida contra uma colega, a agressão era tão perturbadora para as mulheres quanto era para homens ser agressivo com uma figura de autoridade.

Esses dados levaram Hokanson a especular que a catarse não é uma conseqüência natural da raiva, mas uma reação aprendida. Numa série de experimentos de seguimento, ele posicionou pares de estudantes equiparados em termos de idade e sexo, colocando-os em uma situação na qual poderiam administrar tanto choques quanto recompensas. Os rapazes reagiram aos choques devolvendo choques e tiveram um alívio catártico. Por outro lado, as mulheres reagiram aos choques com uma resposta amistosa, por meio da qual também sentiram alívio catártico. O "alívio catártico" foi medido por monitores fisiológicos implantados nos sujeitos.

O experimento prosseguiu. No estágio dois, os homens eram recompensados toda vez que davam uma resposta amistosa a um choque. As mulheres eram recompensadas sempre que eram agressivas em resposta a um choque. Ocorreu uma rápida aprendizagem e a forma tradicional de catarse para cada sexo foi invertida. As mulheres mostraram uma redução na pressão sanguínea quando reagiam agressivamente, e os homens tiveram uma reação catártica à amistosidade em vez de à beligerância. Seymour Fesbach (1956) fez com que um grupo de crianças não-agressivas brincasse com brinquedos violentos e "corresse desenfreadamente" em seu tempo livre de recreio. Esses meninos, em vez de se comportar de maneiras menos agressivas (como a teoria da catarse teria predito), na realidade tornaram-se mais hostis e destrutivos do que anteriormente observado. Os mesmos princípios da raiva e da agressão foram observados nos adultos por Murray Strauss (1974). Ele descobriu que os casais que berram um com o outro sentem mais raiva depois, não menos.

Berrar ou até mesmo verbalizar uma emoção não a reduz. O que realmente acontece é que você está ensaiando para repetir o mesmo comportamento. Ebbesen, Ducan e Konecni (1975) realizaram entrevistas de despedida com homens que tinham sido dispensados de um projeto aeroespacial, comparando-os com outros que na mesma época haviam saído voluntariamente. A descoberta foi que "extravasar" a raiva durante a entrevista não serviu de modo algum como catarse. Na realidade, os homens que tinham assumido um posicionamento enraivecido tornaram-se ainda mais hostis com respeito à empresa.

Tavris (1982) descobriu, numa série de pesquisas, que extravasar a raiva poderia servir para "congelar" uma atitude ou opinião hostil. Isso era verdade até mesmo entre crianças que eram incentivadas a externalizar sua raiva para a criança que as haviam frustrado, numa situação experimental (Mallick e McCandles, 1966). Posteriormente, as crianças que extravasaram a raiva demonstraram menos afeto pela criança que recebeu os insultos do que as outras que não tiveram permissão para extravasar sua raiva. No mesmo sentido, os universitários estudados mostraram-se mais zangados com alguém que os havia irritado quando tiveram permissão para a catarse de seus sentimentos (Kahn, 1966).

Estudos experimentais assinalaram consistentemente que o remédio popular para a raiva – extravasá-la – é, na realidade, pior que inútil. Aliás, parece que o inverso é verdadeiro: expressar a raiva tende a tornar a pessoa ainda mais zangada e consolida uma atitude enraivecida.

Evidentemente existem casos excepcionais. A vítima de incesto que confronta quem a torturou pode sentir uma verdadeira satisfação. Experiências catárticas dessa natureza não dão uma sensação agradável simplesmente porque um reservatório psíquico foi "esvaziado". Ao contrário, a profundidade da reação emocional da pessoa é uma decorrência de encarar e vencer uma situação real que envolve elementos objetivos de conflito, injustiça, coerção, e assim por diante.

A crença segundo a qual a raiva e a violência são inevitáveis é psicologicamente atraente para muitas pessoas, pois, assim, estão justificadas ou desculpadas em seus atos de agressão, sugerindo que têm pouca escolha a esse respeito. Acreditar nos quatro mitos discutidos faz com que a raiva e a violência pareçam naturais e até mesmo saudáveis.

A verdade, porém, é o oposto disso. A raiva é basicamente uma questão de escolha. É muito mais determinada por seus pensamentos e suas crenças do que por sua bioquímica ou herança genética. Extravasar a raiva raramente proporciona qualquer alívio real ou qualquer catarse duradoura. Em vez disso, leva à mais raiva, mais tensão e mais excitação.

3
Os custos fisiológicos da raiva

Stella está na fila, no banco. São 13h20 e ela tem de voltar ao escritório às 13h30. Se ela tiver sorte e a fila andar, dará tempo. Mas as coisas não dão certo. Dois dos cinco caixas fecham o atendimento. "Como ousam parar agora para um intervalo, quando tem gente na fila?", ela pensa. Um cliente está comprando cheques de viagem. "Por que não colocam um caixa só para isso?", ela pergunta à pessoa que está atrás dela na fila. A cliente assina lentamente cada folha de cheque enquanto comenta animadamente seus planos para as férias. "Mas quem se importa com a Flórida em abril? Só acabe de assinar esses malditos cheques e saia daí, pelo amor de Deus", resmunga Stella, bufando. Agora ela já está abrindo e fechando o fecho de sua bolsa, muito impaciente. No outro caixa, uma senhora de idade avançada está procurando algo dentro de uma sacola enorme, cheia de coisas. "Mas isso vai levar o dia inteiro!", ela suspira exasperada. O almoço, que ela engoliu às pressas há meia hora, pesa no estômago como uma pedra. O ruído das outras pessoas conversando é incômodo, e os dois homens atrás dela na fila estão perto demais. Um rapaz está contando o dinheiro que recebeu do caixa e agora dobra e guarda cuidadosamente as cédulas em sua carteira antes de dar lugar ao próximo da fila. "Mas que droga! Anda!", ela pensa.

No instante em que chega a sua vez de ser atendida são 13h29 e ela está enlouquecida. O coração bombeia forte, a respiração arfa, sua boca está seca e as mãos tremem. Está louca de raiva dos clientes vagarosos e idiotas e dos caixas que não têm consideração. Está com ódio do patrão que a faz sentir-se culpada se chega atrasada um só minuto que seja, e ressente-se do emprego que só proporciona uma hora de intervalo para o almoço. Está com raiva porque o restaurante tem um serviço lento e ineficiente, e porque a comida não digerida continua subindo até a garganta.

A raiva de Stella é uma experiência física. Todas as emoções fortes – raiva, medo, excitação – desencadeiam poderosas respostas hormonais, que causam danos corporais. Essas respostas ocorrem de maneira automática nos humanos e em outros animais e constituem um importante mecanismo de sobrevivência.

Embora a experiência fisiológica da raiva ocorra automaticamente, assim que é desencadeada, ficar com raiva não é de modo algum automático. A raiva de Stella é desencadeada pelas coisas que ela diz para si mesma, enquanto está na fila: "Os caixas não deveriam parar para intervalo quando tem gente na fila... Devia existir um caixa de atendimento especial... Quem se importa com a Flórida?... Isso vai levar o dia inteiro... Droga de patrão inflexível... Serviço ruim... Comida horrorosa...", e assim por diante. São os pensamentos de Stella que efetivamente dão o chute inicial na bola, assinalando para seu corpo que se prepare para a batalha. Nos últimos capítulos teremos mais a dizer sobre o papel dos pensamentos. Neste momento, porém, é importante compreender o que lhe acontece fisicamente quando você fica com raiva.

As primeiras pesquisas na área da fisiologia da emoção apontaram que todas as emoções fortes decorrem da mesma reação física, chamada de *reação de estresse*.

A reação de estresse

Walter Cannon (1929) documentou pela primeira vez as reações fisiológicas de diferentes órgãos em todo tipo de estresse. Em experimentos com animais, ele observou uma similaridade em suas reações físicas à dor, à ansiedade, ao calor, à fome intensa, e assim por diante. Quando fez as autópsias dessas pobres criaturas, viu as mesmas anormalidades características nos órgãos de todas, independentemente do tipo de estresse ao qual houvessem sido expostas. As glândulas ad-renais estavam aumentadas, tinham úlceras de estômago, as glândulas timo estavam menores, os fígados tinham uma cor pálida. Hans Selye (1936), considerado o pai da teoria do estresse, chamou todo esse padrão de anormalidades orgânicas de "síndrome do estresse", a qual ele considerava ser uma reação de alarme, um chamado geral para que entrem em campo as forças de defesa do corpo.

Ele acreditava que a tentativa do corpo para lidar com o estresse e os hormônios liberados em decorrência desse quadro afetavam todos os tecidos e todas as células do organismo. Selye estava convencido de que o estresse era o responsável por uma ampla variedade de "doenças de adaptação" encontradas no homem e em outros animais, doenças tais como úlceras pépticas, pressão sanguínea elevada, ataques cardíacos e distúrbios nervosos.

Claro que a resposta de estresse não é de todo ruim. Ela permite que a pessoa ameaçada corra mais depressa, suba mais alto, grite mais forte, enxergue com mais nitidez, bata mais duro, suporte mais dor, e faça o que deve ser feito para sobreviver a um ataque. A mesma reação hormonal ajuda (ou atrapalha) atletas, dançarinos, atores, oradores. E é essa reação que dá à mãe horrorizada a força necessária para tirar um carro de cima de seu filho atropelado. A reação de estresse é altamente adaptativa numa emergência. Mas Selye demonstrou que, se o sistema de alarme do corpo fica ligado em estado crônico, um grave comprometimento orgânico será inevitável.

Nos tempos de Selye não era possível mensurar os níveis de hormônios diretamente no corpo. Novas tecnologias desenvolvidas desde então têm tornado possível medir os hormônios e os níveis endócrinos no mesmo momento em que o sujeito está reagindo. Essas mensurações mais exatas deixaram claro que cada emoção forte tem uma reação fisiológica característica, e que as emoções não são apenas variantes de uma simples reação de estresse. Embora o sistema nervoso simpático esteja presente em todas as emoções intensas, produzindo epinefrina e norepinefrina, é a mistura de tipos, quantidades e o equilíbrio dos hormônios que causa diferenças importantes nas reações do corpo. Por exemplo, o medo e a inquietação geram uma aceleração do ritmo cardíaco e aumento da pressão sanguínea, constrição dos vasos sanguíneos epidérmicos e aporte de sangue aos músculos esqueléticos. A pessoa fica pálida, fria, úmida e trêmula. Por outro lado, as situações que são desafiadoras e excitantes resultam em vasoconstrição dos músculos esqueléticos e em menos mudança dos ritmos cardíaco e respiratório.

A fisiologia da raiva

Muitos estudos mostram que o estresse da raiva produz uma determinada reação hormonal específica que é particularmente perigosa. A raiva resulta em níveis elevados de testosterona (nos homens), epinefrina, norepinefrina e cortisol. Níveis elevados de testosterona e cortisol em estado crônico aumentam a chance de aterosclerose, que é a causa mais comum de doença da artéria coronária. O cortisol também deprime o sistema imunológico e reduz a capacidade do corpo para combater as infecções. A epinefrina e a norepinefrina estimulam o sistema nervoso simpático a retirar sangue da pele, do fígado e do trato digestivo enviando-o para o coração, os pulmões e os músculos esqueléticos. A pressão sanguínea é elevada, e a glicose é despejada na corrente sanguínea para fornecer a energia necessária ao confronto ou à fuga. Quando o sangue é bombeado para fora do fígado, ele opera com menos eficiência para depurar o colesterol do sangue e, dessa maneira, contribui para que a gordura seja depositada nas artérias. A pressão sanguínea elevada também danifica as artérias e o coração. A hipertensão força o coração a trabalhar mais e cria um músculo cardíaco grande e menos eficiente. A turbulência causada pela pressão alta do fluxo sanguíneo também compromete as artérias. Surgem pequenas lacerações na parede arterial. As camadas de gordura depositada cobrem as lacerações mas, com o tempo, podem aumentar a ponto de encher a artéria e deter o fluxo do sangue.

A raiva ocasional não causa danos contínuos. Mas a raiva crônica, constante, mantém o corpo em permanente estado de emergência, e as funções corporais regulares como a digestão, incumbidas de limpar o sangue de seu teor de colesterol, podem sofrer retardo, depressão ou suspensão. A raiva crônica, portanto, contribui para o desenvolvimento de uma variedade de doenças, que vão de distúrbios digestivos, hipertensão e doença cardíaca à suscetibilidade a infecções, eczemas, cefaléias e muitas outras.

Raiva e hipertensão

Os médicos sempre suspeitaram que houvesse uma ligação entre a raiva e a pressão sanguínea. Para entender como a raiva eleva a pressão do sangue, é importante examinar primeiro como funciona o sistema vascular. A pressão do sangue é simplesmente a pressão exercida pelo sangue contra as paredes dos vasos sanguíneos. Na realidade, compõe-se de duas pressões diferentes, que se expressam por dois números, tais como 12 x 8 ou 14 x 9. O número maior representa a *pressão sistólica* do sangue, ou seja, quando ele passa pela artéria durante cada batimento. Você sente a onda da pressão ao sentir a pulsação em seu punho. O número menor é uma medida da *pressão diastólica*, na artéria, *entre* os batimentos. Uma pressão de 12 x 8 significa que a pressão nas artérias é 12, no momento em que o coração se contrai, e 8 entre os batimentos.

Você pode pensar em seu sistema sanguíneo como um grande reservatório de fluido contido numa quantidade limitada mas até certo ponto flexível de espaço – como água dentro de um balão elástico. As duas maneiras pelas quais você pode afetar a pressão nesse balão são aumentando a quantidade de água que ele contém ou diminuindo o espaço. Os níveis altos de norepinefrina, associados com a raiva, têm o efeito de espremer o balão. A norepinefrina eleva a pressão diastólica do sangue entre os batimentos, ao apertar os grandes vasos sanguíneos periféricos.

A associação entre raiva e pressão elevada do sangue foi demonstrada em muitas pesquisas com várias populações diferentes de pacientes. Schwartz, Weinberger e Singer (1981) compararam as mudanças na pressão do sangue conforme os sujeitos iam sentindo medo, felicidade, ansiedade e raiva. Descobriram que a raiva provocava a maior reação no coração e nos vasos sanguíneos e também os maiores aumentos na pressão do sangue.

Raiva contida e pressão sanguínea alta

Já em 1939, Franz Alexander propôs que os hipertensos lutam contra seu sentimento de raiva e têm dificuldade em expressá-la. Ele suspeitava que a raiva e a correspondente ativação crônica do sistema nervoso simpático acabavam por causar uma elevação da pressão sanguínea.

A hipótese de Alexander, de que a raiva inexpressa (contida) estava relacionada a uma pressão sanguínea elevada, vem sendo repetidamente confirmada nas pesquisas com jovens adultos hipertensos e com populações de meia-idade (Hamilton 1942; Harburg *et al.*, 1964, 1973; Kahn *et al.*, 1972; Esler *et al.*, 1977; Miller e Grim, 1979; e Diamond, 1982). Outros estudos têm demonstrado que os hipertensos carecem de habilidades básicas de assertividade (Gressel *et al.*, 1949; Wolff e Wolf, 1951; Harris *et al.*, 1953). Está claro que a incapacidade ou aversão de expressar raiva e, a conseqüente retenção de sentimentos hostis, contribui para o desenvolvimento da hipertensão em muitas pessoas suscetíveis.

Explosão de raiva e pressão sanguínea elevada

Enquanto o peso das evidências aponta para a retenção da raiva como o grande culpado da hipertensão, outras pesquisas têm indicado que as pessoas com pressão alta tendem a mostrar mais hostilidade e a se comportar de maneira mais agressiva do que as pessoas com pressão normal (Schachter, 1957; Kaplan *et al.*, 1969; Mann, 1977). Em 1979, Harburg, Blakelock e Roper realizaram um interessante estudo em que perguntavam às pessoas como elas lidariam com um chefe enraivecido e arbitrário. Algumas pessoas responderam que simplesmente se afastariam da situação (contendo a raiva). Outras disseram que protestariam, confrontariam o chefe e poderiam até chegar a denunciá-lo ao sindicato (manifestando a raiva). Um terceiro grupo ainda declarou que tentariam retomar o assunto mais tarde, depois que o chefe tivesse esfriado a cabeça. Os pesquisadores chamaram essa terceira atitude de "reflexão". Descobriram que os sujeitos que preferiram expressar a raiva diretamente tinham os mais altos níveis de pressão. Os que guardariam a raiva tinham uma pressão um pouco mais baixa. Os que usariam a reflexão tinham os índices mais baixos de pressão, e isso levou os pesquisadores a sugerir que a reflexão era um estilo de manejo de situação que poderia ser ensinado aos hipertensos.

Raiva e doenças cardíacas

O que é um ataque do coração?

Da mesma maneira que qualquer outra parte do corpo, o músculo cardíaco precisa de oxigênio e de nutrientes para manter vivas suas células. Esses elementos essenciais são fornecidos pelas artérias coronárias. Entre cada batimento, essas artérias alimentam as células cardíacas com sangue rico em oxigênio.

Qualquer coisa que interfira no funcionamento da artéria coronária é uma ameaça em potencial à vida. Quando o colesterol é depositado na camada de revestimento das artérias coronárias essenciais, as placas resultantes podem irritar a artéria e causar espasmos (sentidos como angina). Mas também pode acontecer algo mais sério. A áspera parede das artérias coronárias pode levar à formação de um coágulo que obstrui completamente a artéria. Esse quadro é chamado de ataque do coração, ou infarto do miocárdio. Num ataque cardíaco, todo o tecido muscular situado abaixo do coágulo morre. A possibilidade de a pessoa sobreviver a um ataque do coração depende de quanto tecido cardíaco morreu, bem como da possibilidade de a parte intacta remanescente ainda conseguir se manter em funcionamento.

A descoberta do Tipo A

Na década de 1950, Friedman e Rosenman, dois cardiologistas de São Francisco, estavam tentando determinar o que colocava as pessoas em risco de uma doença coronária. Quem era mais propenso a ter suas artérias bloqueadas, sofrer ataques do coração e angina? Esses pesquisadores descobriram que as pessoas que sofriam ataque do coração tinham algumas coisas em comum, a saber, níveis elevados de colesterol no sangue, hipertensão e alguns maus hábitos como fumar ou levar uma vida sedentária. Mas Friedman e Rosenman acertaram no alvo quando examinaram os padrões de personalidade dos pacientes. Descobriram um bloco de traços de personalidade que parecia ter ligação com as cardiopatias.

Em seu famoso livro *Type A behavior and your heart* (1974), os autores apresentaram a revolucionária sugestão de que os sintomas cardíacos e os hábitos de alto risco não eram nem a dieta nem os níveis de estresse ou atividade, mas o estilo de personalidade. Identificaram o Tipo A como o sujeito com os seguintes traços de personalidade: pressa constante, competitividade, ambição elevada, hiperagressividade, hostilidade generalizada. Os estudiosos viram que essa forma de hiperagressividade era um desejo não só de vencer, mas de dominar. Era como se a hostilidade estivesse sempre presente e se valesse de toda e qualquer oportunidade para enganchar numa pessoa ou situação. A pessoa Tipo A é alguém cheio de raiva, à espera de uma desculpa para explodir.

Evidências de laboratório

Friedman e Rosenman realizaram muitos experimentos com animais de laboratório para tentar recriar as mudanças físicas que ocorrem durante a raiva (Friedman e Ulmer, 1984). Em um experimento com ratos, cujos hipotálamos foram estimulados por meio elétrico de modo a gerar cólera, descobriram algo que lembrava muito o trabalho inicial de Selye. As autópsias revelaram que os ratos estavam com tecido hepático muito pálido. Como a raiva retira sangue do sistema digestivo, os ratos encolerizados mostraram o efeito de uma estimulação constante do sistema nervoso simpático. Friedman e Rosenman consideraram essas mudanças no fígado como uma das contribuições principais às cardiopatias. Como o fígado é o órgão que remove o colesterol do sangue, um suprimento restrito de sangue até ele tende a elevar os níveis de colesterol.

Pesquisas comprobatórias

Muitos estudos têm documentado a associação entre o comportamento de Tipo A e as doenças do coração. Entre 1960 e 1969, Friedman e Rosenman (1974) conduziram o Estudo de Grupo Ocidental de Colaboração, com 3.500 homens sadios. Primeiro, descobriram que 113 integrantes do grupo original já tinham doença cardíaca e 80% desses homens poderiam ser considerados Tipo A. Ao longo de oito anos e meio, os homens Tipo A manifestaram duas vezes mais probabilidade de ter ataques do coração que os do Tipo B. No Estudo Framingham sobre o Coração (Haynes, Feinleib e Kannel, 1980), 5.500 homens e mulheres foram testados. Uma análise dos dados obtidos entre 1950 e 1980 revelou novamente uma significativa ligação entre os padrões de Tipo A e doença cardíaca. Uma pesquisa supervisionada por Redford Williams no Centro Médico da Universidade Duke (Blumenthal *et al*., 1978) mostrou que os pacientes de Tipo A que passavam por angiografia coronária com fins diagnósticos (angiografia é o conjunto de raios X do suprimento de sangue do coração) exibiam uma aterosclerose mais severa que os sujeitos de Tipo B. Mais de 90% das pessoas com severo comprometimento da artéria coronária eram comprovadamente personalidades do Tipo A.

O verdadeiro culpado: a hostilidade

Rosenman, trabalhando ultimamente no Instituto de Pesquisas de Stanford, concluiu que, de todos os traços de personalidade encontrados no Tipo A, o potencial para a hostilidade é o preditor principal de doença coronária. Rosenman e outros reanalisaram dados do Estudo do Grupo Ocidental de Colaboração (Rosenman, 1985) e descobriram que a dimensão raiva–hostilidade surgiu como *"a característica dominante entre os comportamentos Tipo A propensos à patologia coronária"*.

Evidência corroborativa veio de uma pesquisa com 1.877 homens da Companhia Elétrica Western, de Chicago (Shekelle *et al*., 1983). Os homens com elevados índices numa escala para medir hostilidade tinham uma vez e meia mais chances de sofrer ataque cardíaco do que os homens com índices de hostilidade mais baixos. Barefoot, Dahlstrom e Williams (1983) realizaram um estudo de seguimento com 255 médicos do sexo masculino que tinham preenchido a Escala de Hostilidade 25 anos antes, enquanto ainda estavam na faculdade. Os que tinham obtido resultados baixos ou médios no índice de hostilidade representavam um sexto do total de incidências de doença cardíaca, em comparação com os sujeitos com índices elevados. Williams *et al*. (1980) testaram 424 pacientes que haviam sido encaminhados para angiografia coronariana. Quarenta e oito por cento dos pacientes com baixos índices de hostilidade apresentaram aterosclerose coronária, e 70% dos portadores de aterosclerose severa também tinham índices significativamente mais elevados de hostilidade.

As evidências parecem claras. A hostilidade e a raiva crônicas prejudicam o coração e as artérias.

Raiva e digestão

A raiva tem um impacto dramático sobre o seu estômago. Wolff e Wolf (1967) observaram que a raiva produz efeitos muito diversos dos da depressão e do medo. Sujeitos com raiva apresentavam um revestimento estomacal vermelho com contrações rítmicas aumentadas e elevada secreção de ácido clorídrico. As pessoas deprimidas ou assustadas tinham revestimento estomacal pálido, diminuição das contrações e da secreção do ácido. O papel da raiva no aumento da secreção do ácido é muito significativo. Como a hiperacidez está associada ao desenvolvimento de gastrites e úlceras, a raiva crônica pode aumentar seu risco para essas doenças.

Além da resposta da raiva

Parece que não importa se a raiva é expressa ou suprimida. De toda maneira ela faz mal a você. A raiva crônica que é expressa é ruim para você porque se alimenta de si mesma. Prolonga e sobrecarrega todas as mudanças hormonais correlatas. A raiva crônica suprimida é prejudicial porque mobiliza as reações do sistema nervoso simpático, sem proporcionar nenhuma descarga da tensão. Isso tem o mesmo efeito de pisar no acelerador de seu carro até o fundo e, ao mesmo tempo, frear o carro ao máximo.

Embora a raiva não seja um hábito sadio, pode ser modificado por meio de uma decisão e um esforço conscientes. Você se lembra de Stella no início deste capítulo? Se sua agitação no banco faz parte de uma resposta de raiva crônica, ela pode acabar correndo o risco de ter uma doença séria. Mas Stella não é a vítima impotente de uma tempestade hormonal que desencadeará raiva. Ela tem escolha. O potencial para a raiva reside muito mais em como ela interpreta os eventos e pensa sobre eles do que nos eventos em si. Os próximos capítulos mostrarão como suas percepções, avaliações e interpretações do mundo são respostas aprendidas. A raiva pode ser controlada mudando-se as maneiras habituais de perceber, avaliar e interpretar o que acontece à sua volta. Um congestionamento, uma fila enorme no banco, pessoas incompetentes e até mesmo maliciosas não necessariamente precisam acionar a reação física mortífera da raiva. Você pode aprender a viver sem raiva. E isso será bom para a sua saúde.

4
Os custos interpessoais da raiva

Embora possa às vezes dar uma tremenda sensação de alívio e funcionar como poderoso recurso de influência ou controle, a raiva tem um preço. Este capítulo tratará do quanto a raiva custa aos relacionamentos, qual seu preço em termos de apoio e da satisfação.

O preço pago pela raiva pode parecer óbvio. Uma amizade que esfria. No trabalho, demonstrações de resistência ou distanciamento. Um casamento em que os dois estão sempre de prontidão, a postos para outra rodada cáustica de bate-boca. Outros custos podem ser mais sutis. A decisão de um amigo de não lhe oferecer mais atenção, o que é vital. Um colega que recomenda o seu trabalho, mas sem entusiasmo. O namorado que prefere manter silêncio em lugar de tentar alguma arriscada resolução de um atrito. O problema se resume nisto: cada episódio de raiva rompe a tessitura da boa vontade, do cuidar com afeto, da valorização, que são elementos essenciais dos relacionamentos. As pessoas enraivecidas são tidas como perigosas. São abordadas como quem maneja uma arma carregada: com cuidado, ou com a mais ostensiva evitação.

A raiva afugenta. Assusta. Faz os outros se sentir mal a seu próprio respeito. E, é óbvio, adverte-os para que parem de fazer o que o está ofendendo. Mas, aos poucos, eles vão se sentindo feridos e criando resistência em relação a você. Assim que o vêem, colocam sua armadura emocional, preparando-se para o próximo embate. Quanto mais raiva você expressa, menos eficiente essa raiva se torna, menos os outros lhe dão ouvidos, e talvez você comece a sentir-se cada vez mais afastado da genuína proximidade.

A raiva tem seu lugar. Há momentos em que ela é saudável e até mesmo necessária (ver Capítulo 1). No entanto, esses momentos são raros. No geral, quanto mais freqüente e intensa for sua raiva, mais provável que você tenha de arcar com danos irremediáveis causados aos seus relacionamentos.

Erguendo as defesas

Com seu pendor para o óbvio, a psicologia recentemente descobriu o que as pessoas já sabiam: a raiva leva a atos de agressão verbal e fisiológica (Rule e Nesdale, 1976). Quanto mais raiva você sente, mais é provável que você a externalize na forma de um ataque. Essa, porém, é a dificuldade. A agressão convida à raiva e à agressão. Quanto mais seu comportamento é agressivo, com mais raiva você fica e mais você quer sustentar a duração do ataque. Como concluiu Carol Travis (1984), após uma abrangente revisão da literatura sobre raiva: "*O resultado primário do comportamento agressivo parece ser estimular ambas as partes a dar continuidade à agressão*".

É isso que torna a expressão agressiva da raiva tão prejudicial: ela não pára. Assim que você permite que a agressão verbal ou física entre no relacionamento, desenvolve a propensão a utilizar seguidamente uma reação agressiva. Cada episódio contribui para criar uma atmosfera de culpa e ressentimento; cada episódio gera mais combustível para produzir novos ataques. O relacionamento que começou com esperança e confiança termina tornando-se a lista de pecados e violações de cada um dos envolvidos.

A agressão movida a raiva corta e cicatriza o tecido dos relacionamentos. O tecido da cicatriz não é sadio. É duro e grosso e não tem elasticidade. Cobre, mas perdeu a sensibilidade para sempre.

Raiva e rigidez

Na mesma proporção em que a freqüência da raiva aumenta, diminuem a tolerância e a flexibilidade (Biaggio, 1980). Isso ocorre porque os relacionamentos enraivecidos alimentam uma atmosfera de vigilância e medo. Sua energia é canalizada para a construção de barreiras em vez de para a comunicação e a resolução dos problemas. As barreiras defendem-no de ser ferido, mas também criam um labirinto de minas e trincheiras psicológicas que tornam impossível ao indivíduo enraivecido alcançar o seu interlocutor, mesmo que para oferecer amor e apoio genuínos.

As defesas típicas contra a raiva incluem ignorar, emitir julgamentos, demonstrar irritabilidade, atacar, afastar-se, vingar-se, ou abster-se de reagir. Assim que são instaladas, as barreiras tornam a pessoa rígida e rápida no revide. É difícil mudar de uma postura defensiva para a demonstração de apreço; da vigilância, para qualquer forma de confiança. A tendência é ficar dentro do *bunker* e não arriscar nenhuma abertura genuína. Sua tolerância para com erros e críticas pode ficar tão baixa que até mesmo a mais sutil imprecisão ou o menor indício de desaprovação podem fazê-lo explodir.

Raiva e resistência

Como a raiva é usada com muita freqüência para coagir os outros a mudar, eles erguem defesas não só para se proteger de mágoas, mas também para evitar se sentirem controlados. Resistem às exigências da pessoa enraivecida por meio de evitação, revide, troca de incriminações, "descarrilhamento", sabotagem passivo-agressiva e um verdadeiro arsenal de outras manobras defensivas.

As pessoas lutam para manter seus limites e demarcações. Perder a capacidade de dizer "não", de ter escolha, de tomar decisões com independência é uma espécie de morte psicológica. Você se sente como se estivesse sendo engolido ou sufocado, como se a estrutura básica de seu ser estivesse sendo esmagada. Por mais assustadora que a raiva coercitiva possa parecer, ela nunca dará tanto medo quanto a sensação de perder a noção de quem se é. Por isso, as pessoas resistem à raiva empregada para impor mudanças à força.

Quando você usa a raiva para influir no comportamento dos outros, ela em geral funciona extremamente bem – numa primeira ou segunda vez. Mas logo as pessoas aprendem a empurrar você e sua raiva para bem longe. É simplesmente assustador demais para elas abdicarem do controle de seu próprio comportamento.

Perdendo a sensação de bem-estar

Impotência

As pessoas enraivecidas costumam falar de uma sensação de impotência. Nada parece acontecer do jeito que elas gostariam. Os amigos são egoístas e insensíveis, o namorado não sabe valorizar a parceria ou se mantém na defensiva. Por trás dessas queixas, existe o genuíno desespero de um dia conseguir sentir-se bem, sentir-se nutrido pelo relacionamento.

A raiva leva à impotência em quatro simples passos:

1. Você diz a si mesmo: "Estou sofrendo, alguma coisa está errada ou faltando".
2. Você diz a si mesmo: "Os outros devem resolver isso".
3. Você expressa sua raiva de modo agressivo.
4. Sua raiva é tratada com resistência e afastamento.

Depois do passo 4, a pessoa enraivecida sente-se frustrada: alguma coisa está errada, algo está faltando. E o ciclo todo começa de novo. Esse processo continua, ciclo após ciclo, até que uma impotência e um cinismo profundos começam a se formar. Todo relacionamento parece chegar àquele estágio inevitável em que os desapontamentos superam os prazeres iniciais, e em que os aborrecimentos crônicos fazem dele um relacionamento muito aversivo para se manter.

Na verdade, essa impotência é auto-induzida e o desespero é desnecessário. A sensação de ter motivos legítimos é que realmente dá início ao ciclo: "Eu nunca deveria sentir dor mas, se sinto, vocês é que devem cuidar disso". A pessoa enraivecida coloca nos outros a responsabilidade pela satisfação de suas necessidades básicas (ver mais a respeito no Capítulo 6) e abdica de seu próprio poder quanto a isso. O problema se complica quando ela usa a raiva como estratégia preferencial para fazer os outros mudar. Quanto mais estes resistem, mais a pessoa enraivecida sente que sua vida está saindo fora de controle. Nada parece dar certo. Ninguém realmente liga. Ninguém parece bom o bastante.

Satisfação diminuída

De certo modo, esse preço é óbvio: a raiva tira a graça das coisas. À medida que os relacionamentos tornam-se mais defensivos e distantes, oferecem cada vez menos oportunidades de troca afetiva. Dito simplesmente, quanto mais a pessoa exige, menos consegue. Isso foi documentado numa recente pesquisa com mais de mil pacientes encaminhados para angiografia coronariana. As pessoas hostis tinham comprovadamente o mesmo número de contatos sociais do que as pessoas não-hostis. Mas as pessoas hostis consideravam esses contatos de menor qualidade e menos satisfatórios (Tavris, 1984).

Evidentemente, a raiva e a sensação de sempre ter razão diminuem a capacidade de a pessoa realmente se sentir bem junto com os outros. A miríade de desconfortos e pequenas perdas experienciadas parece ser sempre "culpa deles". E os esforços para solucionar problemas por meio da raiva em geral só servem para piorar as coisas.

Problemas no trabalho

Dr. Myer Friedman, o homem que identificou a personalidade de Tipo A, descobriu que as pessoas hostis e duras fracassam muito mais vezes no trabalho e têm bem menos êxitos. "*O comportamento Tipo A, longe de proporcionar sucesso na fábrica, no escritório, no laboratório ou no mercado de trabalho, é efetivamente responsável por desastres repetidos: carreiras e vidas arruinadas, negócios e grandes empreendimentos ameaçados de ruína.*" São extremamente comuns as pessoas de Tipo A que "*simplesmente queimaram até se acabar em conflitos sem sentido, ardendo de impaciência e raiva*" (Friedman e Ulmer, 1984, pp. 62-3).

A raiva é tão improdutiva no trabalho quanto com amigos e familiares. Os resultados são exatamente os mesmos: defensividade, contra-ataques, afastamento. Embora a raiva possa às vezes ser usada para motivar os subordinados, a longo prazo tem o efeito de afugentar as pessoas – para outros departamentos ou empregos. Ou começam a "se arrastar" de maneiras mais sutis; nada que realmente se consiga apontar, mas só o suficiente para sua produtividade diminuir um pouco, ou seu nível de estresse aumentar um pouco.

As pessoas falam. Elas sabem quem reclama, quem se transtorna com qualquer imperfeição. Por isso, as pessoas enraivecidas têm menos trabalho, menos recomendações, recebem menos ajuda do pessoal administrativo, menos simpatia para suas solicitações. Essa lista é infindável. Assim como as dificuldades no trabalho, se você fica freqüentemente com raiva.

Isolamento

Para muitas pessoas, o preço da raiva é o isolamento. As amizades são distantes, os laços amorosos cortados. Tavris observa que as pessoas hostis Tipo A *"extravasam livremente seu ódio contra qualquer um que as desagrade e [...] com isso interditam uma importante via de acesso a amizades íntimas"* (Tavris, 1984). Uma pesquisa de 1986, realizada por Susan Hazaleus e Jerry Deffenbacher, revelou que da população estudada 45% dos homens com raiva tinham sido expostos a um relacionamento "encerrado ou abalado" no ano anterior.

As estatísticas de divórcio acentuam o papel da raiva no término de casamentos. Cinqüenta e dois por cento dos divórcios nos Estados Unidos são concedidos por causa de crueldade física ou emocional (Pino, 1982). Um estudo da psicóloga Debra Weaver e de Darlene Shaw, na faculdade de Medicina da Carolina do Sul, descobriu que as mulheres hostis Tipo A tinham casamentos significativamente piores que as do Tipo B (Wood, 1986). O mesmo resultado teria quase que certamente sido encontrado se os homens Tipo A tivessem sido estudados. Em seu famoso livro *Marital separation,* Robert Weiss concluiu que as separações em geral seguem um *"longo e angustiado processo de mútuo distanciamento, do qual os dois cônjuges saem feridos [...] com a capacidade de funcionar bastante comprometida pelos variados ataques vindos de um casamento em vias de fracassar"* (Weiss, 1985). A raiva desempenha um papel significativo não só na ruptura mas também no gradual declínio e progressivo desencanto de um casamento tempestuoso.

Solidão

A raiva tem sido associada à solidão por vários pesquisadores. Um estudo que realizou a revisão de grande parte das pesquisas sobre a solidão descobriu que a raiva isola a pessoa da rede de apoio social de duas maneiras. Em primeiro lugar, as atitudes cínicas para com os outros podem levar a pessoa a não perceber quando um apoio real está disponível. Em segundo, expectativas irreais e exageradamente exigentes podem fazer com que o apoio existente não pareça válido ou nem sequer presente. De todo modo, por mais sinceramente interessados que os outros possam estar nela, a pessoa crítica e enraivecida apenas não enxerga isso nem valoriza esse interesse (Hansson, Jones e Carpenter, 1984).

Jones, Freeman e Gasewick (1981) descobriram que a hostilidade, a alienação e as atitudes negativistas estavam ligadas a fatores tais como baixa auto-estima e solidão. Uma visão enraivecida e rejeitadora da humanidade e uma imagem do mundo como local injusto estão associadas a uma solidão mais acentuada.

Fica claro que as pessoas enraivecidas mantêm os outros a distância. Com isso, porém, recebem menos apoio, usufruem menos alegrias e têm maior sentimento de solidão do que as pessoas não-hostis.

Isolamento e doenças

O isolamento causado pela raiva afeta física e psicologicamente a pessoa. Embora as mudanças hormonais associadas à raiva crônica tenham sido correlacionadas diretamente a doenças cardiovasculares e gástricas, esses não são de modo algum os únicos efeitos fisiológicos da raiva.

A raiva afeta indiretamente seu corpo porque as pessoas que perdem seus vínculos sociais ou os têm enfraquecidos são muito mais suscetíveis a doenças de todos os tipos. Em seu belo livro *The healing brain*, Ornstein e Sobel (1987) assinalam que a incidência de infecções, câncer, tuberculose, artrite e problemas durante a gestação é mais elevada nas mulheres com menos apoio social. Outros pesquisadores acrescentaram à lista diabete, hipertensão e asma (Hansson, Jones e Carpenter, 1984). As pessoas divorciadas, separadas ou que têm poucos amigos apresentam índice de mortalidade de duas a cinco vezes maior que os encontrados nas pessoas casadas (Berkman e Syme, 1979).

O relacionamento entre isolamento e uma ampla variedade de doenças pode explicar por que *as pessoas hostis têm índices mais elevados de mortalidade por todas as causas* (Barefoot, Dahlstrom e Williams, 1983). Da mesma maneira como os apoios sociais diminuem em virtude da raiva crônica, também enfraquecem as defesas do corpo contra muitas doenças diferentes.

Avaliando o custo de sua raiva

Agora é o momento de se fazer algumas perguntas sérias. Como a raiva o está afetando? Que preço ela está cobrando em termos do seu corpo e dos seus relacionamentos? Preencha as avaliações seguintes com tanta objetividade quanta lhe for possível e veja o que aprende com isso.

Inventário do Impacto da Raiva

0 = nenhum efeito
1 = efeito mínimo
2 = efeito moderado
3 = efeito muito significativo
4 = efeito máximo

Instruções: Usando a escala de cinco pontos, avalie o grau de impacto de sua raiva sobre os seguintes itens:

Avaliação

1. Relacionamento com autoridades (professores, chefes, policiais, funcionários públicos etc.)
2. Relacionamento com colegas e iguais, no trabalho
3. Relacionamento com subordinados no trabalho
4. Relacionamento com clientes, fregueses, sócios etc.
5. Relacionamento com os filhos
6. Relacionamento com os professores dos filhos e os outros pais
7. Relacionamento com cônjuge ou namorado
8. Relacionamento com ex-parceiros
9. Relacionamento com parentes não consanguíneos
10. Relacionamento com os próprios pais
11. Relacionamento com outros parentes
12. Relacionamento com amigos atuais

13. Relacionamento com amigos do passado
14. Relacionamento com vizinhos
15. O papel da raiva nos relacionamentos perdidos
16. Relacionamento com grupos ou organizações de lazer
17. Relacionamento com grupos ou organizações religiosas
18. Relacionamento com grupos políticos e outros
19. Impacto dos acessos de raiva sobre a sua saúde
20. Efeito dos sintomas da raiva (aceleração do coração, tensão, dor nos ombros e nuca, dores de cabeça, irritabilidade, sensação de pressão, inquietação, insônia, mau humor etc.)
21. Tempo perdido com sentimentos hostis
22. Intromissão da raiva em atividades relaxantes ou agradáveis (sexo, esportes, *hobbies*, dia no campo, férias etc.)
23. Efeito da raiva na ingestão de álcool ou no uso de drogas
24. Efeito da raiva sobre a criatividade ou produtividade
25. Efeito da raiva sobre o que sente enquanto dirige o carro
26. Acidentes, erros e equívocos

Conforme for estudando seu inventário, verifique se surge algum padrão. Você fica com mais raiva em casa ou no trabalho? Com pessoas de sua intimidade ou em relacionamentos mais distantes? Você tende a se sentir mais zangado com autoridades e seus pais ou com colegas? Os seus relacionamentos sexuais são grandes campos de batalha? Você já perdeu um conjunto significativo de relacionamentos por causa da raiva? Agora chegou o momento de identificar uma ou duas áreas nas quais você realmente deseja concentrar seus esforços. À medida que for aprendendo habilidades básicas de manejo da raiva, nos próximos capítulos, talvez você possa querer pô-las em prática nessas áreas que está identificando agora.

5
A raiva como escolha: o modelo de dois passos para a raiva

A noite está começando. A TV está ligada. A cozinha está quente e de lá chegam muitos odores de alimentos. James e sua mãe, Sarah, começam o primeiro *round* de um conflito familiar.

Sarah: Você já fez os deveres da escola?
James: São só seis horas. Tenho a noite toda para fazer.
Sarah: Todo o mundo tem uma tarefa. Esta é a minha tarefa, preparar o jantar. Você acha que eu gosto de ficar aqui em pé, nesta cozinha quente? Sua tarefa é fazer os deveres da escola e não estou vendo você cuidar disso.
James: Olha, estou esfriando a cabeça depois da escola. Me deixe em paz.
Sarah: Quero que você desligue essa televisão e vá fazer seus deveres. Estou cansada de falar a mesma coisa. Vá fazer suas lições, como todo o mundo.
James: Você acha que sua tarefa é ser o xerife aqui. Me deixe em paz. Vá aborrecer o papai quando ele chegar.
Sarah (começando a gritar): Estou cansada da sua falação. Desligue essa televisão, eu já disse. Você é um preguiçoso, deixa tudo para fazer na última hora, e então só faz porcaria.
James (gritando): Enfie, tá? Enfia você sabe onde. Você não consegue me ver descansando. Você nunca me deixa descansar um segundo. Acho que o seu assunto é deixar todo o mundo louco de pedra, que nem você.

Nessa altura, uma chave gira na fechadura e abre-se a porta da frente. O pai de James, Leonard, atravessa o curto espaço até a cozinha. Apóia-se na mesa e começa a falar em voz baixa e contida:

Leonard: Mas o que está acontecendo aqui? O que acontece com vocês? Venho andando e pensando "até que enfim vou poder relaxar" e vocês dois estão berrando como duas *banshees** aqui dentro. *(A voz dele aumenta.)* James, será que ouvi você chamando sua mãe de louca? Isso é jeito de falar? Você quer gritar? Por que não grita comigo? *(Aproxima-se de James.)* Por que não grita comigo, hein? Por que não tenta? Para saber a sensação que dá. *(Empurra James.)* Nada? Você não quer mais gritar? *(Volta-se para Sarah.)* Qual é o problema com vocês dois? O que há de errado com esta casa? *(Berrando.)* Por que vocês não aprendem a falar um com o outro? Brigas e mais brigas, isto aqui mais parece um maldito hospício!

Nenhum dos envolvidos desejava essa discussão. Em retrospecto, James descreveu-a como "combustão espontânea – como se fôssemos uma pilha de folhas secas esperando por uma fagulha". Mas Sarah, James e Leonard estão presos num padrão que é tudo menos espontâneo. Cada um deles traz para o conflito um grupo ímpar e basicamente inconsciente de estresses. O estresse é o combustível da raiva, porque cria altos níveis de excitação fisiológica que deve ser descarregada. Mas por si mesmo o estresse não cria raiva. Todo litigante deve também trazer um conjunto de "pensamentos-gatilho" que atuem como faísca psicológica, para acender a raiva e a agressão.

Você pode ver como isso funciona revendo um *replay* cognitivo da discussão de Sarah, James e Leonard. O *replay* cognitivo documenta os processos internos de cada participante, conforme são reconstruídos durante uma sessão de terapia familiar.

Os estresses mais imediatos de Sarah são o calor e a fadiga. Um estresse adicional vem de seu medo calado de James estar usando drogas, medo que ela usa para explicar o menor interesse que ele vem demonstrando pelos estudos. Sarah também vive den-

---

* *Banshee* = No folclore gaélico, espírito feminino que anuncia aos berros uma morte iminente em família. (N. da T.)

tro de um nível crônico de frustração e tristeza por James mostrar-se ultimamente mais arredio, revelando muito pouco a seu próprio respeito. Também se sente magoada por seu marido estar-se mostrando distante e sexualmente desinteressado, nos últimos meses. O disparo da raiva ocorre no momento em que Sarah escuta o som da televisão na sala. Ela usa dois tipos de pensamento-gatilho para iniciar sua raiva: "deveria" e "recriminação".

Deveria:
"Todo o mundo tem de fazer suas tarefas".
"Ninguém deveria ver televisão à tarde; isso é preguiça".

Recriminação:
"Ele deixa o dever para a última hora".
"O trabalho que realiza é uma porcaria".

Sarah repete a si mesma algumas variações dessas quatro sentenças enquanto discute com James. Cada sentença é como atarrachar mais um pouco a tampa da rosca emocional; ela se sente cada vez mais zangada e cheia de razão.

Os estresses de James incluem tensão muscular, advinda de um dia de escola em que ele se sentiu despreparado para vários aulas, e dor causada por uma lesão crônica no joelho, agravada pelo treino de futebol.

James também está sentindo um nível moderado de culpa por sua recente desatenção aos deveres escolares. No momento em que a discussão começa, ele está experienciando uma elevada ansiedade diante da decisão de telefonar para uma garota atraente convidando-a para sair. Sua forte motivação para relaxar a tensão é frustrada por sua mãe, quando esta o interpela sobre seus deveres escolares.

James desencadeia sua raiva com três recriminações:

Recriminações:
"Você está tentando me controlar".
"Você não está me deixando descansar, de propósito, para que eu fique me sentindo tão mal quanto você".
"Você é louca de pedra".

Os estresses de Leonard incluem uma tensão crônica em seu pescoço e ombros, e uma maior ansiedade decorrente depois do aparecimento de um sintoma cardíaco, a saber, arritmia. Ele está fisicamente excitado após um dia corrido e repleto de ansiedade, depois que instituíram há três meses novas cotas de produção. Leonard tem um forte medo de ser rejeitado; as vozes alteradas que escuta ao entrar em casa soam como ameaças de que ele será ferido ou abandonado.

Leonard dispara sua raiva com três recriminações e dois "deverias":

Recriminações:
"Eles me negam a chance de eu relaxar".
"Esta casa é uma loucura de brigas, parece um hospício".
"James está se tornando um ingrato amuado e enrustido".

Deverias:
"James jamais deveria atacar a mãe".
"Eles deveriam aprender a conversar um com o outro".

Sarah, James e Leonard estavam todos sofrendo. Cada um deles tomou a decisão independente de lidar com o estresse físico e emocional usando pensamentos-gatilho de raiva para dar início a um extravasamento hostil. Por alguns momentos a raiva deu uma sensação boa, e o estresse foi mascarado ou descarregado. Houve uma descarga. Em breve o estresse voltaria, na forma de culpa, mágoa ou frustração. Mas nesses poucos momentos de descarga e alívio, a estratégia da raiva foi reforçada. Quando se sentirem novamente feridos, retomarão os ataques.

A função da raiva

A única função da raiva é interromper o estresse. Ela faz isso descarregando níveis dolorosos de excitação física ou emocional ou bloqueando a percepção consciente destes. Há quatro tipos de estresse que a raiva serve para dissipar.

1. Afeto doloroso. A raiva pode bloquear emoções dolorosas de forma que elas sejam literalmente empurradas para fora do seu campo de consciência. Ela também pode descarregar elevados níveis de excitação experienciados em períodos de ansiedade, mágoa, culpa, e assim por diante.

2. Sensação dolorosa. O estresse é freqüentemente experienciado como uma sensação física. A forma mais comum é a tensão muscular, mas a excitação dolorosa também pode provir de dor física ou de atividade do sistema nervoso simpático.

3. Impulso frustrado. A raiva pode descarregar o estresse que se acumula quando você é frustrado em sua busca de algo de que precisa ou quer. Funciona para extravasar altos níveis de excitação que inevitavelmente aumentam à medida que são bloqueadas as atividades geradas pelo impulso.

4. Ameaça. Qualquer ameaça percebida, ao bem-estar físico ou psicológico, cria uma excitação imediata. Essa excitação mobiliza a pessoa e gera um impulso muito forte no sentido de empreender atividade que reduza o estresse.

Cada um desses quatro tipos de estresse aciona um mecanismo psicológico de alarme que lhe diz que alguma coisa não está indo bem. Conforme a excitação aumenta, também cresce a necessidade de lidar com ela, de interromper a dor. Como você virá a perceber, a raiva é apenas mais uma entre as várias estratégias disponíveis para descarregar a excitação dolorosa.

Como a raiva interrompe o estresse

Para compreender como a raiva interrompe o estresse, será proveitoso retomar os quatro tipos de excitação dolorosa.

Afeto doloroso

Ansiedade e medo. Considere a mãe que, vendo o filho correr para atravessar a rua, sacode-o pelo braço e grita com ele por causa de seu descuido. A raiva bloqueia e descarrega sua onda de medo, de tal modo que o terror imenso de perder o filho mal seja experienciado antes da enxurrada de palavras zangadas. Na discussão que abriu este capítulo, Leonard está com receio de fracassar no trabalho e se preocupa com possíveis problemas de coração. A excitação gerada por essas atribulações é temporariamente descarregada por sua explosão.

Perda e depressão. Esse é um estresse mais silencioso, que dói calado. Mas a tristeza cria uma tensão que é tão dolorosa quanto o medo e necessita igualmente de uma via de escape. Considere o homem cuja namorada anuncia desejar sair com outros homens. A perda da intimidade e do compartilhamento o consome. Finalmente, repreende sua secretária por telefonemas mais longos que o necessário e com isso a breve tensão se ameniza, até que ele recupere sua triste percepção dos momentos solitários de seu relacionamento.

Mágoa. A dor de uma mágoa pode ser tão aguda que a raiva acaba sendo empregada como mecanismo bloqueador quase de imediato. Uma mulher é criticada pelo marido por ser descuidada com o dinheiro. Ela se sente humilhada e rejeitada. Mas, em poucos segundos, sua excitação atinge um nível tão intenso e doloroso que ela explode para poder bloquear a percepção desses sentimentos. Lembre-se de que Sarah tinha se sentido magoada pela distância do marido e seu desinteresse sexual. Uma parte dessa mágoa era descarregada em suas discussões com o filho.

Culpa e vergonha. A raiva apaga a culpa. Não foi você quem errou, foi o outro. A mulher chega em casa às 6 horas e encontra seu filho já na cama, com as luzes acesas, rodeado por seus bichinhos de pelúcia. Quando ela lhe pergunta o que ele está fazendo, ele responde que estava se sentindo sozinho. Uma onda de culpa a inunda. Quando essa excitação alcança níveis intoleráveis, ela se lembra de que o pai dele nunca o visita e de que essa é a verdadeira fonte do problema. Agora ela se sente cheia de razão e enraivecida, descarregando sua culpa numa fieira de condenações silenciosas. Na discussão que descrevemos no início, a culpa de James por ter negligenciado seus deveres escolares foi bem escamoteada pela raiva que sentia da mãe.

Sentimentos de fracasso, ruindade e desvalia. Considere o rapaz que mostra uma poesia de sua autoria ao professor de inglês. O professor indica ao aluno como as linhas não se comunicam entre si. Nos 15 minutos seguintes, o rapaz palmilha os corredores, agarrado ao trabalho sem sentido, sentindo-se profundamente fracassado. A dor acelera-se até ele lembrar-se do sotaque e dos maneirismos do professor e com isso condená-lo por sua "afetação". Muitas pessoas guardam no íntimo uma sensação de serem basicamente ruins ou erradas, e essa sensação pode ser ativada pelas menores críticas ou observações. A raiva é uma estratégia popular para bloquear a percepção de tais sentimentos e descarregar toda dor conscientemente vivenciada que tenha sido ocasionada por eles.

Sensação dolorosa

Afobação. Leonard chega em casa depois de um dia inteiro se afobando para cumprir cotas de produção. Ele descarrega essa tensão partindo para o ataque.

Dor física. Você certamente já percebeu que, quando está sentindo qualquer dor, fica tenso. E custa pouco esforço descobrir algo do que ficar com raiva. Imagine a cena em que um homem está cochilando na praia. Seus filhos estão brincando com a bola, na areia, chutando-a e indo atrás dela. Um deles tropeça e cai em cima dele. O homem senta-se como uma mola e no ato prende os braços do filho, impedindo-o de se mover, porque aprendeu a aliviar a dor usando a raiva.

Estimulação excessiva. Uma estimulação excessiva, uma conversa intensa demais, o êxito numa grande apresentação na reunião da diretoria, um dia de sorte no cassino são todas experiências que podem cobrar seu preço. A excitação que decorre dos bons momentos pode alcançar níveis estressantes. Quando você volta para casa depois de um dia dramático e intenso, a raiva pode ser sua maneira de esfriar, de descarregar energia.

Tensão muscular. No processo de cuidar das incumbências do dia a maioria das pessoas acumula tensão em zonas de vulnerabilidade. A testa, o queixo, os ombros e o abdome são as mais comuns. A raiva pode às vezes aliviar a tensão muscular ao descarregar a energia até que a pessoa consiga relaxar, como resultado disso.

Esgotamento e excesso de trabalho. A fadiga cria estresse. O ácido láctico acumula-se nos músculos, até que o desconforto força a pessoa a empregar alguma estratégia para reduzir a excitação.

Impulso frustrado

Excitação causada por necessidades ou desejos bloqueados. Essa é a condição humana, a luta para se ter algo que não existe em quantidade suficiente. Querer e querer. Considere a mulher cujas férias são várias vezes adiadas porque os colegas de trabalho ficam inesperadamente doentes e ela é necessária para cobrir essas faltas. Finalmente, ela atinge um ponto de excitação tão aguda que ataca o chefe por ser "indiferente e incompetente". Ela se sente bem depois disso. Na discussão do começo deste capítulo, o impulso de James para se divertir foi frustrado quando sua mãe exigiu que ele parasse de ver televisão. A raiva foi sua escolha estratégica para lidar com a frustração.

As coisas não são como deveriam. Aqui a frustração que a pessoa sente atinge sua noção de ordem, obrigatoriedade, perfeição. Sua imagem de um mundo em que as pessoas agem corretamente e bem costuma ser deturpada. O balconista coloca as compras numa sacolinha frágil e fina. O comentário silencioso que você faz com seus botões condena a "atitude errada" e "estúpida" desse funcionário e cria uma excitação dolorosa. Sua filha chega em casa acompanhada de um amigo vestido de couro cor de púrpura. Há alguma coisa errada com essa cena. Conforme sua tensão aumenta, você fica se perguntando onde ela encontrou esse cruzamento de motoqueiro *punk* com *hippie*.

Sensação de ser forçado. Não só você não consegue fazer as coisas que quer como ainda é obrigado a fazer algo contrário a suas necessidades e a seus valores. A namorada insiste em discutir com o namorado "o problema do compromisso" do seu relacionamento. Ele sabe, por experiência própria, que se a questão não for conversada ela vai se sentir magoada e por isso se afastará. Conforme a discussão prossegue, a tensão que sente aumenta, até o ponto de ele acabar fazendo um comentário muito pouco simpático sobre o novo corte de cabelo que ela adotou.

Ameaça

Sentir-se atacado. Aqui a excitação é imediata. A raiva é usada para afastar a ameaça, a fim de que, assim, a pessoa possa retornar ao estado de relaxamento. Seu chefe anuncia que você é uma das pessoas que será dispensada, junto com outros empregados. Sua reação é um choque e um aumento repentino no nível do estresse. "Espera aí, isso não é justo." Você começa elevando o seu tom de voz. A raiva ajuda a bloquear a consciência do medo e do aperto no estômago.

Sentir-se engolido. Essa é a experiência de estar sendo controlado, de não ter o direito de colocar limites ou dizer "não". Um adolescente assoberbado pelas regras e interdições impostas pelo pai não consegue se posicionar em defesa de mais liberdade. Para lidar com as ameaças paternas à sua autonomia ele queima em segredo documentos importantes do pai. Uma mulher cujo marido insistia para que ela abandonasse todos os amigos homens sentia essa ameaça como tensão em seu diafragma. "Achava que eu tinha de ceder a ele mas às vezes sentia vontade de gritar. Eu sabia que se gritasse me sentiria melhor, por isso me imaginei gritando as maiores barbaridades para ele."

Sentir-se abandonado. Para uma criança, essa é uma ameaça à sua sobrevivência. Muitos adultos vivenciam o abandono como ameaçador nesse mesmo sentido, como se sua existência corresse perigo, como se o abandono fosse o mesmo que morrer. A raiva ajuda a bloquear a percepção consciente do medo da perda e do isolamento ao mobilizar a pessoa para que interrompa a ameaça: deixar o outro antes que ele o abandone, colocar um pouco de juízo dentro da cabeça dele, fazê-lo ouvir a sua dor.

Estratégias alternativas para reduzir o estresse

Há muitas maneiras de descarregar altos níveis de estresse, além da raiva. Algumas são saudáveis, outras destrutivas. Qualquer uma pode ser usada *em lugar da raiva* quando você estiver estressado. A lista seguinte não é em absoluto completa, mas pode lhe dar algumas idéias.

Chorar. Essa é a primeira estratégia para aprender a lidar com a dor. Chorar ajuda a descarregar a tensão e o desconforto, relaxa os músculos tensos e ajuda a comunicar as necessidades pessoais.

Exercitar-se. Caminhar, dançar, jogar tênis, nadar – literalmente qualquer atividade aeróbica reduz o estresse (ver Capítulo 8).

Trabalhos corporais ativos. Atividades como lavar louça e passar aspirador de pó, assim como cozinhar, pintar, consertar e construir funcionam como redutoras de estresse ao focalizar a energia numa só tarefa.

Humor. Considerar as coisas pelo lado engraçado, enxergar o absurdo de uma situação. Achar a graça das coisas. Reenquadrar o estresse como algo bem menos sério, ou até mesmo tolice.

Escrever. Manter um diário e escrever poesias são veículos eficazes para expressar e descarregar sentimentos.

Exercícios de relaxamento. Entre as técnicas mais eficientes estão a meditação, o relaxamento muscular progressivo, as respirações profundas, o treinamento autógeno e a auto-hipnose (ver Capítulo 8).

Verbalizar a dor. O ato de dizer em voz alta que você está sofrendo reduz o estresse doloroso. Mesmo que esteja gritando dentro do carro ou numa praia deserta, ao dizer isso, simplesmente, você pode se acalmar e, às vezes, até sanar a dor.

Recreação. Ler, assistir à televisão, jogar, dedicar-se a algum *hobby* agem como esponjas psicológicas que absorvem o estresse.

Sexo. O sexo funciona bem em dois sentidos. Primeiro, bloqueando a consciência de sentimentos dolorosos. Em segundo lugar, o orgasmo tem uma capacidade enorme de reduzir a tensão proveniente de qualquer fonte.

Atividades voltadas para a solução de problemas. Direcionar sua energia para a retificação do que está errado reduz o estresse porque você está lidando com a raiz do problema. Você antecipa algum alívio e se sente menos impotente (ver Capítulo 8).

Comunicação para solução de problemas. Informar a outra pessoa sobre suas necessidades, seus sentimentos e limites reduz o estresse gerado pela frustração (ver Capítulo 12).

Socar travesseiro ou cama. Essa é uma grande forma de explodir em particular. Às vezes, usar uma raquete de tênis pode tornar os socos mais audíveis e satisfatórios.

Música. Seja qual for sua preferência ou predileção quanto a decibéis, a música pode ser profundamente calmante. Um pouco de tempo a sós com o disco favorito é quase certo funcionar como antídoto contra o estresse de qualquer ordem.

Descansar. Um período de inatividade pode ser muito proveitoso. Até mesmo breves intervalos de descanso, como contar ou respirar fundo antes de dar uma resposta, podem oferecer momentos de relativa calma.

Também há muitas estratégias de redução da excitação que, embora eficientes, são autodestrutivas. Entre elas estão o álcool e as drogas, o descuido e a busca do perigo, o sexo compulsivo e o se fazer de coitado. Todas essas possibilidades podem bloquear, amortecer ou reduzir a dor, mas sua eficácia é sobrepujada por suas óbvias conseqüências negativas.

O número de estratégias alternativas para redução do estresse deveria deixar claro que a raiva é só uma das muitas reações possíveis diante de níveis dolorosos de excitação. Na realidade, a raiva chega a ser uma das estratégias menos eficientes de toda a lista, pois custa muito caro, dado o dano fisiológico que ela causa e o comprometimento das relações interpessoais. A verdade é que a raiva raramente é necessária. Há maneiras melhores de lidar com o estresse do que partir para o ataque. A raiva, na qualidade de estratégia para redução do estresse, é geralmente mais eficaz a curto prazo. A longo prazo, prejudica sua saúde e termina por deixar a pessoa isolada. Este livro irá ajudá-lo a desenvolver estratégias mais eficazes para lidar com o estresse que se esconde atrás de sua raiva.

Por que você escolhe a raiva para reduzir o estresse

Há três fatores que influenciam a escolha de qualquer estratégia para reduzir o estresse, seja ela chorar, relaxar, resolver o problema ou ficar com raiva. O primeiro é a *predisposição fisiológica.*

Você nasceu com um conjunto de tendências constitucionais que tornam algumas respostas mais fáceis ou gratificantes que outras. Há pessoas cujo tipo neurológico básico funciona melhor com a raiva do que com outros tipos de estratégia. No entanto, predisposição é só isso: uma tendência, uma reação que pode ser um pouco mais fácil que as outras. Embora a raiva possa ser constitucionalmente um pouco mais fácil ou eficiente no seu caso, para a temporária redução do estresse, você *pode* aprender outras estratégias.

A segunda maior influência sobre a escolha de uma estratégia para redução do estresse é o *condicionamento instrumental.* Esse é o processo pelo qual, na infância, determinados comportamentos foram reforçados ao passo que outros foram desencorajados. Se você teve um acesso de birra e recebeu o que queria, o efeito foi encorajar o comportamento de birra. Se você exigiu o joguinho dos blocos que é da sua irmã e, quando ela recusou, você bateu nela e ela consentiu, você foi reforçado para bater. Se sua mãe cedeu quando você gritou, você aprendeu que gritar era recompensar. Ao mesmo tempo, quando criança, você poderia ter sido recompensado por qualquer uma das demais estratégias de redução do estresse. Uma intensa atividade física, a comunicação verbal para a solução de problemas ou a verbalização da dor poderiam ter sido reforçadas. Todos reagem da maneira como aprenderam que era eficaz. A raiva nada mais é do que uma resposta aprendida para certos tipos de estresse. Em sua família, a raiva funcionou bem o suficiente para ter-se tornado parte de seu repertório adulto de estratégias.

O último fator principal na determinação de sua escolha de estratégias de redução do estresse é o *aprendizado social*. Ele envolve as habilidades e as condutas que você adquiriu por meio da *modelagem*. Este é o processo pelo qual você imita como agem os pais e as outras pessoas significativas de sua vida. Você tenta fazer as coisas do jeito deles. Você se esforça para parecer, soar e se comportar como seu modelo de papel. Se você cresceu numa família em que as pessoas enfrentavam seu sofrimento ficando com raiva, sem dúvida você modelou uma parte de seu comportamento segundo o que observava ao seu redor. Se seus pais falavam alto, ameaçavam as pessoas ou reclamavam dos outros quando se sentiam mal, então provavelmente você usa as mesmas estratégias quando se sente mal. O velho clichê "tal pai, tal filho" é, infelizmente, verdadeiro no que tange a reações de raiva. As crianças aprendem muito rápido como seus pais lidam com as situações e começam a incluir as atitudes parentais em seus próprios padrões de comportamento.

Você usa a raiva para controlar o estresse por causa de uma combinação singular de predisposição fisiológica, reforço e aprendizado social. Mas você efetivamente tem uma escolha. Este livro oferece novos recursos e habilidades para o manejo de níveis dolorosos de excitação. É uma questão de tentar ver quais deles funcionam melhor no seu caso.

Como você cria raiva

Raiva é um processo de duas etapas. Geralmente, começa com estresse e uma experiência subjetiva de excitação, que qualquer espécie de estresse desperta. O estresse motiva a pessoa a iniciar o enfrentamento do desconforto. Ela quer diminuir a intensidade ou bloquear os sentimentos desconfortáveis. O *primeiro passo* para a produção da raiva completa-se quando sua percepção de que está estressado leva-o a decidir enfrentar isso. Embora esse enfrentar pudesse variar de lágrimas, exercícios de relaxamento, ginástica e verbalizações até a resolução do problema, numerosas vezes você vai se descobrir escolhendo bloquear e descarregar por meio da raiva.

Como vimos, o estresse não é causa suficiente para a raiva. Você precisa da faísca psicológica – os pensamentos-gatilho de raiva – para converter o estresse em hostilidade. O *segundo passo* na produção da raiva é o processo pelo qual você focaliza sua atenção em *recriminações* ou em *"deverias"*.

Recriminações. Aqui o pensamento genérico é "Você fez isso de propósito contra mim". A idéia-chave é que você, intencionalmente, foi prejudicado por uma conduta equivocada de outrem.

"Deverias." O pensamento genérico aqui é "Você não deveria isto mas deveria aquilo". Está implícito que a pessoa sabe ou deveria saber como agir corretamente e, por estupidez ou egoísmo, violou as regras da conduta decente.

Os dois tipos de pensamento-gatilho têm como crença nuclear a percepção do outro como alguém mau, errado e merecedor de punição. Quando Leonard diz para si mesmo: "Eles me negam a chance de relaxar", está implícito que Sarah e James estão prejudicando-o deliberadamente. Eles são maus e deveriam ser castigados. Quando Sarah diz para si mesma: "Todos devem fazer seus deveres", ela considera que James está quebrando uma regra básica da vida. Ele está agindo errado e deveria ser punido. Quando James culpa sua mãe por tentar controlá-lo, ele a vê como o "xerife" que, deliberadamente, impõe punições. A sua reação é querer feri-la em troca.

O estresse (excitação dolorosa) junto com pensamentos-gatilho é igual à raiva. Você não pode sentir raiva sem a presença de ambos os componentes. Os pensamentos-gatilho sem a excitação produzem julgamentos sem emoção. A excitação sem os pensamentos-gatilho deixam-no num estado crônico de sofrimento até que você escolha uma estratégia alternativa de redução do estresse.

Os ciclos da raiva

O ciclo da raiva pode começar de duas maneiras.

1. Excitação/Estresse ⟶ Pensamentos-gatilho

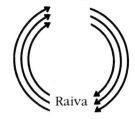

Esse é o ciclo convencional descrito até aqui no capítulo. Observe que o estresse convida pensamentos-gatilho, os quais incitam a raiva, mais pensamentos-gatilho, mais raiva, e assim por diante. Seus pensamentos e sentimentos enraivecidos tornam-se um circuito de retroalimentação que pode se autoperpetuar. O circuito de retroalimentação é o que mantém sua raiva espumando por horas ou mesmo dias sem arrefecer.

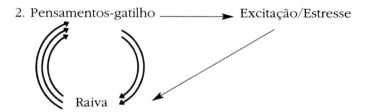

2. Pensamentos-gatilho ⟶ Excitação/Estresse

No ciclo dois, os pensamentos-gatilho criam uma reação de estresse (por mais breve que seja), que então alimenta a raiva. Alguns pensamentos-gatilho são provocativos o suficiente para criar excitação onde antes não havia nada. Arthur fica cismando se sua esposa fará serão em seu escritório de advocacia hoje à noite, outra vez. A imagem de si mesmo sentado assistindo aos noticiários da noite e aos programas de comédia, esperando que a chave dela gire na fechadura, detona uma profunda sensação de abandono. Mas ele acha que seu sofrimento é culpa dela. Quase no mesmo instante, ele converte o sentimento estressado em raiva. Agora a raiva incita mais outros pensamentos-gatilho: "Ela realmente não se importa com o nosso casamento – houve aquele fim de semana em que ela decidiu sair sozinha, e o hábito de ler na cama e as discussões sobre de quem era a vez de fazer as compras". Arthur, agora, está preso no circuito de retroalimentação. Os pensamentos-gatilho cultivam ainda mais a raiva, que desencadeia mais pensamentos-gatilho, seguidos por mais raiva, e assim por diante.

No ciclo dois, sempre existe um momento interveniente de sofrimento (perda, rejeição, desespero, medo, frustração, mágoa, abandono) entre o pensamento-gatilho e a raiva. Mas a percepção de que a dor é culpa do outro rapidamente acende a raiva e cria as condições para o estabelecimento do circuito de retroalimentação.

Implicações

Assim que você entender o processo de duas etapas da produção da raiva, ele pode afetar alguns de seus pressupostos básicos a respeito da emoção. Considere as implicações do modelo seguinte.

*Não há nada inerentemente certo
ou legítimo a respeito da raiva*

A única coisa verdadeira e indiscutível quando você está com raiva é que você está sofrendo e tentando fazer algo a respeito. Os pensamentos-gatilho que você usa para gerar sua raiva podem ser falsos, ou, na melhor das hipóteses, questionáveis, e sua raiva pode, portanto, não ter uma base legítima. Quando Leonard diz para si mesmo que seu filho é um "ingrato amuado e enrustido", está emitindo generalidades que exageram de maneira grosseira alguns aspectos do comportamento de seu filho. Esse pensamento-gatilho é, simplesmente, errado de fio a pavio, e a avaliação de Leonard de que James merece uma punição é igualmente errada. Sua raiva não é legítima, não é "certa". Quando James decide que sua mãe o está impedindo de relaxar porque ela quer que ele se sinta tão mal quanto ela, ele está falsamente pressupondo que sua mãe deseja que ele sinta dor. A decisão que toma de puni-la e agredi-la baseia-se numa premissa equivocada. Mais uma vez, a raiva dele não tem fundamentos legítimos.

O mundo da informática usa uma expressão: "lixo entra, lixo sai". Vale o mesmo para suas emoções. Se você usar sentenças-gatilho que sejam versões falsas ou distorcidas da realidade, a tempestade emocional que elas desencadeiam é uma reação, não a uma questão real, mas a uma violação imaginada. No próximo capítulo, você irá perceber que grande parte de sua raiva pode cair nesta categoria.

Lembre-se: sua motivação real ao ficar enraivecido é reduzir ou descarregar a excitação que decorre do estresse. As sentenças-gatilho que você usa podem ser muito arbitrárias e até mesmo autoenganos cabais que, num momento de calma subseqüente, você por certo deploraria. Mas, naquela hora, sua preocupação não é exatamente saber se suas percepções são ou não verdadeiras. O que você quer é liberar ou bloquear a dor.

Os adeptos do extravasamento alegam que a raiva deve ser expressa porque os sentimentos têm todos uma legitimidade intrínseca. Como você viu, o acesso de raiva pode ser detonado por muitas vivências diferentes e simultâneas de estresse. Embora a dor seja importante, e talvez até expressá-la também o seja, a raiva geralmente é destrutiva. Não é a raiva que precisa vir à tona, mas a dor (o estresse) que lhe subjaz. Não é a raiva que é legítima, mas sim o sofrimento humano que deve ser reconhecido e investigado.

O reservatório da raiva

Os adeptos do extravasamento são propensos a crer que existe um grande reservatório no íntimo da pessoa, que contém raiva e impulsos enraivecidos. Nesta "teoria hidráulica" da raiva, a raiva que vai sendo sentida mas não expressa apenas se acumula. Finalmente, o peso acumulado explode, despedaçando a máscara da calma. Essas pessoas estão equivocadas. Não é a raiva que se acumula, é o estresse. Estresse de todos os tipos e proveniente de todas as espécies de fonte: dores emocionais, físicas, frustração, ameaças. Enquanto o estresse persistir sem alívio, a pessoa continuará sentindo-se tensa e excitada. O estresse cresce. Como se vê, a raiva é apenas uma das muitas estratégias possíveis que se pode usar para enfrentar a situação. Deixar de expressar a raiva *não faz com que ela vá se acumulando*. Em si mesma, a raiva não aumenta o estresse. Escolher não expressar raiva apenas significa que a excitação permanece, num nível doloroso, até que seja encontrada uma maneira de reduzi-la.

Se Sarah tivesse decidido não expressar sua raiva, poderia tê-la reduzido de outras maneiras. Uma seria ter sugerido que jantassem fora, naquela noite, para escapar do calor da cozinha. Poderia ter preferido discutir seus temores a respeito de James estar usando drogas, ou abrir-se com ele sobre sua sensação de estar sendo excluída da vida do filho. Poderia também resolver pelo menos em parte o problema da televisão e dos deveres escolares. Ter contido a raiva não teria aumentado esse sentimento. Na realidade, sua raiva a está impedindo de efetivamente fazer alguma coisa com a causa de seu estresse. Ela mascara a dor sem de fato mudar nada.

Isso também é verdadeiro a respeito de Leonard. Ele está tenso e assustado diante da possibilidade de fracassar no trabalho e de ter um ataque do coração. Escolher não extravasar sua raiva não terá como efeito acumular a ira para alguma explosão mais destrutiva, posteriormente. Apenas significa que ele terá de conviver com o estresse um pouco mais de tempo, até descobrir outra forma de enfrentar o problema: um exame médico, conversar abertamente com o chefe sobre seu desempenho, exercícios de relaxamento para os espasmos nos ombros, e assim por diante. A raiva de Leonard mascara seu verdadeiro problema e obscurece o caminho até as verdadeiras soluções.

Esqueça o deslocamento

A teoria do deslocamento afirma que existe um alvo apropriado para sua raiva. Na raiva sadia, você expressa o que sente para a pessoa apropriada, ou no contexto apropriado. O deslocamento é visto como uma alternativa menos saudável. Nesse caso, você usa a raiva que pertence a certo alvo e dirige-a para outro, menos ameaçador. Você não pode gritar com seu chefe, então em casa grita com a esposa. Você não pode expressá-la para a namorada, então despeja na mãe.

No modelo de duas etapas da raiva, o deslocamento é uma questão irrelevante. A raiva é uma resposta ao estresse e sua função é descarregar ou bloquear a percepção consciente desse estresse. Pode dar a impressão de ser um pouco mais catártico expressar a raiva para a pessoa que a seu ver está associada à dor, mas como você já percebeu com Sarah, James e Leonard a raiva raramente diz respeito às verdadeiras questões em jogo. Toda raiva em geral reduz a tensão por algum tempo. Quer você a extravase à pessoa apropriada quer você desloque o sentimento para um objeto menos ameaçador, o estresse subjacente quase nunca é enfrentado de modo construtivo. As pessoas enraivecidas tornam-se muito defensivas para se dedicar de fato à solução do problema. Portanto, não se pergunte "Senti raiva da pessoa certa?", quando a pergunta é: "Expressei minha dor de uma maneira que possa levar a uma solução?".

Você escolhe ficar com raiva

Pode parecer uma idéia revolucionária, mas você *escolhe* ficar com raiva. Até este momento, a escolha foi em grande parte inconsciente. É um hábito, baseado em anos de condicionamento. A raiva é uma estratégia que você usa para enfrentar muitas variedades de estresse porque, até certo ponto e em determinados momentos, ela funciona. Agora pode ser observado o que esteve escondido. O que era inconsciente pode ser experienciado no plano da consciência. Quando você sente estresse, pode escolher não dar o segundo passo. Pode começar a afastar-se conscientemente de pensamentos disparadores de raiva.

Desenvolver a consciência de que escolhemos pensamentos-gatilho da raiva para lidar com o estresse é mais fácil na teoria que na prática. Neste exato momento, trata-se de uma idéia abstrata. Talvez interessante. Um pouco ameaçadora, quem sabe. Mas você pode torná-la real para si mesmo estudando seu próprio processo e cultivando uma percepção íntima de como age a sua raiva. Para poder realizar essa tarefa essencial, você vai precisar trabalhar mais com seu Diário da Raiva.

Novos critérios de anotação no Diário da Raiva

Esse diário é uma parte importante do trabalho de mudança de sua raiva. Nos próximos dois dias, pelo menos, faça uma anotação cada vez que sentir raiva. Pode ser que não consiga fazer a anotação de pronto, mas volte e tente reconstruir os processos que o levaram até a raiva.

Há quatro perguntas a que você precisa responder em seu diário para poder compreender mais profundamente cada um dos episódios de raiva.

1. Quais estresses existiam antes de sentir raiva? Antes desse momento da raiva, você estava ciente de sentimentos dolorosos, tais como mágoa, ansiedade, tristeza ou culpa? Tinha alguma noção de estar se sentindo ameaçado, frustrado ou incomodado fisicamente?

2. Que pensamentos-gatilho de raiva você usou? Volte em seus pensamentos até que você se lembre do que estava lhe passando pela mente no momento em que tomou consciência da raiva. Que pensamentos a dispararam? Tente lembrar se havia algum "deveria" – aquele tipo genérico de sentença que fala "você não deveria... mas, em vez disso, deveria...". Esse tipo de sentença contém a implicação de que a outra pessoa é má e deve ser levada a admitir que agiu errado. Além disso, tente recordar as reclamações: "Você deliberadamente agiu mal comigo". Observe sua suposição de que a outra pessoa é passível de culpa, pois o prejudicou de propósito. Você pode identificar o ponto em que os pensamentos-gatilho da raiva transformam seu estresse em raiva?

3. Você estava com raiva ou sentia algum outro tipo de estresse *antes* das sentenças-gatilho de raiva? Em alguns casos, pode ser muito difícil responder a esta pergunta. A raiva tem o efeito de um halo, parecendo mergulhar a memória inteira numa sensação de indignação e injustiça. Os pensamentos-gatilho da raiva levam-no à percepção de que você é uma vítima, de que alguém "aprontou" com você. É difícil voltar até o momento em que você decidiu que alguém era "responsável" por sua dor. Contudo, foi nesse exato momento que a raiva começou. Seu estresse foi então transformado num afeto hostil.

4. Teria a raiva bloqueado ou descarregado parte de seu estresse anterior? Anote em seu diário se você se sentiu melhor, mesmo que por breves instantes, depois de ter ficado com raiva. O estresse certamente pode ter voltado, mas será que a raiva lhe deu ao menos alguns segundos de alívio? O alívio, por mais breve que seja, é altamente reforçador.

Faça o trabalho no seu diário antes de começar a ler o próximo capítulo. Isso lhe servirá como base de conscientização à qual sempre poderá recorrer conforme for conhecendo mais e mais os disparadores cognitivos específicos de sua raiva, e começar a aumentar sua capacidade de resistir a eles.

6
Quem é o responsável?

Quando você está sofrendo, muito freqüentemente se pergunta: "Quem me fez isso? Quem é o responsável?". O impulso de atribuir a culpa a alguém está na própria base da raiva crônica. Assim que você decide que alguém é responsável por sua ansiedade, mágoa ou tensão física, sente-se justificado a descarregar esse estresse por meio da raiva. Achar que alguém lhe causou dor faz de você uma vítima. Você se vê ameaçado, encurralado pelas malvadezas alheias.

Dá prazer culpar alguém. Quando outra pessoa é a responsável, você pode desviar sua atenção da dor que está sentindo, para concentrá-la na relação de pecados e injustiças de que está padecendo. O estresse fica temporariamente bloqueado ou é descarregado, e você se sente melhor por algum tempo.

Mas existe um problema no hábito de achar alguém para ser o responsável por seus sofrimentos. Isso não é verdade. Sua qualidade de vida é de sua inteira e exclusiva responsabilidade. Você estar sofrendo ou não, suas necessidades serem atendidas ou não, seus relacionamentos serem bons ou não, tudo isso é inteiramente determinado pelas escolhas que você faz. Há quatro motivos pelos quais você, e apenas você, é o responsável por suas experiências.

1. Você é a única pessoa que realmente conhece e entende suas próprias necessidades. Você é o especialista que sabe o que é bom ou ruim para você, quais são suas preferências e aversões, as dores sutis, os sonhos escondidos, a mínima e importante diferença de cada tipo de toque. Os outros só podem suspeitar o que é gratificante para você e a que você é vulnerável. Eles estão irremediavelmente presos do lado de fora das suas vivências.

Uma grande parte do que lhe parece óbvio a respeito de suas necessidades é desconhecida até mesmo das pessoas que lhe são íntimas. Considere o caso do homem que sente um enorme ressentimento porque a esposa raramente lhe toca o pênis, durante as preliminares da relação sexual. Ele já lhe disse diversas vezes, ao longo do ano anterior, que "seria gostoso" se ela tocasse mais os genitais dele. Mas sua esposa não tem como saber o quanto é intenso esse seu desejo, ou precisamente que tipo de toque é mais estimulante para ele. Não obstante, ele a culpa por não se importar de verdade com o prazer dele.

2. É apropriado que os outros se dediquem a atender a suas próprias necessidades. A primeira responsabilidade deles deve ser cuidar de si mesmos, minimizar sua dor, prover suas necessidades emocionais e buscar as experiências que lhes pareçam mais gratificantes. NÃO é responsabilidade deles cuidar de você. Se os outros colocarem as necessidades de alguém adiante das suas próprias, estarão negligenciando sua primeira responsabilidade, que é preservar sua própria vida e seu bem-estar.

Se você acha que os outros devem se dispor a suportar dores para que você não tenha de passar por elas, ou que devem desistir do que lhes é emocional ou fisicamente significativo para que você possa ser satisfeito, então está esperando um grau de altruísmo que raramente é encontrado. Até mesmo a ética cristã de o amor ao próximo ser como o amor por si presume que primeiro você atenda às suas próprias necessidades (ao se amar) e então à dos outros. Considere o caso da mulher que queria que o marido parasse de assistir a programas esportivos na TV, nos fins de semana, para que pudessem passear de carro pelo campo. Ela se enfurecia por ele "não fazer uma coisa de que ela gostava". O fato era que ele detestava dirigir porque, durante a semana, passava muitas horas na estrada. Só quando ela conseguiu aceitar que a responsabilidade do marido era cuidar das próprias necessidades e não das dela foi que pôde encontrar uma solução para o seu problema. Ao organizar viagens de fim de semana até Napa Valley (saborear vinho era um dos *hobbies* dele), ela finalmente conseguiu convencê-lo a entrar no carro.

3. As necessidades das pessoas entram inevitavelmente em conflito. Todo o mundo neste planeta luta para satisfazer suas necessidades básicas, e essa luta costuma gerar desentendimentos e competição. Toda relação precisa chegar a um acordo com essa realidade básica: a busca da satisfação das necessidades de uma pessoa freqüentemente significará desconforto e frustração para outra. A tentação pode ser querer ignorar essa realidade denominando as próprias necessidades como "fazer o que é o certo", ao mesmo tempo que desconsidera as necessidades alheias ao descrevê-las como indulgência egoísta. Essa visão, contudo, desvirtua o fato de que sua necessidade de se sentir bem e evitar a dor é tão importante para você quanto para o outro.

A solução que em geral mais funciona quando as necessidades são conflitantes é chegar a um acordo, dando algo para receber algo. Helen, uma mulher de 34 anos com dois filhos, sentia raiva toda vez que o ex-marido atrasava-se para trazer para casa as crianças, após as visitas de fim de semana. Enquanto esperava por elas, ficava ansiosa imaginando que elas estavam sendo raptadas. O medo era debilitador e, por isso, Helen o afastava sentindo raiva. Quando situou seu problema como uma colisão de necessidades, começaram a se evidenciar alguns passos no caminho de uma solução. Numa conversa com o ex-marido a esse respeito, ela ficou sabendo que ele voltava tarde porque queria passar mais tempo com os filhos. Comentou que gostava em particular de fazer passeios no campo, onde ficavam o dia todo, e por isso era difícil cumprir o horário de três da tarde, que ela havia estipulado. A necessidade dela era de um horário previsível; a dele, de mais tempo. Ele propôs sete horas da noite como horário de retorno e, depois de mais um pouco de negociação, concordaram com seis da tarde e um telefonema se ele fosse se atrasar.

4. Seu nível geral de satisfação na vida depende da eficiência de suas estratégias para atender às suas necessidades e evitar dor. Ao tornar os outros os responsáveis por suas necessidades, você está obscurecendo esta lei básica da interação humana. Se você está infeliz, isso quer dizer que as estratégias usadas habitualmente para resolver sua vida não estão funcionando.

Vejamos o caso de Al, cuja namorada queixava-se de que ele nunca a ouvia. Ele reagia demonstrando raiva e afastando-se. A estratégia de Al não era eficiente porque isso só deixava sua namorada com raiva e ainda mais crítica. O problema não está na crítica, mas na maneira como Al lida com ela. Depois de algum tempo, ele pôs em prática uma maneira melhor de enfrentar a questão: sua reação foi demonstrar mágoa em vez de raiva, e isso incentivou a namorada a expor as necessidades específicas que existiam por trás da crítica generalizada. A mesma análise aplica-se ao comportamento da moça nessa situação. Ela queria atenção mas sua estratégia de se queixar e mostrar raiva fazia Al distanciar-se. Só quando ela desenvolveu uma maneira mais eficaz de resolver sua necessidade houve uma chance real de melhora em seu relacionamento.

O princípio da responsabilidade pessoal

Para entender como o princípio da responsabilidade pessoal pode mudar a sua raiva, comece supondo (acreditando nisso ou não) que (1) *você é responsável por sua própria dor*; e (2) *você é a pessoa que deve mudar suas estratégias de vida para melhor atender a suas necessidades*. Aplicar essa regra pode revolucionar sua atitude diante de situações problemáticas, pois desta forma você muda a sua raiva impotente e a transforma na consciência do controle que tem em cada situação. Observe os seguintes casos, todos reais.

Caso 1. Irene descreve a sra. Atrasada e a sra. Loquaz.

"Nora chega de meia hora a uma hora atrasada para tudo. Você senta na mesa do restaurante e, enquanto rói as unhas, o garçom lhe traz xícaras e xícaras de café. Finalmente ela entra ventando, despejando uma centena de desculpas e você comete o erro crucial do dia: você pergunta como ela está. E então ela dá início à litania, aos casos, aos entremetes. Na próxima vez que você abre a boca é para pedir ao garçom o cardápio das sobremesas. É interessante, concordo, mas Nora falou por 45 minutos sem parar, e sem perguntar uma coisa que fosse a meu respeito." Irene estava com tanta raiva que tinha cogitado levantar-se e ir embora do restaurante. Usemos o modelo de dois passos para a raiva, examinando a sua experiência nessa situação.

Estresse: Irene está magoada e frustrada em seu desejo de receber atenção e demonstrações de interesse. "Era como se eu nem estivesse ali."

Pensamentos-gatilho: "Nora é uma faladora egoísta... não dá a mínima para ter chegado tão atrasada... e não liga a mínima para qualquer pessoa além de si mesma".

Os pensamentos-gatilho criaram uma realidade em que Irene sentiu-se vitimizada pelo comportamento errado e egoísta de sua amiga. Quando Irene inteirou-se do princípio da responsabilidade pessoal, começou a aceitar que Nora não estava nem certa nem errada, mas simplesmente tinha necessidades diferentes. As atividades que a haviam feito chegar tarde eram mais prioritárias do que ser pontual. E sua necessidade de falar a respeito de suas experiências era consideravelmente maior que sua necessidade de ouvir as dos outros. Quando a situação do almoço foi revista como um problema de necessidades em conflito, Irene tornou-se capaz de desistir da expectativa de que Nora cuidasse dela e começou a desenvolver novas estratégias para atender às suas próprias necessidades. O que ela decidiu foi o seguinte:

1. Aqui eu realmente sou responsável porque sou a que escolhe ver Nora ou não. Tenho escolhas a respeito de como estruturar o encontro e de como agir durante a conversa.
2. Posso escolher almoçar com Nora só quando estivermos em grupo, de modo que não importa se ela se atrasar. Ou posso apanhá-la em casa. Ou vir com um bom livro, e por isso não me importar de esperar. Eu sei que ela geralmente se atrasa, de modo que é minha responsabilidade cuidar de mim.
3. Como o estilo de conversa de Nora não vai mudar, terei de interrompê-la para contar as minhas histórias também. Basta eu introduzir um comentário do tipo "Isso me faz lembrar...". Posso entrar no meio do que ela está dizendo em vez de educadamente esperar que ela termine ou me faça uma pergunta.

Observe que a regra da responsabilidade pessoal cria novas opções de solução dos problemas. Nenhuma delas poderia ter sido vislumbrada enquanto a atenção estivesse focalizada nos pensamentos-gatilho e no sentimento de ser uma vítima da situação. Quando você é vítima, a responsabilidade de mudar e tornar tudo melhor sempre parece estar na *outra* pessoa.

Caso 2. Arthur descreve a viciada em trabalho junguiano.
"Sylvia vive na máquina de escrever. Ficam lhe pedindo que faça artigos e ela só diz 'sim'. Estudos de caso, monografias, até uma coisa qualquer do jardim de Jung. Ela é escrava disso e acabamos apenas nos cumprimentando com a cabeça quando cruzamos pelos corredores, a caminho de nossas respectivas salas. Agradar a qualquer um que tenha uma caixa de areia é mais importante para ela do que o nosso relacionamento. Aqueles artiguinhos de dar dó são mais importantes do que um bom fim de semana a dois, ou ir dançar."

Estresse: Artur se sente magoado e sozinho; tem uma necessidade frustrada de lazer. "Sylvia não liga para mim... ela prefere agradar aos outros à custa do nosso relacionamento... ela prepara palestras e artigos triviais em vez de achar tempo para nos divertirmos juntos."

Essas sentenças-gatilho fazem de Arthur uma vítima. Ele é impotente, enquanto o comportamento de Sylvia é rotulado de errado e inadmissível. As sentenças-gatilho da raiva são uma absolvição, que eximem Arthur de qualquer responsabilidade pelo esvaziamento de seu casamento. Após investigar um pouco a questão da responsabilidade pessoal, Arthur conseguiu situar o problema como um conflito entre sua necessidade de proximidade emocional e a necessidade de aprovação social de sua esposa. Ele começou a reconhecer que ninguém tinha culpa, mas, se queria mudar a situação, teria de usar novas estratégias para enfrentá-la. Ao assumir a responsabilidade por suas próprias vontades, ele foi capaz de tomar as seguintes decisões:

1. Vou comprar aquele guia sobre hospedarias que dão café da manhã e fazer reservas antecipadas para finais de semana.
2. A única maneira de afastar Sylvia da máquina de escrever é criar uma coisa mais atraente, por isso vou preparar um jantar romântico à luz de velas uma vez por semana.
3. Temos um esporte em comum, o tênis. Se eu comprar um título familiar de um clube, com certeza ela terá vontade de marcar uma partida uma noite por semana.
4. Não usamos muito o curso de massagem que fizemos. Vou marcar horários com ela para um fazer no outro.
5. As necessidades de Sylvia são de um tipo que não acho que ela vá diminuir seu ritmo de trabalho acadêmico (a menos

que fique muito ocupada se divertindo). Mas vou pedir que só viaje para seminários e conferências a cada três meses. Se ela não gostar disso, vou tentar a alternativa de viajar com ela nos congressos de final de semana.

Caso 3. Marty dispensado. "Eu conheço esse sujeito desde o colegial. Somos próximos. Sean e eu nos encontramos umas duas vezes por semana, jogamos cartas ou gamão, jantamos, falamos da minha vida, da vida dele. Mas toda maldita vez que ele se interessa por uma mulher tudo isso evapora. É como se ele dissesse: 'Esqueça, meu chapa, primeiro o principal', e eu me sinto como se ele não desse a mínima. Como se ele só saísse comigo até que algo melhor lhe apareça pela frente. Eu o vi a semana passada e ele correu para ela logo após o jantar. E o que me deixa mal é que eu sei que quando o relacionamento não estiver mais dando certo tudo vai voltar outra vez ao que era antes."

Estresse: Marty se sente perdido e abandonado.

Pensamentos-gatilho: "Ele não dá a mínima... Eu sou só um tapa-buraco até que surja algo melhor no horizonte... Estou sendo usado".

Marty tornou Sean responsável por sua própria sensação de perda. Como um animal no inverno, ele se enxergava desnutrido, vivendo de restos. Ficava impotente durante as fases de proximidade e distância. O princípio da responsabilidade pessoal tornou possível a Marty mudar sua visão de vida e tentar novas maneiras de enfrentar a situação. Era importante encarar, sem queixas ou julgamentos, o fato de Sean ter uma necessidade muito forte de intimidade sexual. Sean estava simplesmente tomando conta de suas necessidades e Marty precisava fazer o mesmo. Após pensar bastante ele tomou as seguintes decisões:

1. Não posso colocar todos os meus ovos numa cesta só. Vou alimentar a minha amizade com John e Louise, marcando regularmente almoços com eles, filmes etc.
2. Sou responsável por atender às minhas necessidades e vou ter de criar uma situação em que Sean vai querer passar seu tempo comigo. Eu sei que sua nova namorada fica ocupada no sábado à tarde, dando aula de piano. Vou sugerir nos encontrarmos nesses horários. Sean gosta de jogar sinuca, e

podemos nos ver no "Town and Country" para algumas partidas e almoçar.
3. Também posso ser franco com ele e dizer que me sinto um pouco descartado a cada novo relacionamento. Posso dizer a ele que gostaria de vê-lo pelo menos uma vez por semana e descobrir se ele encontra um jeito para que isso aconteça.

Caso 4. Joan, a contadora relutante. "Como eu passo a vida fazendo a escrituração dos livros contábeis dos outros, Bob e eu concordamos que ele pagaria as nossas contas e controlaria o talão de cheques. Mas ele é inacreditavelmente preguiçoso a esse respeito. As contas ficam por pagar, recebemos avisos de atraso, avisos de cobrança! Não acredito nisso, ele está disposto a destruir nosso crédito porque não consegue tirar a bunda da cadeira e ir pagar as contas. Ele não paga nem a hipoteca, e eu me preocupo que algum dia chegue um aviso de retomada de posse e fique enterrado no meio da pilha. É um pesadelo e ele é um idiota e um irresponsável por causa disso."

Estresse: Joan sente ansiedade.

Pensamentos-gatilho: "Ele é preguiçoso... irresponsável... está destruindo nosso crédito e pode nos levar a perder a casa".

A raiva de Joan se alimentava da suposição de que era uma vítima da irresponsabilidade de Bob. Quando aprendeu a assumir 100% de responsabilidade por sua necessidade de reduzir a ansiedade financeira, ela começou a considerar as seguintes opções:

1. Eu mesma cuidar das contas.
2. Recompensar meu marido por fazer isso. Por exemplo, poderíamos dar prazos para quitar as contas e fazer uma bela viagem no final de semana se ele conseguisse pagá-las.
3. Eu poderia pagar alguém que conheço para cuidar das contas e escrever os cheques. Nós só precisaríamos assiná-los.
4. Eu poderia negociar. Se Bob cuidar das contas no prazo combinado, eu posso dar algo em troca.

Caso 5. O vazio de Julie. "Há momentos em que me sinto muito sozinha. Mesmo que ele esteja ali, eu ainda me sinto assim. Piora quando tenho prazos a cumprir, e pior ainda com a TPM medonha de que eu sofro. É engraçado, mas Richard sempre parece escolher esses períodos para afastar-se de mim. Toda vez que digo que preciso de mais apoio ele fica com raiva e me acusa de exigir demais. Então eu lhe digo que ele fica distante de propósito, na hora em que eu mais preciso dele. Então ele se zanga ainda mais e grita que sou uma praga de exigente. E eu falo que ele é um idiota egoísta e vulgar. Daí em diante berramos um com o outro pra valer e às vezes até nos estapeamos. É sempre a mesma coisa: eu falo que estou me sentindo sozinha ou pergunto por que ele está tão distante e ele age com muita maldade, até brutalidade."

Estresse: Julie sente-se vazia, é impetuosa, tem cólicas abdominais.

Pensamentos-gatilho: "Ele deliberadamente se retrai... não é generoso... não se importa... é um idiota egoísta... vulgar e brutal".

Julie achava que seu marido era o responsável por seus padecimentos. Sua principal estratégia para conseguir apoio era lembrá-lo de que ele estava se retraindo, esperando assim motivá-lo a mudar. Apesar do consistente fracasso dessa estratégia, Julie continuava usando os ataques queixosos porque considerava que Richard tinha todo o poder de dar ou negar o que ela precisava.

O princípio da responsabilidade pessoal mudou a perspetiva de Julie. Ela começou a aceitar que sua dor era sua responsabilidade. Era a única que realmente entendia quais eram as suas necessidades e cabia a ela mesma a tarefa de desenvolver estratégias para atendê-las. Aprendeu que o fracasso de uma estratégia significava tão-somente que ela teria de desenvolver outra, mais eficiente. Ela decidiu adotar o seguinte curso de ação:

1. Buscar atendimento médico para sua TPM.
2. Minha antiga maneira de pedir apoio é muito vaga. Sempre acaba parecendo uma queixa. De agora em diante, eu não vou fazer mais comentários sobre a distância a que Richard se encontra, ou sobre como não é uma pessoa aberta. Vou só sugerir fazer coisas diferentes que eu já sei que me fazem bem.
3. Se ele não tiver disposição para fazer alguma coisa naquele exato momento, vou sugerir que marquemos alguma coisa para termos bastante contato, como sair para jantar. Nesse ínterim, peço apoio de alguma amiga para me sentir menos concentrada no distanciamento dele.

4. Vou me dar três meses para inventar estratégias melhores que me ajudem a me sentir mais próxima. Se eu ainda estiver tendo acessos de solidão, vou insistir em fazermos terapia.
5. Se ele resistir à terapia, terei de considerar a possibilidade de nos separarmos.

Caso 6. Ariel, a boa filha. "Ele tem um nariz pontudo e vermelho e uma maneira esquisita de andar por ter perdido a sensibilidade do pé. E está matando a minha mãe com suas exigências, com as críticas que grita assim que ela comete o mais microscópico erro. Bêbado ou sóbrio, ele é implacavelmente cruel. Eu lavo toda a roupa dele, levo-o ao médico, corro de loja em loja para ajudá-lo a achar as peças certas. Mas não posso deixar de fazer isso. Se eu brigar com ele, todo o peso de seu maldito egoísmo vai despencar em cima da minha mãe. Ele é o tipo de pai que aparece nos livros de Dickens. Sempre me rebaixando, sempre enfurecido, e quando bebe fica ainda pior. Ela nunca vai largar dele porque acha que não tem meios de se sustentar por si. Então tenho de tomar conta daquele velho repulsivo. Não posso deixar que ela lide sozinha com ele."

Estresse: Ariel se sente pisada, ameaçada e forçada.

Pensamentos-gatilho: "Ele é um bêbado desgraçado... repugnante... egoísta. Prendeu minha mãe numa armadilha e está me prendendo também".

Ariel *está* presa mas não é o pai quem a prende. Ela é prisioneira da percepção de que seu pai é o responsável por sua dor. Ela enxerga a mãe e a si mesma como vítimas de um monstro exigente que as pune sem cessar. Ao culpar o pai por seus sofrimentos, ela cedeu o controle de sua vida a uma pessoa muito tóxica. Quando Ariel foi apresentada ao princípio da responsabilidade pessoal ela recusou esse conceito. "Como posso ser responsável pela dor que esse homem me causa? Amo a minha mãe, e meu amor por ela obriga-me a protegê-la do melhor modo que eu consigo."

O que Ariel não observou foi que o princípio da responsabilidade pessoal aplicava-se tanto à sua mãe quanto a ela mesma. Sua mãe também era responsável pela decisão de permanecer naquele relacionamento doloroso. Ela não se havia mostrado propensa a pagar o preço financeiro e emocional de se libertar daquele homem monstruoso. Ao enxergar sua mãe como vítima (negando as escolhas reais que sua mãe havia feito), Ariel mantinha a sua própria identidade como vítima.

Se ela assumisse a responsabilidade por seu sofrimento, conseguiria organizar visitas só para sua mãe, ao mesmo tempo que evitaria o contato com seu pai. Sua mãe teria de tomar a melhor decisão que lhe fosse possível a respeito de lidar com o homem irado com quem havia casado.

Seis passos para a responsabilidade

Nos casos discutidos, assumir a responsabilidade resultou em tomar decisões importantes que mudaram a situação. Há seis maneiras de exercer uma tomada responsável de decisão quando você se sente infeliz com o comportamento de alguém.

1. Desenvolver estratégias mais eficientes de reforçar os outros. No Caso 2, Arthur decidiu agendar viagens agradáveis de final de semana e começar a freqüentar um clube de tênis com sua esposa. Ele sabia que essas atividades eram reforçadoras para ela e poderiam servir de atrativo para afastá-la de suas atividades acadêmicas. Da mesma forma, no Caso 4, Joan considerou a estratégia de fazer viagens divertidas de fim de semana desde que Bob tivesse terminado o pagamento das contas em dia.

2. Incumbir-se pessoalmente da necessidade. Novamente, no Caso 4, Joan considerou assumir a responsabilidade pelas contas, em vez de esperar inutilmente que Bob as pagasse. No Caso 1, Irene decidiu vir com um livro buscar a amiga ou só encontrá-la em grupo, para que o problema dos atrasos dela não a aborrecesse.

3. Desenvolver novas fontes de apoio, força e valorização. Aqui, a ênfase está em buscar alternativas de satisfação das suas necessidades, em vez de continuar a fazer exigências a alguém que não pode ou não está disponível para dar o que você quer. No Caso 3, Marty parte para alimentar outros relacionamentos, em vez de continuar colocando "todos os ovos numa cesta só". No Caso 5, Julie decide buscar a companhia de amigos enquanto espera para marcar uma noite de mais aproximação com o marido.

4. Estipular limites. Esta é a arte de dizer "não". A raiva decorre, muitas vezes, de sofrer pressão para realizar coisas específicas para os outros. Seus pensamentos-gatilho podem incluir a noção de que as pessoas não têm direito de perguntar a você certas coisas ou o de querer demais. O problema não são as solicitações que as pessoas fazem a você – elas têm direito de pedir o que quiserem –; o problema é a sua dificuldade em estipular limites. É *sua* responsabilidade dizer "não" para as coisas que você prefere não fazer. Se você não der a si mesmo permissão para dizer "não", freqüentemente terminará usando a raiva como proteção contra as vontades e necessidades dos outros.

Algumas pessoas são muito exigentes. Aprenderam a ser assim porque dá resultados. Assumir a responsabilidade significa que você raramente perde tempo reclamando dos outros por causa de suas condutas inadmissíveis ou manipuladoras. Em vez disso, sua atenção estará focalizada em como conseguir transmitir a mensagem de que você tem limites e só está disponível para ir até certo ponto. Os limites são como boas grades. Agem como linhas demarcatórias estritas que impedem os outros de invadirem seu território. Mas, enquanto as cercas são plenamente visíveis, só você conhece os seus limites. Só você pode deixá-los claros, avisando sobre eles, em alto e bom som. Lembre-se do Caso 6, em que a relutância de Ariel em estipular limites para seu pai resulta em ser usada e abusada.

5. Negociar com firmeza. Este é o processo de pedir diretamente o que você quer. Como suas necessidades geralmente entram em conflito com as dos outros, apenas fazer pedidos em geral não basta. Talvez você precise oferecer algo em troca, ou fazer um acordo, de tal sorte que as duas partes na negociação sintam-se satisfeitas. No Caso 5, Julie decide pedir que compartilhem de atividades que possam levá-la para mais perto de Richard. Se ele resistir, sua alternativa é agendar algo interessante para depois.

6. Abrir mão. Há duas maneiras de abrir mão. A primeira consiste em aceitar que a situação não vai mudar e você terá de viver com ela. Resistir a ela ou fazer campanha contra ela apenas aumentará sua frustração e infelicidade. Novamente no Caso 5, Julie pode enfim acabar aceitando que seu marido é muito menos capaz de dar apoio do que ela gostaria que ele fosse. Esse pode ser um aspecto negativo inevitável num relacionamento, que tem outros lados positivos que o fazem ainda valer a pena. Se Julie pôde aceitar esse lado da personalidade de Richard, que não está mudando, sua sensação generalizada de sofrimento e distância pode diminuir.

A segunda maneira de abrir mão envolve reconhecer aquelas situações e os relacionamentos que não lhe são recompensadores, ou que o envenenam. Abrir mão, nesse caso, envolve antes de mais nada encarar que a situação não vai mudar e, depois, que lhe está custando mais do que oferecendo benefícios. Ariel, no Caso 6, precisa literalmente desistir de seu relacionamento com o pai. Para tanto, ela terá de parar de cuidar da mãe, em determinados aspectos. A escolha de abrir mão de algo geralmente fica reservada para aquelas ocasiões em que outras alternativas para a prática da responsabilidade não deram certo. No entanto, talvez seja a mais importante de todas as opções que uma pessoa tem. É a sua derradeira proteção, a última reação diante de uma impotência sem saída, dentro da qual nada parece mudar e o sofrimento é intenso.

Como Ariel, muitas pessoas enfurecidas têm medo de encarar essa opção. Elas sobrevivem infelizes em seus casamentos e empregos. Têm acessos de ira para afugentar a dor. É claro que também têm razões para ficar: alguém depende delas, alguém poderia sair ferido, elas ficariam sozinhas, sofreriam perdas financeiras ou rejeição e desaprovação, e assim por diante. Mas todas as razões reduzem-se a um fio condutor comum: a pessoa enfurecida não está disposta a pagar o preço de sua desistência. Ela não quer sentir a perda, a rejeição, a desaprovação, os temores financeiros, a culpa ou a solidão. E, assim, resta-lhes a sensação de estarem atoladas, de serem vítimas. Cuidar de si mesmo em geral custa caro. Mas, mesmo que você não esteja disposto a pagar esse preço elevado, nem por isso deixa de ser responsável por essa escolha.

Assumir a responsabilidade: um exercício

Esta é a sua chance de examinar algumas das situações às quais reagiu com raiva. Recorde-se de alguma ocasião recente, de preferência uma que você tenha anotado em seu Diário da Raiva e consiga lembrar bem. Agora, nesse diário, anote as respostas às perguntas a seguir. As duas primeiras servem para identificar a "causa" de sua raiva. As outras seis ajudam-no a assumir a responsabilidade pela mudança desse foco dos outros para você.

1. Qual estresse pode estar por trás da minha raiva? Quando pensar nessa indagação, analise tanto os estresses antecedentes (os que precederam a situação de raiva e contribuíram para ele) quanto os estresses imediatos (os que decorreram diretamente da situação de raiva). Tenha em mente as categorias gerais de sentimentos de dor, sensações dolorosas, ameaças e necessidades frustradas. (Leia novamente o Capítulo 5, para uma lista mais detalhada.)

2. Quais são meus pensamentos-gatilho? Anote aqui todas as coisas que você disse a si mesmo e inflamaram sua raiva.

3. Há outras estratégias mais eficientes que a raiva para reforçar os outros a atender às minhas necessidades? Como a raiva é freqüentemente recebida com defensividade, evitação ou com mais raiva ainda, haverá maneiras de você gratificar as pessoas por fazerem o que você quer, além de puni-las e atacá-las? O que você pode oferecer à outra pessoa para reforçar o comportamento desejado nessa situação?

4. O que posso fazer para atender às minhas próprias necessidades (ou reduzir meu estresse)? Há alguma atitude independente que você possa tomar, sem precisar de mais ninguém?

5. Consigo encontrar outras fontes de apoio, força ou valorização além da pessoa de quem sinto raiva? Há outras pessoas ou situações que lhe dêem pelo menos em parte do que você precisa (ou ajudem a reduzir seu nível de estresse)?

6. Que limites quero estipular, mas tenho medo de admitir ou nos quais insistir? Você tem necessidade de dizer "não" ou de reduzir seu envolvimento?

7. De que modo posso negociar para obter o que eu quero? Você consegue fazer uma solicitação direta, sem queixas, à outra pessoa? Está preparado para fazer acordos, dar sugestões alternativas, ou oferecer algo em troca do comportamento desejado da parte dela? Anote a sua solicitação e algumas formas possíveis de acordo.

8. De que modo posso, ainda, abrir mão? No caso de as demais estratégias não darem certo, você terá ou de abrir mão de suas expectativas na situação ou da pessoa com quem está brigando. Nesse caso, o que você escolhe? E de que maneira pôr em prática essa escolha?

Você provavelmente achou difícil responder a algumas dessas perguntas. Elas contrariam a essência da questão, pois, quando você está com raiva, quer mudar a outra pessoa, não a si mesmo. Você até aqui se voltou para os outros quando queria atender às suas necessidades e remover seu sofrimento. É difícil assumir essa tarefa como prerrogativa toda sua. Agora, usando o formato da página seguinte, tente aplicar essas oito perguntas às outras situações de sua vida que lhe provocam raiva.

Analisando a minha raiva

1. *Estresses*

    A. *Estresses antecedentes*
    Emoções dolorosas
    Sensações dolorosas
    Necessidades frustradas
    Ameaças

    B. *Estresses imediatos*
    Emoções dolorosas
    Sensações dolorosas
    Necessidades frustradas
    Ameaças

2. *Pensamentos-gatilho*
    Recriminações
    "Deverias"
    Eles fizeram aquilo comigo

3. Há outras estratégias mais eficientes que a raiva para reforçar os outros a atender às minhas necessidades?

4. O que posso fazer para atender às minhas próprias necessidades (ou reduzir meu estresse)?

5. Posso encontrar outras fontes de apoio, força ou valorização além da pessoa de quem sinto raiva?

6. Que limites quero estipular, mas tenho medo de admitir ou nos quais insistir?

7. De que modo posso negociar para obter o que eu quero?

Minha solicitação é_____

_____

Acordos possíveis_____

_____

8. Como, enfim, acabar abrindo mão nesta situação (caso as outras estratégias não funcionem)?

Por que é preferível assumir a responsabilidade?

A primeira razão para assumir a responsabilidade é que a raiva custa muito caro. No plano físico, a raiva torna a pessoa suscetível a úlceras, à pressão alta, doenças cardiovasculares. Como você já leu no Capítulo 3, a raiva libera poderosos hormônios no corpo que servem para prepará-lo para agir de forma agressiva. Isso é um ciclo perfeitamente adaptado à vida numa comunidade em que é preciso combater animais perigosos ou outras tribos agressivas. Esses são acontecimentos de tempo limitado e os hormônios da raiva dissipam-se rapidamente. Mas a raiva crônica, que ferve sem cessar, é outra questão. Seu corpo está sempre a ponto de entrar em luta e essa excitação contínua pode acabar provocando doenças.

A raiva causa danos não só ao corpo mas aos relacionamentos também. O Capítulo 4 mostra como as pessoas enraivecidas acabam ficando cada vez mais isoladas. Os amigos e os familiares ficam extenuados de tanta tensão e hostilidade. Primeiro tornam-se defensivos, depois "engolem" cada vez menos. Por fim, afastam-se completamente. A maioria das pessoas apenas não está disposta a ser empurrada o tempo todo pela raiva. É muito desagradável. Faz com que se sintam controladas e em permanente estado de alerta para captar os primeiros indícios de uma explosão.

A segunda razão para assumir a responsabilidade é que a raiva, a longo prazo, é uma estratégia ineficaz para mudar os outros. A curto prazo, a raiva funciona. As pessoas ficam magoadas ou chocadas e podem exibir mudanças temporárias de conduta para evitar sua ira. Depois de um tempo, no entanto, se você continuar usando a raiva para coagir, as pessoas acabam se acostumando e passarão a resistir ou evitá-lo.

Vejamos o caso de Julia. Logo após se casar, ela descobriu que o marido era um acomodado total. Passava o fim de semana inteiro bebendo cerveja e assistindo a programas de esportes na televisão. Julia se sentia sozinha e frustrada em seu desejo de fazer mais coisas junto com ele. Ela acendia sua raiva pensando nele como uma pessoa preguiçosa e indiferente. "Eu faço o diabo para tirá-lo daquele sofá. Havia projetos de coisas para fazermos e eu queria fazer piqueniques e trilhas." Julia estava recorrendo à sua raiva como força de coerção para forçar o marido a mudar. E em quase todo o primeiro ano de sua vida conjugal funcionou. Ele se sentia assustado e rejeitado toda vez que ela entrava em pé de guerra e ele se desdobrava para apaziguá-la. Depois de certo tempo, porém, ele começou a resistir. Em terapia ele descreveu sua reação: "Sempre achei que devia fazer o que ela queria, senão ela ficaria uma fera. Acho que me tornei ressentido e passei a não gostar mais tanto de ficar com ela. Cheguei ao ponto de ela me acusar de não me importar mais com ela, e ela estava certa, eu não me importava mesmo. Preferia ficar fora de casa, deixava as minhas roupas no chão de propósito, para chateá-la, fazia comentários sobre a roupa dela, para que ela ficasse louca de raiva". Enquanto o marido de Julia gostava dela e queria agradá-la, a raiva deu certo. Mas logo ele se dessensibilizou em relação às brigas e se importava menos com o que ela estivesse sentindo. Começou a gostar de praticar pequenas vinganças passivo-agressivas. Em questão de poucos meses, a estratégia de Julia ricocheteou e aquele casamento recente estava deteriorando.

Seth usava a raiva "para fazer as crianças comportar-se direito". Ele cuidava delas sozinho no verão, quando as crianças viajavam quase 5 mil quilômetros para morar com ele por três meses. A camaradagem e o entusiasmo iniciais mudaram para Seth quando ele se deu conta de que suas filhas não assumiam responsabilidades na casa. Passavam o dia todo ao telefone ou assistindo a novelas na televisão. O ruído de fundo da televisão ligada era para ele literalmente incômodo, e Seth sentia-se fatigado com o trabalho extra de cozinhar, limpar e supervisionar duas crianças. Desencadeava a própria raiva dizendo a si mesmo que elas *deveriam* ajudar mais. Em vez disso, ficavam enchendo a cabeça com "videolixo". Quando

Seth mobilizou a raiva como motivador para forçar as filhas a assumir mais responsabilidades, a reação inicial foi uma limpeza frenética e um jantar surpresa à base de espaguete, certa noite. Muito gratificante. Mas no intervalo de uma semana suas filhas voltaram ao antigo padrão e Seth ficou zangado outra vez. Disse para as meninas que elas o estavam testando e não iriam longe com aquele comportamento. Depois de vários bate-bocas enfurecidos, emergiu o seguinte padrão de comportamento: crianças emburradas e gritarias desaforadas, seguidas por ajuda de má vontade. O mínimo dos mínimos. Depois de um verão de brigas e mais brigas, as meninas foram embora mais cedo de volta para a casa da mãe. Uma semana depois, Seth recebeu uma carta da ex-esposa. Ela mesma conhecedora da raiva, eis o que escreveu: "Muito bem, Seth. Você arruinou o verão das meninas. Você sabe tanto ser pai quanto soube ser marido. O modo como a gente consegue que as crianças façam as coisas é elogiando-as. Faça com que mesadas e ver TV sejam coisas que elas consigam *depois* que o trabalho estiver feito".

Algumas pessoas aprendem mais depressa que as outras que a raiva não dá certo como estratégia a longo prazo. Sherry queria que seu marido dobrasse a roupa lavada e seca. Após um mês discutindo e ficando emburrado, ele tinha feito isso exatamente uma vez. Ela decidiu mudar a estratégia: escolheu algo que ele queria dela e só executaria essa tarefa depois que ele fizesse o que ela queria. Ela o informou que cuidaria da roupa dele desde que ele participasse da etapa de dobrar as peças secas. Após dois dias sem camisa para vestir ele rapidamente assumiu a tarefa.

Implicações do princípio da responsabilidade pessoal

1. Você é responsável pelo desfecho de todas as interações. Se você está insatisfeito com o modo como as pessoas o estão tratando, só você pode fazer as necessárias modificações em seu comportamento para que isso mude. Você é a única pessoa que sabe o que quer. E é de seu interesse, não do da outra pessoa, que as coisas mudem.

2. Se uma estratégia não funciona para atender às suas necessidades ou resolver um problema, não há absolutamente nada que justifique recriminar os outros. É sua responsabilidade continuar tentando novas estratégias até que uma dê certo.

3. A questão apropriada não é "Quem é o culpado pelo meu sofrimento?" mas "O que posso fazer a respeito?".

4. A quantidade de apoio, valorização e ajuda que você está recebendo é tudo o que está ao seu alcance dadas as atuais estratégias que está usando. Ninguém lhe dará de boa vontade mais nada além do que já está recebendo, se continuar empregando os métodos atuais. Além do mais, se estes incluem estratégias de coerção tais como a raiva a longo prazo, você pode esperar que diminuam com o tempo, o apoio e a valorização que tem recebido.

5. Você não pode esperar que as outras pessoas mudem ou sejam diferentes. Elas estão usando as melhores estratégias para solução de problemas que têm à sua disposição nesse momento. Essas estratégias podem ser dolorosas para elas ou frustrar suas necessidades, mas representam a melhor alternativa de conduta com que podem contar, dados seus atuais níveis de estresse, habilidades e recursos disponíveis. A outra pessoa só mudará com a percepção de que o novo comportamento é de seu próprio interesse. Não lute contra isto. É uma lei da natureza. Aceitando-a, você se tornará muito mais eficiente para resolver as suas próprias necessidades.

6. Todos os relacionamentos se resumem a duas escolhas básicas: adaptar-se ou abrir mão. Se suas necessidades continuam não satisfeitas, se os aspectos dolorosos de seu relacionamento não desaparecem, sua única escolha saudável é abrir mão desse vínculo. A outra alternativa é a raiva ou a depressão crônicas. Você pode abrir mão tanto de suas expectativas quanto do próprio relacionamento. Num vínculo basicamente recompensador, no qual você tentou satisfazer uma necessidade importante mas não conseguiu, pode decidir desistir de esperar que as coisas mudem. Por outro lado, se a dor e a frustração num relacionamento superam seus aspectos positivos, abrir mão dele pode significar o movimento de se afastar da pessoa.

7. Você nunca é vítima. As únicas vítimas verdadeiras são as crianças porque têm muito pouco controle sobre a forma de suas vidas. O adulto escolhe ser vítima porque ele tem escolha. Ariel, no Caso 6, considerava-se vitimizada pelo alcoolismo de seu pai. Como adulta, no entanto, ela podia *escolher* o grau de envolvimento que queria manter com os vários membros de sua família.

Mantras para enfrentar as situações

Os mantras para enfrentar as situações são as coisas que você pode dizer para si mesmo quando estiver começando a ficar com raiva e precisar recuperar a calma; depois, você pode cogitar sobre escolhas mais funcionais. Geralmente os mantras estão contidos em sentenças curtas que transmitem uma verdade ou uma constatação importante. Leia os mantras seguintes e escolha um ou mais para memorizar e usar nas situações em que vem reagindo com raiva. Eles o ajudarão a se lembrar de assumir a sua responsabilidade.

1. Eu sou responsável pelo que acontece entre nós.
2. Não tem sentido culpar alguém, mas sim tentar uma nova estratégia.
3. O que posso fazer a respeito?
4. A quantidade de apoio, ajuda e força que estou recebendo agora é tudo o que posso esperar, diante das estratégias que estou usando.
5. As pessoas não vão mudar, a menos que eu faça isso ser de seu interesse.
6. Como reforçar a outra pessoa a mudar, nesta situação?
7. Posso não gostar, mas ela está usando a melhor estratégia de solução de problemas que lhe é disponível no momento.
8. Todos são responsáveis por cuidar de suas próprias necessidades.
9. Minha escolha é ou adaptar-me ou abrir mão.
10. Só as crianças são vítimas, eu sempre tenho escolha.

II
Construindo Habilidades

7
O combate aos pensamentos-gatilho

Uma moça afunda na cadeira dos clientes e começa a contar sua história. "Não consigo controlar a raiva com os meus filhos", ela disse. "Grito, às vezes eu os sacudo. Está afetando o nosso relacionamento e, com o tempo, acho que vai prejudicar a auto-estima deles. Com o mais velho sou pior ainda. Totalmente maluca às vezes. Tenho vontade de ficar batendo nele até ele calar a boca."

"No que está pensando quando fica com tanta raiva de seu filho?", perguntou o terapeuta.

"Mas que moleque folgado, que egoísta folgado. Ele está me provocando só porque eu quero um pouco de ordem na minha vida."

"Você tem a sensação de que ele está fazendo alguma coisa de propósito, para magoá-la?"

"Nesses momentos, acho que ele está querendo me levar ao desespero, como se quisesse me destruir."

"Então você diz para si mesma que ele é um moleque egoísta, que quer provocá-la, destruí-la e levá-la ao desespero. Quero lhe fazer uma pergunta. Suponhamos que, depois de ele ter-se comportado mal, você diga para si mesma algo mais ou menos assim: 'Ele está infeliz e quer chamar a minha atenção. O comportamento dele é desagradável, mas ele está só tentando resolver uma necessidade'."

"Mas eu não acredito nisso, acho que ele está tentando..."

"Entendo isso, mas estamos falando hipoteticamente. Vamos

supor que você dissesse para si mesma o que acabei de sugerir. Você se sentiria tão zangada?"

"Não, acho que não. Acho que me sentiria de outro modo."

"Bom então aqui nós temos uma coisa muito importante sobre o que falar. Você *tem* controle sobre a sua raiva; o que você pensa, as coisas que diz para si mesma, desencadeiam a sua raiva. Você pode aumentar o controle sobre ela mudando os seus pensamentos, as suas crenças, os pressupostos a respeito do comportamento de seu filho."

Você já sabe que não existe nada de automático quanto a sentir raiva. A dor não causa raiva. Pensamentos causam raiva; crenças e suposições criam raiva. Este capítulo é uma oportunidade para você examinar as crenças e as suposições tradicionais que constituem os fundamentos cognitivos da raiva e os pré-requisitos necessários a toda explosão de raiva que você vá viveu.

Você deve se lembrar de que os gatilhos cognitivos da raiva pertencem a duas categorias: "deverias" e recriminações. A seguir, um detalhamento de como essas duas categorias de pensamento criam uma imagem distorcida da realidade, que incita a raiva e leva a pessoa a sentir-se uma vítima controlada pelos outros. Este capítulo irá ajudá-lo a identificar seus pensamentos-gatilho e a substituí-los por uma compreensão nova e mais generosa.

"Deverias"

Se você ouvir com cuidado o monólogo interior com o qual analisa e interpreta sua experiência, deverá notar que muitas vezes por dia está julgando o comportamento dos outros. Esses julgamentos baseiam-se num conjunto de regras a respeito de como as pessoas deveriam e não deveriam agir. As pessoas que agem de acordo com as regras são corretas, e as que as quebram são erradas. Você presume que elas *sabem* e *aceitam* as suas regras. Quando elas violam o seu conjunto de "deverias", o comportamento que apresentam parece uma deliberada ruptura com o que é correto, inteligente, razoável e ético.

Enquanto espera na fila para pegar o tíquete de estacionamento, John ressente-se muitíssimo daqueles motoristas que usam a faixa lateral para evitar o congestionamento e depois "costuram" bem na sua frente. Ele acredita que as pessoas deveriam esperar cada um a sua vez, e que quem não age assim deveria ser punido. Samantha acabou de sofrer uma histerectomia e está sentindo uma raiva enorme do marido que raramente telefona para saber como ela está passando e ainda quase nunca ajuda nas tarefas domésticas. Ela pensa que maridos deveriam demonstrar interesse telefonando para casa e fazendo coisas para ajudar. O problema com as regras de John e Samantha é que as outras pessoas não concordam com elas. Isso é o que com freqüência acontece. Os outros não enxergam a realidade como você. O modo como percebem a realidade é colorido por seus próprios sentimentos, suas necessidades e seu histórico de vida.

Os motoristas que cortam a fila acham perfeitamente natural agir assim, e o marido de Samantha acha que está sendo muito correto porque abriu mão de jogar golfe e pôquer para ficar em casa com ela. Nunca lhe ocorre ser mais prestativo ou perguntar mais vezes como ela está.

Por conseguinte, o primeiro problema com os seus "deverias" é que as pessoas de quem você sente raiva raramente concordam com você. O modo como elas percebem as situações as faz com que se sintam livres de culpa justificadas. Suas regras e crenças sempre parecem isentá-las dos julgamentos que você pensa que elas merecem. E quando você se esforça para tentar convencê-las do quanto a atitude que tomaram está errada, do quanto falham, mais indignadas e defensivas elas se tornam.

O segundo problema com os "deverias" é que as pessoas *nunca* fazem o que deveriam. Elas só fazem o que é recompensador e gratificante para elas. Os "deverias" são os seus valores e as suas necessidades impostos a alguém que tem valores e necessidades diferentes. O comportamento humano mais complexo pode ser considerado em termos de uma fórmula muito simples: a força da necessidade menos a força da inibição. Se a força da inibição é igual ou maior que a necessidade, a pessoa não age. Se a necessidade ultrapassa a força da inibição, haverá o aparecimento de algum comportamento. Considere os motoristas que insistem em cortar a frente de John. A necessidade que eles têm de chegar na frente e economizar tempo é maior que a soma de todos os fatores inibidores – medo de desaprovação ou represália, medo de multa de trânsito, culpa por não esperar a vez na fila, e assim por diante. O mesmo raciocínio aplica-se ao marido de Samantha. A necessidade que ele tem de assistir à televisão, dormir ou ler, ou fa-zer alguma outra coisa em vez de ajudar a esposa deve ser supostamente maior que as inibições, ou seja, o medo da desaprovação que ela expressaria, sua própria recriminação por não ser mais prestativo em casa, ou mais atencioso, e assim por diante.

Quando você exige da pessoa que ela se comporte como ditam as suas regras, está violando a realidade de duas maneiras: (1) Na maioria dos casos, os outros não concordarão com seus valores e suas regras. O histórico e as necessidades singulares deles moldam suas percepções de uma maneira que justifica como se comportam. Já que raramente você consegue que os outros concordem que estão errados, aplicar os seus "deverias" ao comportamento deles é um exercício de futilidade. (2) Como o comportamento é moldado pela fórmula "necessidades menòs inibições", os "deverias" praticamente não têm nada que ver com isso. Julgar os comportamentos de acordo com seu próprio padrão arbitrário de certo e errado realmente erra o alvo, de longe. A verdadeira questão é o quanto essa pessoa precisa agir do modo como o faz e quais fatores inibidores, se é que há algum, poderiam detê-la.

Exercício 1. Colocar-se no lugar do outro. Quando você estiver com raiva de alguém, responda a estas quatro perguntas:
1. "Que necessidades influem nele para que se comporte assim?"
2. "Que crenças e valores influem nele para que se comporte assim?"
3. "Que aspectos de sua história (mágoas, perdas, sucessos, fracassos, gratificações) influem em seu comportamento?"
4. "Quais limitações (temores, problemas de saúde, falta de habilidades) influem em seu comportamento?"

Responda a cada pergunta tão completamente quanto possível. Se você não tiver todas as informações, imagine alguma coisa que lhe pareça plausível. O propósito deste exercício é explicar o comportamento que você não aprova *segundo o ponto de vista da outra pessoa.*

Exercício 2. Empatia exata. Em seu excelente livro, *Feeling good,* David Burns sugere um exercício que ajuda a lidar com os "deverias". Imagine um diálogo entre você e a pessoa de quem sente raiva. Comece acusando-a de ter agido errado, de ter violado alguma regra básica de conduta. Esforce-se para realmente exprimir com clareza o que ela deveria ter feito. Use as palavras mais precisas e persuasivas que puder. Agora imagine que é a outra pessoa, tentando revidar ao seu ataque. Faça o melhor que puder para realmente tornar-se essa pessoa, para ver o mundo como ela o vê. Depois que você houver respondido no papel da outra pessoa, volte ao sentimento original de raiva e aumente suas acusações. Sustente o ataque. Agora retome pela segunda vez o papel da outra pessoa e responda, explicando ao máximo seu ponto de vista. Vá e volte entre as duas vozes, a que acusa e a que se defende, pelo menos três vezes. Observe como seus sentimentos começam a mudar assim que você reconhece os motivos particulares do outro.

Embora qualquer tipo de "deveria" seja capaz de mobilizar a raiva, os cinco tipos específicos de afirmação a seguir discriminados são extremamente prejudiciais nos relacionamentos de intimidade.

A falácia do "ter direito"

Esta falácia do "eu tenho direito" baseia-se numa crença simples: como eu quero muito uma coisa, tenho o direito de tê-la. A idéia básica é que a intensidade de sua necessidade justifica a exigência de que alguém a atenda. O sentimento básico é que há determinadas coisas às quais você tem direito. Muitas pessoas acham que têm direito de satisfazer-se sexualmente, ou de sentir-se emocional e fisicamente seguras, ou a ter certo padrão de vida. Há quem julgue que sempre tem direito de descansar quando estiver cansado, ou de nunca ficar só, ou de receber elogios pelo seu trabalho, ou de que suas necessidades sejam conhecidas sem nem sequer mencioná-las. A lista dos possíveis direitos é interminável.

Sabrina tinha 38 anos e queria muito um filho. Seu marido continuava indeciso e tinha muito receio de perder a sensação de espontaneidade e de liberdade caso tivessem filhos. Sabrina cultivava a crença de que, se ela queria tanto isso, ele deveria ajudá-la a conseguir seu intento. A raiva que ela sentia da ambivalência do marido era tão grande que cada conversa sobre o assunto logo se transformava numa série progressiva de acusações.

Sam quer que seu filho o acompanhe numa pescaria. Afinal de contas, ele paga a faculdade do garoto, é o pai dele, e o rapaz bem que poderia abrir mão de alguns dias indo atrás das moças para fazer companhia ao pai. Sam fica enfurecido quando o filho lhe diz que prefere ficar para gravar uma fita "demo" com a sua banda.

A falácia do ter direito confunde desejo com obrigação, ao afirmar: "Quando eu quero tanto uma coisa, você não tem o direito de dizer 'não'". Um sentimento forte de estar no direito nega aos outros sua liberdade de escolha. É assim que essa sensação prejudica os relacionamentos, ao exigir que a outra pessoa abra mão de seus limites para favorecer você. Esse sentimento diz que a sua necessidade e a sua dor devem ter precedência, que a função daquela relação é servir você.

No entanto, você sempre nega sentir-se dessa maneira e fica muito ofendido se alguém o acusa de exigir que as suas necessidades tenham precedência. O sentimento de ter direitos vem e vai. Às vezes você mal o percebe. Mas quando as necessidades são muito intensas, quando a pressão de uma carência ameaça engolfá-lo, você só se importa em conseguir o que quer. E, por algum tempo, a outra pessoa pode se tornar apenas um instrumento para sua satisfação. Essa sensação sofrida de uma necessidade que quer ser satisfeita pode levá-lo periodicamente a esquecer que a outra pessoa também tem necessidades igualmente importantes, que ela tem direito de dizer "não" e estipular limites.

Exercício. Lembre-se das vezes em que teve de dizer "não" a um forte desejo de outra pessoa; daquele momento em que alguém estava apaixonado por você, queria dormir com você, queria seu dinheiro, seu apoio, sua energia. O desejo dessa pessoa era para ela tão real, vital, legítimo e necessário quanto o seu é para você. Agora tente se lembrar de por que disse "não". Lembre-se de como as suas necessidades eram diferentes ou conflitavam com as da outra pessoa. Lembre-se de como foi importante para você estabelecer limites e esclarecer o que estava ou não disponível para fazer. Você sabia que tinha direito de impor seus limites e precisava dizer "não" porque precisava de outra coisa.

Afirmações para enfrentar a situação. A seguir, algumas sentenças que você pode dizer para si mesmo quando estiver caindo na armadilha de sentir que tem direitos.

1. "Sou livre para querer, mas o outro é livre para dizer 'não'."
2. "Tenho meus limites e você tem os seus."
3. "Tenho o direito de dizer 'não' e você também."
4. "Meu desejo não o obriga a atendê-lo."

A falácia da justiça

Esta crença supõe a aplicação das regras legais e contratuais às oscilações dos relacionamentos interpessoais. A idéia é que existe algum padrão absoluto de comportamento justo e correto que as pessoas deveriam conhecer e pelo qual se pautar. A convicção de que os relacionamentos devem ser justos reduz o complexo dar e receber das amizades e dos casamentos a uma série de anotações em cadernetas secretas. É isso que lhe diz se você está credor ou devedor, se está recebendo tanto quanto dá, se lhe devem algo por todos os sacrifícios que tem feito. A dificuldade é que não existe um critério de justiça que possa satisfazer duas pessoas ao mesmo tempo, e nos relacionamentos pessoais não há juiz ou árbitro capaz de intervir. A medida do que é justo é totalmente subjetiva e depende por inteiro de suas expectativas, necessidades e do que espera de outra pessoa. A justiça pode ser definida de maneira tão conveniente, tão tentadora para seguir os próprios interesses que é possível designar literalmente qualquer coisa como justa ou injusta. E, quanto mais o debate vai esquentando, mais cada parte se defende por trás da fortaleza de suas convicções. Cada um é uma vítima sacrificada pela injustiça.

Joan estava convicta de que tinha sido vitimizada. "Dei todo o apoio a ele enquanto fez a faculdade, que era o sonho dele. Agora quero comprar uma casa – que é o meu sonho – e ele não faz nada para isso. Não é justo." Anthony se queixa: "Noventa por cento das vezes vamos para a casa dela, e 10% para a minha. Ela não liga se é justo ou não".

Joan e Anthony certamente escutaram os pais apelando ao conceito de justiça quando eram crianças. "Seja justo com seu irmão, deixe que ele brinque com os carrinhos... Isso não é justo, ela também quer tomar sorvete... Eu brinquei com você, agora seja justo e me deixe ler um pouco o jornal." O conceito de justiça às vezes é útil para controlar o comportamento das crianças (afinal de contas, há um adulto presente para ser o juiz final de todas essas situações), mas, no mundo adulto, esse é um conceito bastante perigoso de usar. O termo "justo" acaba se revelando nada mais que um disfarce para preferências e vontades particulares. O que você quer é *justo*, o que a outra pessoa quer, não.

Quando você diz "Isso é justo", o que realmente está dizendo é "Minhas necessidades são mais legítimas que as suas". Ninguém quer ouvir isso. As pessoas resistem a essa idéia e agem contra ela. Uma abordagem melhor é descartar por completo o conceito de justiça. Reconsidere a situação como necessidades ou preferências que competem entre si. A necessidade de cada pessoa tem importância e valor semelhantes à de todas as demais. Todas as necessidades são igualmente legítimas.

Quando você afinal se livra da idéia da justiça, pode começar a negociar com os outros como pessoas de mesmo *status* que o seu, cujas necessidades competem com as suas; de alguma forma, todos devem resolver juntos o problema. Joan quer uma casa; seu marido, não. Em vez de discutir sobre o que é justo, o casal pode negociar a partir da idéia de que ambas as necessidades têm peso igual. Talvez comprem uma casa menor do que a que Joan originalmente tinha desejado, talvez adiem essa compra para outra data, talvez comprem uma casa no campo, talvez continuem pagando aluguel mas passem a investir no ramo imobiliário. Anthony e sua namorada podem ajustar a porcentagem de tempo que passam um na casa do outro, ou podem combinar formas de compensar ou acomodar a porcentagem atualmente desnivelada. Assim que a idéia da justiça é posta de lado, podem começar as verdadeiras negociações.

Exercício. Se você está lutando com a questão da justiça, tente reconsiderar esse problema como um conflito entre necessidades *iguais*. Agora tente fazer uma descrição nítida e não tendenciosa da necessidade da outra pessoa. Não tente avaliar se é mais ou menos significativa que a sua. Agora leia o Capítulo 12 sobre comunicação para resolução de problemas e aplique esses recursos à elaboração do conflito.

Afirmações para enfrentar a situação.

1. "Nossas necessidades são igualmente importantes."
2. "Toda necessidade é legítima, podemos negociar como iguais."

A falácia da mudança

A falácia da mudança baseia-se no pressuposto de que você realmente tem controle sobre o comportamento dos outros. Embora algumas pessoas de fato mudem se você lhes pedir, a falácia de mudança reflete a crença de que você pode tornar as pessoas diferentes, bastando para isso aplicar pressão suficiente. Richard espera que, criticando e ridicularizando bastante a esposa, ela mude e se torne alguém com quem teria interesse em discutir assuntos mundiais, política e temas sociais. Leanne acha que se queixando bastante e ficando muitas vezes com raiva conseguirá mudar o marido, que deixará de se preocupar só com o trabalho, seu *hobby* e suas experiências de crescimento pessoal (ele mantém atualizado um diário com anotações de sonhos e reminiscências de infância).

O problema tanto de Richard quanto de Leanne é que ignoram um dos fatos básicos do comportamento humano: as pessoas só mudam quando (1) são forçadas a mudar; (2) são capazes de mudar. Em outras palavras, as pessoas mudam quando *elas* querem, não quando *você* quer que elas mudem. Richard e Leanne acham que seus companheiros não estão mudando, e o motivo para isso é que as pessoas fazem o que é gratificante para elas. A esposa de Richard acha mais recompensador falar sobre a psicologia dos amigos do que sobre a relação entre drusos e falangistas na Palestina. Enquanto Richard não puder tornar essas conversas mais interessantes e recompensadoras para ela, ela resistirá a participar. Leanne tem o mesmo problema. Seu marido é altamente reforçado a continuar fazendo o que faz. E não mudará enquanto ela não tornar mais gratificante para ele passar o tempo com ela. A atual estratégia que ela adota, de ficar com raiva, surte o efeito oposto. Ele acha cada vez mais aversivo estar com ela e, com isso, se refugia em seus *hobbies* e em seu diário de sonhos.

Esperar que as pessoas mudem leva à frustração e à desilusão. Se você não encontrar uma maneira de fazê-las *querer* mudar, estará embarcando numa missão quixotesca. E lutando com moinhos de ventos.

Exercício. Reflita e responda às seguintes perguntas:

1. Quantas vezes você já realizou uma mudança grande *e a sustentou* por causa da pressão que alguém fez sobre você?

2. Que porcentagem das pessoas que você conhece passaram por uma metamorfose maciça para satisfazer as necessidades de outrem?
3. Com que freqüência você conseguiu mudar alguém fazendo pressão por meio da raiva?

Sentenças para enfrentar a situação.
1. "A quantidade de apoio, ajuda e força que recebo agora é tudo o que posso conseguir diante das estratégias que estou usando."
2. "As pessoas só mudam quando são reforçadas a mudar e são capazes de fazê-lo."
3. "As pessoas só mudam quando *elas* querem."

Suposições condicionais

As suposições condicionais baseiam-se em silogismos como o seguinte:

"Se você me amasse, me pegaria na estação do metrô depois do trabalho (ou lavaria a louça, ou mostraria mais desejo sexual, ou chegaria em casa mais cedo, ou me ajudaria quando estou cansada, ou me encantaria cuidando das crianças, ou consertaria as coisas de casa que estão quebradas, ou acabaria a faculdade para conseguir um emprego de verdade)."

Outras variações incluem:

"Se você fosse um amigo de verdade me ajudaria a assentar o piso do meu quintal (ou me faria mais convites, ou simplesmente passaria mais tempo comigo em vez de sempre ter outra coisa para fazer, ou demonstraria mais interesse por meus problemas)."

Ou ainda:

"Se meu trabalho fosse reconhecido aqui, eles me dariam uma mesa melhor (ou um aumento, ou uma secretária melhor, ou perguntariam o que tinha acontecido a semana passada, quando estive doente)."

É possível amar alguém e se importar muito com essa pessoa e ainda assim não atender às suas necessidades. Desapontar os outros não torna a pessoa indiferente; importar-se com alguém não obriga a pessoa a jamais decepcionar. Por mais que alguém ame você, essa pessoa ainda é responsável por cuidar de suas próprias necessidades básicas. Ainda é responsável por dizer "não", estabelecer limites e proteger seu território pessoal. "Se se importassem comigo, se me amassem", é uma armadilha para fazer você se sentir todo cheio de razões, e tornar os outros errados. Na realidade, é uma estratégia de manipulação. Mas raramente o resultado é o que você poderia esperar. A longo prazo, fazer os outros sentir-se mal não os reforça a fazer o que você quer e, sim, a fugir e se afastar de você.

Exercício 1. Faça uma lista das vezes em que você desapontou alguém que amava ou lhe era importante. Lembre-se das vezes em que teve de fazer escolhas difíceis, quando decidiu que era preciso cuidar das suas próprias necessidades em detrimento das da outra pessoa. Pensando em retrospecto, observe como a sua escolha, ou o quanto você necessitava, teve pouco que ver com o quanto você amava, e muito mais com o medo, ou o tanto de energia de que dispunha.

Exercício 2. Assim como fez com a falácia da justiça, reconsidere as suposições condicionais como uma colisão de necessidades igualmente legítimas. Defina sua necessidade e depois descreva com cuidado as necessidades da outra pessoa da maneira como as entende. Enxergue o problema como uma situação entre dois colegas que devem trabalhar para chegar a um acordo. Leia o Capítulo 12 e aplique as habilidades assertivas de comunicação discutidas nesta seção para elaborar um acordo e um ajuste, de tal modo que as duas partes obtenham uma parte ao menos do que necessitam.

Sentenças para enfrentar a situação.

1. "Desapontar alguém não significa que você não se importa com ele."
2. "Nossa maior tarefa, por maior que seja o amor, é cuidar das nossas próprias necessidades."
3. "As necessidades dele são tão legítimas quanto as minhas, e podemos negociar."

A falácia do dar o troco

Esta falácia assenta-se na crença de que as pessoas que magoam você ou lhe causam dor *devem* ser punidas. Geralmente dá uma boa sensação soltar a raiva quando você está frustrado ou ferido. Ajuda a descarregar a dor. E funciona como uma espécie de vingança por qualquer suposta injustiça.

A crença implícita é que você não é o responsável por sua dor. Outra pessoa é. A pessoa deve ter agido errado para você se sentir tão mal. Portanto, ela merece toda a raiva que você sente vontade de expressar. Talvez com isso aprenda como se comportar melhor no futuro.

O problema com essa linha toda de raciocínio é que o responsável por sua dor é *você*. E cuidar de si mesmo é *sempre* a sua primeira responsabilidade. Dor e prazer são experiências essencialmente particulares. Você é a única pessoa que realmente sente a *sua* dor, é a única pessoa que experimenta a própria alegria. Mais ninguém pode ser considerado responsável ou encarregado de suas experiências particulares. Você é quem as sente e conhece. Portanto, é a única pessoa que pode se responsabilizar por elas. Se alguém o está frustrando ou magoando, ou causando dor, sua tarefa é ou negociar as necessidades de ambos ou abrir mão desse relacionamento.

O segundo problema com a falácia do dar o troco é que a raiva destrói os relacionamentos. (Isso é especialmente verdadeiro para a raiva usada como vingança.) Quando o objetivo de sua raiva é causar a alguém tanta dor quanto a que está sentindo, as pessoas começam a erguer barreiras psicológicas para se proteger de você. A pele do relacionamento engrossa e fica cheia de cicatrizes. E, finalmente, os dois terminam se tornando insensíveis à dor e ao prazer. É assim que a raiva mata o amor: faz com que as pessoas fiquem endurecidas, intocáveis. Não conseguem mais sentir o calor, o carinho.

A última razão pela qual dar o troco não funciona é que raramente a raiva irá lhe trazer o que você quer. O que você quer é ser ouvido, valorizado, cuidado. A raiva lhe proporciona frieza, afastamento e raiva em troca. Revidar traz uma sensação boa. Mas é como fumar *crack*: cinco minutos de delírio, seguidos por depressão, dor e colapso emocional.

Exercício 1. Quando você estiver tentado a dar o troco, primeiro reveja as conseqüências positivas e negativas de ter usado a raiva com essa pessoa em particular, no passado. Crie quatro colunas numa folha de papel. No alto de duas delas escreva "conseqüências a curto prazo" e sobre as outras duas, "conseqüências a longo prazo". Rotule como "positivas" e "negativas" as duas colunas das conseqüências a curto prazo e faça o mesmo com as outras duas. No final deste exercício, pergunte-se o seguinte: "A raiva me trouxe o que eu queria?".

Exercício 2. Usando a estrutura "Penso, sinto, quero", discutida no Capítulo 12, crie afirmações assertivas para expressar as necessidades de quem fala nas seguintes situações:

1. "Quando ela consegue essas notas deploráveis na escola fico tão deprimido que me sinto justificado em tratá-la mal."
2. "Eu já disse para ele que odeio musicais mas ele sai e compra os ingressos para *Chorus Line*. Eu simplesmente estouro. É muito frustrador. Ele merece."

Sentenças para enfrentar a situação.
1. "A raiva não vai me trazer o que eu quero."
2. "Posso proteger o meu relacionamento falando com firmeza."

Recriminações

Foram eles. Você está só, magoado, assustado, e foram eles. As recriminações que você alimenta em sua cabeça desencadeiam a raiva ao tornar alguém responsável por sua dor. Nos relacionamentos íntimos, recriminar leva ao desenvolvimento de núcleos cognitivos negativos, nos quais você começa a rotular, classificar e interpretar o comportamento da pessoa de uma forma consistentemente negativa. Ele é controlador, indiferente, egoísta, insensível. Quanto mais se fixam esses núcleos cognitivos negativos, mais se tornam rígidas suas suposições sobre a outra pessoa. Até o comportamento neutro ou ambíguo recebe um rótulo negativo. Cada vez mais partes do relacionamento ficam revestidas pela forma negativa com que você consistentemente interpreta e avalia a outra pessoa.

O problema com as recriminações é que elas negam a realidade de duas maneiras. Primeiramente, ao assumir que você não é responsável pela sua dor, mas sim outra pessoa. O Capítulo 6, sobre a responsabilidade, contém as razões específicas pelas quais você deverá considerar-se o único e exclusivo responsável por suas experiências. Em segundo lugar, as recriminações negam a realidade ao construir um mundo em que as pessoas estão deliberadamente fazendo coisas más. As pessoas não fazem coisas "más". Como disse Platão, as pessoas sempre escolhem o bem. Você e todos sempre escolhem a conduta que parece mais provável de proporcionar a satisfação de suas necessidades. Os benefícios potenciais da conduta que você escolhe, pelo menos no momento da escolha, parecem ultrapassar as desvantagens previsíveis. Evidentemente, a conduta que parece melhor em dado momento depende do que você é capaz de conscientizar. A conscientização é o grau de nitidez com que você percebe e entende, consciente e inconscientemente, todos os fatores relacionados a uma necessidade imediata. A qualquer momento dado, sua capacidade de conscientização é o produto de sua inteligência inata, de sua constituição, de seu estado fisiológico, de seu estado emocional, de suas crenças, de suas habilidades e de sua competência. Todos esses elementos atuam numa tomada de decisão. E a decisão que você toma é a melhor que lhe está disponível *naquele momento específico*. Bom e mau só são rótulos que você aplica a decisões depois de ter observado as suas consequências em si e nos outros. Mas, no momento em que a decisão foi tomada, aquelas consequências eram desconhecidas. Portanto, era a melhor opção existente.

Ora, você pode estar pensando que às vezes as pessoas sabem o que seria melhor mas agem da pior maneira de propósito. "Meu filho sabe que me aborreço e diminuem suas chances de entrar na faculdade tirar notas baixas. Ele poderia ir melhor, mas faz assim, do mesmo jeito." "Saber" o que é melhor não é porém suficiente para "fazer" melhor se, nesse momento, a capacidade de conscientização do menino está focalizada em motivações opostas e mais fortes. Se a necessidade dele de jogar futebol ou sair com as garotas ou se revoltar contra as regras da família é mais intensa que a de agradar aos pais ou que as metas acadêmicas de longo prazo, então tirar notas altas não será uma prioridade. Tudo se resume ao que é *mais importante no momento*.

Por isso as recriminações não fazem sentido. Elas rotulam as pessoas e as condutas como más quando, na realidade, cada pessoa faz sempre a melhor escolha disponível. Ao recriminar, você termina punindo as pessoas por condutas que *elas não poderiam ter evitado*.

Exercício 2. Os componentes da conscientização. Pense em alguém que você conhece bem e tenha recriminado várias vezes. Pense numa decisão que ela tenha tomado e o tenha deixado com muita raiva. Agora vem a parte mais difícil. Tente reconstruir essa decisão *do ponto de vista dessa pessoa*. O que você sabe de seu estado fisiológico e de sua constituição, de seu estado emocional, de suas crenças, suas necessidades, seu condicionamento, sua competência e suas limitações? Tente enxergar como esses fatores puderam ser combinados de tal sorte que a decisão dela foi sua melhor escolha naquela ocasião.

Dicotomia bom–mau

Se você recrimina bastante, está começando a pintar o mundo todo em preto-e-branco. As pessoas são ou boas ou más, ou certas ou erradas. Você não enxerga nuanças de cinza e também nenhuma continuidade entre os pólos opostos.

Assim que você começa a rotular as pessoas como más, surge o problema dos núcleos cognitivos. Você desenvolve uma espécie de visão em túnel que bloqueia a participação de qualquer comportamento que não se encaixe em suas suposições sobre a maldade. Simplesmente, você não enxerga as coisas que são gentis, generosas ou afetuosas. Jim acha Martha egoísta e indiferente quase o tempo todo. Mesmo que ela freqüentemente lhe abrace, lave a roupa dele, convide os amigos dele para jantar, ele não consegue perceber essas atitudes como atos de amor e generosidade. Jim está perdendo uma grande parte do relacionamento por causa de seus núcleos cognitivos que o deixam cego e com isso ele não percebe a maneira como Martha demonstra seu afeto.

Exercício. Encontrar as nuanças de cinza. Escreva uma descrição completa de alguém que você conhece bem, de quem gosta muito, mas de quem também sente raiva. Releia sua descrição. Quantos desses itens são julgamentos, com a implicação de que algum aspecto da personalidade dessa pessoa é ou bom ou mau? Que porcentagem de sua descrição é pejorativa ou elogiosa? Agora reescreva sua descrição sem qualquer resquício de julgamento. Torne a descrição neutra o melhor que puder. Em vez de dizer que é uma pessoa gorda, diga que seu peso é 125 quilos. Em vez de dizer que tem um rosto lindo, diga que seus traços são regulares e a pele é lisa. Atenha-se aos fatos. Não os revista com seus julgamentos de valor. Qual é a sensação de pensar nessa pessoa sem julgar? A descrição parece mais ou menos precisa, quando não é pejorativa?

Sentenças para enfrentar a situação.

1. "Eu não faço julgamentos."
2. "As pessoas estão lidando com a dor e o estresse da melhor maneira que podem, dado seu nível de conscientização."
3. "É só uma questão de nossas necessidades entrarem em conflito; ele não está errado nem eu estou certa."

Intenção presumida

Isto é o mesmo que leitura da mente, ou seja, a propensão a fazer inferências a respeito do que as pessoas pensam e sentem. A intenção presumida dispara a raiva quando você conclui que a sua dor é conseqüência do esforço deliberado da outra pessoa de lhe causar danos. Jill perdeu de vista seu filho de nove anos numa Feira Agrícola. Ela presumiu que ele tinha deliberadamente sumido para assustá-la. Joshua acreditou que a garçonete estava sendo de propósito vagarosa e desatenciosa porque ele havia pedido um extra de leite e os ovos prepararados de determinada maneira.

Observe que a intenção presumida deve incluir dois importantes conceitos para deixar você com raiva. Primeiro, que você está sofrendo e a culpa é de alguém. Em segundo lugar, que você está sendo *deliberadamente* prejudicado. Poucas pessoas ficarão com raiva se uma pinha cai da árvore e arranha o carro. Uma criança atirando pinhas contra o carro seria uma história diferente. Aqui, os dois elementos necessários à raiva estão presentes: o dano e a intenção deliberada de causá-lo.

Há vários problemas em presumir intenções. É muito difícil avaliar com precisão os verdadeiros motivos da outra pessoa. O termo "presumir" significa que você acha que sabe sem nunca ter perguntado. Quem acha que leu a mente de alguém está quase sempre redondamente enganado e, no entanto, presumir intenções é provavelmente a mais potente de todas as fontes de raiva. Claudette achou que uma amiga a excluíra deliberadamente de um almoço "para lhe dar algum tipo de lição". Ficou irada até saber que o almoço havia sido uma homenagem para um colega de trabalho de sua amiga, alguém que ela nem conhecia. Reese pensava que a namorada estava tentando magoá-lo ao decidir que passariam juntos menos noites por semana. Depois de primeiro retrair-se e de, em seguida, alimentar algumas discussões, ele descobriu que ela estava assustada com a intensidade de seu amor e sentimento de dependência. O motivo que ele havia presumido era inteiramente oposto aos fatos. Eram sentimentos positivos da parte dela que a haviam levado àquela decisão, não qualquer intenção de magoá-lo.

Exercício. Tente este procedimento por um dia. Comprometa-se consigo mesmo a não fazer absolutamente nenhuma dedução a respeito dos motivos das outras pessoas até *comprovar* diretamente com elas as suas suposições. Em outras palavras, você tem de perguntar: "É verdade que você está demorando para se aprontar para irmos ao cinema porque eu não lavei o carro hoje?", "Tenho a sensação de que você se retraiu um pouco porque eu passei o dia com Rich. É isso mesmo?", "Quando você disse que as batatas tinham cozinhado demais achei que estava com raiva de mim, ou coisa parecida. É verdade?", "Você está dirigindo tão depressa... Será que está querendo me assustar?". Sua regra de conduta, para o dia de hoje, será que ou você vai evitar as suposições, ou vai descobrir se elas são verdadeiras.

Se você conseguir fazer esse exercício por um dia, tente praticá-lo por uma semana. Quanto mais você evitar ler a mente dos outros, mais saudável será a sua comunicação.

Sentenças para enfrentar a situação.
1. "Não presumo nada; comprovo a suposição."
2. "Não fico adivinhando os motivos dos outros."
3. "Não fico lendo a mente dos outros."

Amplificação

Quando você amplifica, torna as coisas piores do que elas são. Você usa termos como *terrível, medonho, horrível, horroroso*. Você supergeneraliza ao empregar palavras como *sempre, tudo, todos, nunca*. Jill se queixa de seu chefe: "Ele está *sempre* me passando trabalho no último minuto. Ele é *horrível* com todo o pessoal de apoio. *Nunca* ele dá um sorriso, uma palavra gentil. Ele não passa de uma *droga* de pessoa com quem trabalhar". Art se queixa de seu vizinho: "Ele está *sempre* colocando o lixo dele na minha passagem. Ele *nunca* pede licença, e *nunca* fala comigo. É *terrível* ser vizinho de porta de alguém que não liga a mínima".

Tanto Jill como Art estão amplificando. O chefe de Jill *nem sempre* lhe dá serviço no último minuto. Não é verdade que ele *nunca* sorria. O vizinho de Art não está *sempre* colocando o lixo dele no caminho. Assim como não é verdade que ele *nunca* fala com Art. Essas amplificações pioram sua sensação de estar sendo vitimizado. Ao exagerar o comportamento problemático, você cria uma sensação de estar sendo profundamente destratado. Eles são maus e você é inocente.

Amplificar seus pensamentos-gatilho é como jogar gasolina no fogo. Sua raiva explode porque você se sente intensamente injustiçado, coberto de razão e portanto justificado.

Exercício. Por um dia elimine de seu vocabulário as seguintes palavras: *todos, sempre, tudo, nunca, terrível, medonho, horrível, repugnante, nojento* etc. Comprometa-se a descrever as pessoas e os eventos sem amplificações. Esforce-se para atingir a precisão, abandonando os exageros. Cite a freqüência exata: "Três vezes, na semana passada...", "Pela segunda vez neste trimestre...", "Uma vez por mês nós nos falamos por cinco minutos". Evite usar termos pejorativos generalizadores como *terrível* e *medonho*. Em vez deles, atenha-se a conclusões simples como "Eu não gosto de..." ou "Eu preferia que ele não me desse serviço depois das quatro da tarde".

Sentenças para enfrentar a situação.

1. "Abolir *sempre* e *nunca*."
2. "Exatidão sim, exageros não."
3. "Que os fatos falem por si mesmos."

Rotulações gerais

Seu colega de escritório é um *imbecil*. A pessoa que mora com você é uma *neurótica*. Seu pai é um *ignorante*. O caixa da padaria é um *idiota*. Seu namorado é um *maldito* egoísta. Seu senhorio é um *artista maltrapilho*. Seu primo é um *fofoqueiro*. Rótulos globais alimentam a sua raiva ao tornar a outra pessoa uma criatura totalmente má e desprovida de valor. Em vez de não gostar de condutas específicas, você condena a pessoa em sua totalidade. Os rótulos globais são sempre falsos porque focalizam uma única característica ou conduta, mas insinuam que ela é tudo.

É muito mais fácil ficar com raiva de um monstro, de uma pessoa detestável, do que encolerizar-se por causa de um comportamento específico. É difícil conseguir se enxergar realmente como uma verdadeira vítima se você só estiver diante de um evento lamentável. Mas, se você decide que foi maltratado por um imbecil egoísta, a raiva ferve mais depressa.

Exercício. O antídoto da rotulação global é a especificidade. Da próxima vez que você se perceber empregando rótulos pejorativos, mude para uma descrição específica do comportamento ofensivo. Deixe a pessoa de fora. Descreva o que ela faz e não quem ela é.

Sentenças para enfrentar a situação.
"Rótulos não. Seja específico."

Mudando seus pensamentos-gatilho

Não é tarefa fácil mudar um padrão de pensamento que está em funcionamento há longo tempo. Mas isso é absolutamente necessário. Se você não encontrar maneiras de combater seus pensamentos-gatilho, seus "deverias" e suas recriminações, eles continuarão mobilizando a raiva.

Será preciso muito empenho e muita disciplina para mudar o que, agora, já parece ser a sua natureza. Mas existe uma saída. Aaron Beck, um dos fundadores da terapia comportamental cognitiva, elaborou um processo extremamente eficiente para o confronto com seus pensamentos distorcidos. É chamado de a técnica das três colunas. Divida uma página de seu Diário da Raiva em três colunas. Sempre que sentir raiva, anote na Coluna A o que você disse para si mesmo. Na Coluna B, anote o tipo de pensamento-gatilho que estava usando (alguns estão relacionados a seguir, a título de auxílio de memória). Na Coluna C, reescreva sua sentença original de forma que ela não contenha mais o pensamento-gatilho distorcido.

Deverias

Falácia do "ter direito"
Falácia da justiça
Falácia da mudança
Suposições condicionais
Falácia do dar o troco

Recriminações

Dicotomia bom–mau
Intenção presumida
Amplificação
Rotulações gerais

Eis um exemplo de como você pode usar a técnica das três colunas.

Diário de Ann

O idiota me deixa esperando	Intenção presumida Amplificação	Não gosto de esperar.
Vigiar o recreio de novo. O diretor sempre faz isso comigo.	Suposição condicional	Acho que ele está fazendo o melhor que pode, mas é muito inconveniente para mim.
Por que ele não se senta e se comporta?	Falácia da mudança	Ele aprenderá a ficar sentado quando eu descobrir um jeito de reforçá-lo a fazer isso.
Se ela fosse mesmo minha amiga, não ficaria me provocando com essa droga.	Suposição condicional	É um conflito de necessidades. Tenho de negociar isso com ela. Nenhuma de nós quer fazê-lo.

Por que essa pessoas sempre me fazem esperar?	Deveria	As pessoas nunca fazem o que deveriam, só o que é reforçador para elas.
Por que tenho de morar neste armário quando meu ex-marido ainda está morando na casa?	Falácia do "ter direito"	Só porque eu quero aquela casa não significa que tenho meios para sustentá-la. Ele é dono de uma firma de encanamentos, eu sou só professora. Não há motivo para ele abrir mão da casa só porque eu quero.

Como você pode ver, a terceira coluna é a mais importante. É aí que você conversa com seus pensamentos-gatilho e começa a modificar a sua raiva. Eis outro exemplo:

Diário de Harold

Agora ela saiu para as aulas de ioga e aeróbica. Vamos perder a manhã toda; que droga, ela está me evitando.	Falácia do dar o troco Intenção presumida	Explodir com ela não vai me trazer o que eu quero. Vou parar de supor e descobrir quais são as necessidades dela.
Ela concordou em tomar o café da manhã. Grande coisa. Eu trabalho a semana toda para ela poder estudar e ainda tenho de convencê-la a tomar o café comigo.	Falácia da justiça	Bom, as necessidades de nós dois são importantes. Ela não me deve nada. As necessidades dela são tão legítimas quanto as minhas.

Por que eles sempre arruinam as minhas fotos toda vez que as trago aqui?	Dicotomia bom–mau Amplificação Rotulação geral	Eles não são maus. Estão fazendo o melhor que podem e nem sempre arruínam as fotos. Foram só quatro em 36 negativos.
Por que ela não usa algo mais *sexy* na na cama?	Falácia do "ter direito"	Só porque eu quero não significa que ela deva fazê-lo. Ela tem suas próprias necessidades e seus limites. Se eu quiser mudar isso, tenho de descobrir quais as necessidades dela e os seus receios e negociar um meio-termo.

Agora você pode experimentar por si. Na Coluna A, estão listados alguns pensamentos-gatilho. Denomine a distorção cognitiva na Coluna B e, na C, reescreva ou refute a distorção para que ela não acione mais a raiva.

Coluna A	Coluna B	Coluna C
1. Você é idiota? Como pode esquecer sua lição de casa?		
2. Ele tinha de parar com essas apostas estúpidas. Está destruindo o nosso casamento.		
3. Se ligasse para mim chegaria em casa mais cedo.		

4. Ele nunca me escuta quando falo de algo que está me incomodando.
5. Ele deveria ter-me acompanhado até o carro neste bairro.
6. Cuidei dela a semana passada quando ficou resfriada. Agora estou com dor de dente e ela nem pergunta como estou.
7. Ele está indo por esta trilha quando sabe muito bem que tenho medo de altura.

Respostas sugeridas:

1. *Rotulações gerais.* "Não gosto que você esqueça sua lição de casa. Como podemos ajudá-lo a se lembrar? Talvez você possa ficar meia hora a mais acordado, se lembrar de sua lição."

2. *Deveria, falácia da mudança.* "Ele só vai parar se for reforçado a mudar e for capaz de mudar. Eu fazer pressão não vai adiantar. Tenho de decidir entre viver com isso ou abrir mão."

3. *Suposições condicionais.* "O amor não tem nada que ver com isso. Trata-se de um conflito de necessidades. Tenho de descobrir que necessidades ou temores obrigam-na a trabalhar até tarde, e negociar alguma espécie de acordo."

4. *Amplificação.* "Seja específica. Ele ouve, digamos, uma porcentagem x do tempo. De que maneira eu poderia me responsabilizar por reforçá-lo a ouvir mais?"

5. *Deveria.* "Esses são meus valores e minhas necessidades, não os dele. Ele não faz o que eu acho que ele deveria fazer, só o que seus valores e suas necessidades lhe pedem."

6. *Falácia da justiça.* "Ela tem suas próprias necessidades neste momento. As necessidades de nós dois são igualmente legítimas. É minha responsabilidade pedir-lhe o que eu quero."

7. *Intenção presumida.* "Estou presumindo as coisas. Eu realmente não sei por que ele está entrando aqui. Melhor conferir. Tenho de negociar a favor das minhas necessidades pessoais."

Eis os pontos principais a serem lembrados quando você estiver escrevendo suas refutações aos pensamentos-gatilho:

1. Seja específico, não global.
2. Não seja pejorativo, nem faça julgamentos.
3. Punições e vinganças não lhe trarão o que você quer.
4. Confira todas as suas suposições.
5. Você, e só você, é responsável por suas necessidades.
6. Reconheça que as pessoas fazem o melhor que podem, dado o nível de conscientização de que dispõem *no momento da escolha.*
7. Reconheça que as pessoas fazem o que é reforçador para elas. Você só conseguirá que elas mudem por meio de negociações e recompensas pelos novos comportamentos.

Sempre que você sentir raiva, continue usando no Diário da Raiva a técnica das três colunas para enfrentar seus pensamentos-gatilho. É essencial que você se comprometa a fazer isso. É trabalhoso, difícil e árduo manter regularmente o exame dos próprios pensamentos, sustentar o autoquestionamento e refutar o que parecia tão natural e razoável. Mas para chegar ao controle da raiva é preciso que você se torne cada vez mais ciente de como os pensamentos-gatilho criam sentimentos desconfortáveis. Serão necessários pelo menos três meses de esforços consistentes de acompanhamento e confronto de suas idéias enraivecidas antes que você comece a sentir a maré virar. Aos poucos elas se tornarão menos automáticas. Gradualmente você irá sentir um *desconforto* cada vez mais intenso quando os velhos gatilhos irromperem em sua mente. Não darão mais a sensação de serem certos, ou convincentes. Na realidade, você passará a vê-los tais como são: desculpas para descarregar dor e decepções, que desencadeiam uma agressão destrutiva. Mantendo o trabalho interior de esvaziar as recriminações e os "deverias", você irá perceber que as novas atitudes e crenças começam a se firmar. Ao aceitar mais responsabilidade por suas necessidades, você passará da raiva para a resolução dos problemas, a negociação e a descoberta das necessidades dos outros.

8
Controlando o estresse passo a passo

O estresse é o combustível da raiva. Se a raiva é um problema em sua vida, é essencial que você aprenda um método para reduzir o estresse, que funcione no seu caso. Leia todas as sugestões constantes deste capítulo e escolha as técnicas que lhe parecerem mais úteis. Você irá perceber que pode aprender maneiras alternativas de enfrentar a situação, as quais podem lhe devolver o controle sobre a raiva. Você *pode* lidar com o estresse de maneira bem-sucedida, sem ficar com raiva.

Rastrear sinais de estresse no corpo

O primeiro passo no controle do estresse é reconhecer como e onde a tensão está afetando seu corpo. A técnica seguinte – junto com muitas outras descritas neste capítulo – foi adaptada de *The relaxation and stress reduction workbook* (Davis, Eshelman e McKay, 1988)*.

1. Comece prestando atenção nos seus pés e nas pernas. Movimente os dedos, dobrando e estendendo, gire os tornozelos e relaxe os pés.

---

* Publicado em português pela Summus, sob o título *Manual de relaxamento e redução do estresse* (1996).

2. Agora preste atenção nas costas, abaixo da cintura. Tome consciência de pontos de dor e áreas de tensão na região lombar. Relaxe o mais que puder. Observe se há tensão nos quadris, na região pélvica, nas nádegas. Relaxe essas partes.
3. Agora suba o foco da atenção até o diafragma e o estômago. Respire profundamente cerca de duas vezes, inspirando e expirando devagar. Perceba as tensões localizadas nessa área.
4. Tome consciência de seus pulmões e da cavidade torácica. Busque pontos de tensão nessa região de seu corpo. Inspire e expire profunda e lentamente algumas vezes, e relaxe.
5. Agora, preste atenção nos ombros, no pescoço e na garganta. Engula algumas vezes e observe pontos de tensão ou doloridos, na garganta e no pescoço. Gire a cabeça no sentido horário algumas vezes. Agora, na direção contrária, gire novamente a cabeça mais algumas vezes. Encolha os ombros, perceba se há tensão nessa parte e relaxe.
6. Começando no alto da cabeça, percorra-a em busca de pontos de tensão. Sinta a testa. Talvez exista uma "faixa" dolorida em torno da cabeça toda, nessa altura. Pode haver dor ou tensão atrás dos olhos. O maxilar talvez esteja muito contraído. Verifique se os dentes estão apertados uns contra os outros, se os lábios estão contraídos. Sinta as orelhas. Volte ao alto da cabeça e relaxe cada uma dessas partes.
7. Rastreie agora o corpo todo em busca de pontos remanescentes de tensão. Entregue-se ainda mais e relaxe profundamente.

Se você fizer este exercício todos os dias, por uma semana, terá um entendimento muito melhor de onde seu corpo retém cronicamente a tensão. Anote em seu Diário da Raiva, a cada dia, onde a tensão parece se concentrar.

O próximo passo é aprender uma estratégia de relaxamento que funcione para você. Experimente cada uma das técnicas sugeridas a seguir e descubra a que lhe oferece os melhores resultados.

Técnicas para redução do estresse

Respiração para diminuir o estresse

Para viver você tem de respirar; para viver bem, você deve respirar bem. A respiração apropriada é um antídoto natural contra o estresse. A técnica básica é denominada *respiração profunda* e pode ser praticada numa variedade de posturas. Tente o seguinte:

1. Deite-se sobre um cobertor ou tapete, no chão. Flexione os joelhos e coloque os pés afastados, mantendo-se confortável, com os artelhos ligeiramente para fora. Observe a sua coluna, para que fique em linha reta.
2. Percorra o corpo em busca de zonas de tensão.
3. Coloque a mão esquerda sobre o abdome (barriga) e a direita no peito.
4. Inspire lenta e profundamente pelo nariz, enchendo a barriga. Empurre o ar até a parte baixa do abdome. Observe que a mão esquerda sobe. O peito deve se movimentar só um pouco debaixo da mão direita e apenas junto com o abdome.
5. Agora, inspire pelo nariz e expire pela boca, fazendo um som suave, repousante, enquanto deixa o ar sair levemente. A boca, a língua e o maxilar estarão descontraídos. Faça respirações amplas, lentas e profundas que façam o abdome subir e descer. Preste atenção no som e na sensação de sua respiração, conforme for relaxando cada vez mais.
6. Permaneça nesse exercício de respiração profunda por cinco a dez minutos. Faça-o uma ou duas vezes por dia, por duas semanas. Depois, se quiser, amplie a duração do exercício para vinte minutos ao dia.
7. Ao final de cada sessão de respiração profunda, dedique mais alguns minutos ao rastreamento de seu corpo, em busca de algum sinal de tensão. Compare a tensão que existe agora com a que estava sentindo no início do exercício.

Depois que você tiver aprendido a respirar facilmente com o abdome, pode praticar esse exercício toda vez que se sentir estressado durante o dia. Não importa você estar sentado ou em pé. Apenas se concentre em seu abdome enchendo e esvaziando, conforme o ar entrar em seus pulmões e sair deles. Observe a sensação de relaxamento que a respiração profunda vai induzindo.

A próxima técnica de redução do estresse é denominada *sopro relaxante*. No decorrer do dia, você provavelmente se pega suspirando ou bocejando. Em geral, este é um sinal de que não está obtendo oxigênio suficiente. Suspirar e bocejar são os recursos de seu corpo para remediar tal situação. O suspiro é comumente precedido por uma sensação de tensão, bem como de que as coisas não estão do jeito que deveriam. Como suspirar libera uma parte da tensão, você pode usar suspiros, de modo deliberado, para relaxar.

1. Fique em pé ou sentado, com a coluna aprumada.
2. Suspire profundamente, deixando escapar um som de alívio intenso quando o ar escapar de seus pulmões.
3. Não se preocupe em inspirar; basta deixar o ar entrar naturalmente.
4. Repita o procedimento de oito a 12 vezes, sentindo o relaxamento que provoca, toda vez que perceber essa necessidade.

Relaxamento muscular progressivo

Existe uma relação de reciprocidade entre tensão e raiva. A tensão física cria estresse, que o predispõe à raiva. A raiva, por sua vez, aumenta a tensão no corpo, que então se acumula com a anterior e exacerba a reação de raiva.

1. Coloque-se em posição confortável e relaxe. Agora feche com força o punho direito, apertando o mais que puder; estude o processo do tensionamento enquanto faz isso. Sustente essa tensão e observe seu comportamento no punho, na mão e no antebraço. Agora relaxe. Sinta a soltura da mão direita e observe o contraste entre a tensão anterior e a sensação neste momento. Repita o procedimento com o punho direito mais uma vez. Sustente a contração por mais ou menos sete segundos. Ao relaxar, mais uma vez perceba como essa é a sensação oposta da tensão. Relaxe e sinta a diferença. Repita esse procedimento inteiro com o punho esquerdo, e por fim com os dois ao mesmo tempo.

2. Agora flexione os cotovelos e contraia os bíceps (em pose de fisicultura). Tensione os bíceps o mais que puder, por sete segundos, e observe a sensação da contração. Relaxe e alongue os braços. Deixe o relaxamento se propagar. Sinta a diferença. Repita esse procedimento, assim como cada um dos seguintes, pelo menos uma vez.
3. Agora, preste atenção na cabeça. Enrugue a testa com a maior força possível, por sete segundos. Agora relaxe e deixe que ela fique lisa. Imagine que sua testa e todo o couro cabeludo tornam-se lisos como seda. Franzindo as sobrancelhas agora, perceba como essa contração se espalha por toda a testa. Entregue-se. Deixe a testa alisar de novo. Feche os olhos. Aperte mais as pálpebras. Observe se há alguma tensão. Relaxe os olhos. Deixe-os fechados, de maneira confortável e suave. Agora aperte o queixo, como numa mordida forte, e perceba o caminho da tensão se espalhando pelo maxilar. Solte o queixo. Quando ele relaxa, os lábios se afastam um pouco. Perceba realmente o contraste entre a tensão e o relaxamento. Agora aperte a ponta da língua contra o céu da boca. Sinta a dor no fundo da boca. Relaxe. Aperte agora os lábios, até criar um "ô". Solte os lábios e sopre com força, resfolegando como um cavalo. Observe que, agora, a testa, o couro cabeludo, os olhos, o maxilar, a língua e os lábios estão todos relaxados.
4. Empurre a cabeça contra o chão, mantendo seu conforto, e observe a tensão que se forma em sua nuca. Gire a cabeça para a direita e sinta como o estresse muda de lugar. Gire a cabeça para a esquerda. Centralize a cabeça e levante-a, até o queixo encostar no peito. Sinta a compressão da garganta e a tensão na nuca. Relaxe e deixe a cabeça retomar uma posição confortável. Deixe que o relaxamento se aprofunde. Agora, encolha os ombros. Sustente essa contração e, ao mesmo tempo, afunde a cabeça entre os ombros. Relaxe-os. Deixe que caiam para trás, sentindo o relaxamento se espalhar pelo pescoço, pela garganta e pelos ombros. Entregue-se cada vez mais ao relaxamento muscular.
5. Dê ao corpo todo a chance de relaxar. Experimente o conforto e a sensação de peso. Agora, inspire e encha comple-

tamente os pulmões. Segure o ar e perceba a tensão. Deixando o peito se descontrair, solte agora o ar entre os dentes, produzindo um som sibilante, e continue relaxando. A respiração acontece de modo solto e leve. Repita esse passo várias vezes, observando como a tensão vai escorrendo para fora de seu corpo, a cada expiração. Em seguida, contraia o estômago e sustente essa contração. Observe a tensão e relaxe. Coloque a mão sobre o estômago. Respire fundo levando o ar até essa região, fazendo então a mão subir. Segure o ar e depois relaxe. Observe o contraste do relaxamento, quando o ar sai. Curve as costas, mas não force. Mantenha o resto do corpo tão relaxado quanto possível. Concentre a atenção na região lombar, que costuma ser tensa. Agora relaxe mais e mais.

6. Contraia as nádegas e as coxas. Flexione as pernas, fincando os calcanhares no chão o mais que puder. Relaxe e sinta a diferença. Agora, dobre os artelhos para baixo, tensionando ao máximo as panturrilhas. Estude essa tensão. Relaxe. Agora flexione de novo os artelhos na direção do seu rosto, tensionando as canelas. Relaxe novamente.

7. Entregue-se à sensação de peso que ocupa toda a metade inferior de seu corpo, conforme o relaxamento vai se alastrando. Relaxe os pés, os tornozelos, as panturrilhas, as canelas, os joelhos, as coxas, as nádegas. Agora deixe essa soltura chegar ao estômago, à região lombar das costas, ao peito. Experimente a soltura cada vez maior de seus ombros, braços e mãos. Relaxe cada vez mais fundo. Observe a sensação de descontração, de relaxamento, em seu pescoço, maxilar e em todos os músculos faciais.

Talvez a melhor maneira de conduzir esse exercício seja gravando uma fita com as instruções para realizar toda a seqüência. Você então pode ouvi-la quantas vezes quiser, para relaxar. Depois de ter seguido o mesmo procedimento todos os dias, por duas semanas, você estará pronto para adotar a forma avançada e mais breve de relaxamento.

Esse procedimento "breve", descrito a seguir, pode ser usado para atingir rapidamente o relaxamento muscular profundo. Grupos musculares completos são simultaneamente contraídos e depois relaxados. Assim como na seqüência anterior, repita cada procedimento pelo menos uma vez, tensionando cada grupo muscular por sete segundos. Depois relaxe de vinte a trinta segundos. Lembre-se de observar o contraste entre as sensações de tensão e relaxamento.

1. Contraia os dois punhos, bíceps e antebraços, na pose clássica do halterofilista. Sustente. Relaxe.
2. Enrugue a testa. Ao mesmo tempo, pressione a cabeça o mais para trás que conseguir. Faça um giro completo, em sentido horário e depois no sentido anti-horário. Agora contraia os músculos do rosto até ficar com cara de casca de noz: sobrancelhas e olhos contraídos, lábios formando um "ô" apertado, língua empurrando o céu da boca, ombros encolhidos até encostar nas orelhas, se puder. Sustente. Relaxe.
3. Arqueie as costas para trás, inspirando amplamente. Sustente. Relaxe. Inspire profundamente e, depois, afunde o estômago. Sustente. Relaxe.
4. Aponte os pés e os artelhos na direção de seu rosto, contraindo as panturrilhas. Sustente. Relaxe. Dobre os dedos, contraindo, ao mesmo tempo, as panturrilhas, as coxas e as nádegas. Sustente. Relaxe.

Depois que você tiver aprendido esse procedimento mais curto, procure usá-lo pelo menos três vezes por dia. Ele é particularmente útil *antes* de situações estressantes.

Meditação

São quatro os componentes básicos da meditação. Primeiro, estar num *local tranqüilo*. É essencial que todas as fontes externas de distração sejam minimizadas. Segundo, é vital que você escolha uma *posição confortável*, que lhe seja possível manter por aproximadamentre vinte minutos, sem estressar o corpo. (*Sugestão prática:* evite meditar nas primeiras duas horas após uma refeição pesada. O processo da digestão irá interferir em sua capacidade de permanecer alerta e relaxado ao mesmo tempo.) Terceiro, escolha um *objeto focal*. Este pode ser uma palavra ou som repetido (mantra), ou até mesmo uma imagem real ou imaginada (como a chama de uma vela), capaz de atrair sua atenção de forma concentrada. Quando pensamentos cruzarem sua mente você pode deixar que venham e se vão, retornando sua atenção ao objeto escolhido para o foco dessa meditação. O último e mais difícil dos componentes é manter uma *atitude passiva*. Esta é caracterizada pela indiferença diante de tudo (inclusive a respeito de quão bem você está indo nessa meditação). Significa se sentir, de maneira completa e isenta de críticas, no aqui-agora.

A *meditação com contagem de respirações* descrita abaixo foi popularizada por Herbert Benson em seu livro *The relaxation response*. É usada no mundo todo e tem uma especial utilidade na redução do estresse, sendo capaz de induzir um estado profundo de relaxamento.

1. Encontre um lugar tranqüilo e centralize sua atenção em si mesmo. Coloque-se na posição que preferir. Percorra todo o seu corpo buscando pontos de tensão e relaxe. Feche os olhos, ou focalize-os num ponto qualquer no chão, a uma distância média de um metro à sua frente.
2. Respire pelo nariz. Inspire, expire, faça uma pausa. Deixe que a respiração ocorra natural e suavemente. Tome consciência de sua respiração.
3. Ao expirar, diga "um" para si mesmo. Continue inspirando e expirando dizendo "um" toda vez que expirar.
4. Quando pensamentos ou percepções ameaçarem afastar sua atenção de sua respiração, desligue-se deles imediatamente e volte a dizer "um". Mantenha esse procedimento dez a vinte minutos por vez.
5. Toda vez que completar esse exercício passe alguns minutos sentado, em silêncio, com os olhos fechados. Deixe-se sentir seus pensamentos, acompanhe suas sensações e seus sentimentos, o que se passa em seu corpo e no ambiente que o rodeia. Depois, continue por mais alguns minutos, de olhos abertos, percebendo tudo isso. Dedique algum tempo a saborear os efeitos repousantes desse processo de meditacão.

Planeje realizar esse exercício de cinco a sete vezes por semana, por um mês. Depois você pode avaliar os resultados e decidir se pretende mantê-lo ou descartá-lo.

Uma forma alternativa de contar é acompanhar as respirações dizendo interiormente "um, dois, três, quatro", várias vezes seguidas. Se resolver caminhar meditando, pode contar os seus passos da mesma maneira: de um até quatro, depois repetindo a seqüência.

Auto-hipnose para relaxar

A indução abaixo descrita é uma adaptação da que consta em *Hypnosis for change* (Hadely e Staudacher, 1985). A melhor maneira de adotá-la será usando uma fita gravada. Para se preparar para a gravação, primeiro leia a indução em voz alta, várias vezes, para se familiarizar com o conteúdo e ficar à vontade com ele. Enuncie lentamente as palavras. Mantenha constante e monótono o tom de sua voz, tão desprovido de expressão e modulação quanto possível. (*Sugestão prática:* verifique se a fita que você vai usar tem duração suficiente para conter toda a indução de um lado só.) Quando você estiver pronto para usar a fita que gravou, prepare um lugar especial, a salvo de ruídos e distração. Vista uma roupa confortável e coloque-se numa posição confortável. Pode se deitar ou ficar num cadeira de balanço. Agora deixe-se sentir o relaxamento profundo auto-induzido por um procedimento hipnótico.

1. Respire bem profundamente, feche os olhos e comece a relaxar. Pense apenas em relaxar cada músculo de seu corpo, desde o alto da cabeça até a ponta dos dedos dos pés. Comece a relaxar, e observe como seu corpo está começando a se sentir confortável. Como está apoiado, você pode simplesmente se entregar e relaxar. Inspire, expire. Acompanhe a sua respiração. Sinta o ritmo de sua respiração e relaxe-a, por alguns instantes.
2. Ouça os sons normais à sua volta. Eles não têm importância. Descarte-os. Tudo o que você ouvir daqui para a frente só servirá para ajudá-lo a relaxar mais. Ao expirar, libere toda tensão, todo ponto de estresse, de qualquer parte de seu corpo, de sua mente, de seus pensamentos. Deixe que esse estresse desapareça. Apenas acompanhe a idéia estressante cruzar a sua mente, observe-a desacelerando, desacelerando, e relaxe.
3. Comece a deixar que todos os músculos de seu rosto relaxem, especialmente os do maxilar. Afaste os dentes um

pouco e relaxe essa parte. Esse é um ponto em que a tensão e o estresse sempre se acumulam, portanto cuide de soltar o queixo e acompanhe o relaxamento atingindo as têmporas. Relaxe esses músculos e, ao pensar em relaxá-los, eles se soltarão. Sinta-os relaxando e, com isso, você conseguirá boiar, flutuar, em níveis cada vez mais profundos de total relaxamento.

4. Continue relaxando e agora deixe todos os músculos da testa se soltar. Sinta quando eles descontraem, ficam lisos e relaxados, e descanse os olhos. Imagine suas pálpebras sentindo-se tão confortáveis, tão pesadas, tão relaxadas, que até os músculos da nuca e dos ombros relaxam. Observe aquele peso imenso ser retirado dos seus ombros, e com isso você se sente aliviado, mais leve, mais relaxado. E todos os músculos da nuca e dos ombros relaxam, e essa soltura macia vai se estendendo, descendo, chegando até a região inferior das costas.

5. Esses músculos se soltam mais e mais, a cada vez que você solta o ar. Sinta apenas o corpo boiando, flutuando, afundando cada vez mais, mais, num relaxamento total. Deixe os músculos se soltar, relaxando mais e mais. Deixe que relaxem todos os músculos de seus ombros, descendo pelos braços, até a ponta dos dedos, e relaxe. Seus braços agora estão muito pesados, pesados, pesados, confortáveis, descansados. A pontinha dos dedos formiga. É isso mesmo. Talvez a palma das mãos se aqueça, tudo bem. E você sente que mal consegue mover os braços, de tão relaxados que estão. Estão pesados, muito, muito pesados e relaxados.

6. Agora você inspira outra vez e relaxa os músculos do peito. Ao expirar, sinta os músculos de sua barriga relaxando. Ao respirar relaxe todos os músculos da barriga, solte-os, bem como todos os músculos das pernas, sinta-os relaxar, todos os músculos das pernas, até a pontinha dos dedos dos pés, tudo completamente relaxado.

7. Observe quanto seu corpo se sente confortável, boiando e flutuando, cada vez mais profundamente relaxado. E enquanto relaxa, mais e mais intensamente, imagine uma linda escada. Há dez degraus e eles o conduzem até um lugar lindo, especial, totalmente tranqüilo.

8. Nesse instante, você começa a se imaginar dando passos, um por vez, e descer a escada, até chegar num lugar muito especial e pacífico para você. Imagine o lugar que quiser. Talvez uma praia, ou o mar aberto, com seu ar fresco, ou uma montanha com seu riacho. Qualquer lugar está ótimo.
9. Nesse momento, comece a contar de trás para a frente, começando de dez até chegar em um, e imagine que está descendo; a cada passo, seu corpo relaxa ainda mais, e você se sente flutuando, boiando cada vez mais a cada passo, relaxando mais e mais profundamente. Dez, relaxe mais, nove... oito... sete... seis... cinco... quatro... três... dois... um, mais relaxado, mais relaxado, mais relaxado.
10. Agora imagine um lugar especial, maravilhoso. Você pode imaginar esse lugar e talvez até senti-lo. Você está só e não há ninguém para incomodá-lo. Esse é o lugar mais sossegado do mundo todo para você. Imagine que está aí e sinta a paz fluindo através de você, uma sensação enorme de bem-estar, e desfrute essas sensações deliciosas. Você pode conservá-las até muito tempo depois que o exercício tiver terminado: o resto do dia, até a noite, até amanhã. Deixe essas sensações positivas tornar-se mais e mais intensas, sentindo-se em paz, saboreando um imenso bem-estar. (*Pausa.*)
11. E sempre que você escolher este tipo de relaxamento, será capaz de relaxar cada vez de forma mais profunda. Independentemente do estresse e da tensão que possam estar ocorrendo em sua vida, agora você pode permanecer mais em paz, mais calmo, mais relaxado, deixando que a tensão e o estresse afastem-se de você, vão embora. As sensações prazerosas ficarão, e cada vez mais fortes, o dia inteiro, quanto mais você se entregar ao relaxamento.
12. Desfrute ainda mais um instante o seu lugar especial e depois comece a voltar, contando de um até dez. Conforme a contagem avança, você vai progressivamente voltando ao estado habitual de consciência. Nesse regresso você está inteiramente refeito, descansado, como se tivesse tido um prolongado repouso. Volte e perceba como se sente "ligado" e ao mesmo tempo relaxado. Agora comece a voltar. Um... dois... três... venha voltando, quatro... cinco... seis... sete... oito... nove..., comece a abrir os olhos, dez, abra os olhos e desperte sentindo-se otimamente bem. Muito bem.

Depois de você ter ouvido sua fita tempo suficiente para se familiarizar com ela, pode ser confortável você mesmo ir lembrando sozinho as sugestões do relaxamento. Você pode se hipnotizar e receber todos os benefícios da redução do estresse decorrentes do relaxamento sistemático do seu corpo, com uma contagem regressiva, enquanto repete as sugestões de aprofundamento ("Estou flutuando cada vez mais fundo... Sinto-me cada vez mais sonolento, em paz, tranqüilo"), até alcançar seu lugar especial. Após visitá-lo, retome a contagem progressiva que o levará de volta ao estado habitual de consciência vigil.

Técnicas combinadas breves

Estas técnicas literalmente combinam duas ou mais possibilidades de induzir o relaxamento. Seu efeito essencial é multiplicador; isso quer dizer que um mais um dão três ou quatro. (Não, não se trata da "nova matemática".) As técnicas combinadas potencializam um efeito no qual cada uma incrementa o efeito da outra. Além disso, foram elaboradas com o intuito de ser *rapidinhas*. Você pode facilmente praticá-las durante os intervalos do trabalho. Muitas são completadas em dois minutos ou menos.

1. Respiração e imagem. Esta técnica combina uma respiração lenta com *imagens*. Uma imagem mental de sol e areia combinará bastante com este exercício, mas qualquer outra que para você seja repousante também dará certo.

   a) Imagine-se deitado na areia. Algumas nuvens passeiam pelo céu, uma ave cruza o azul, de repente. Você ouve o som das ondas quebrando e então volta para o seu silêncio interior. As ondas vêm e vão num ritmo que acontece desde o início dos tempos. Você está coberto de areia. Braços e pernas estão quentes e pesados. Sinta de fato seu corpo todo aquecido e relaxado. Sinta o peso da areia.
   b) Concentre a respiração no abdome, como descrevemos antes, colocando a mão na barriga. Inspire devagar e profundamente, pelo nariz. Deixe o ar sair de modo suave, pelos lábios relaxados, num sopro prolongado.

c) Continue visualizando a praia e a areia, respirando cada vez mais fundo e suavemente. Observe o calor da areia e repita a palavra "quente" quando inspirar. Observe o peso da areia e repita a palavra "pesado" ao expirar. Enquanto faz isso, "desligue" todos os músculos de seu corpo e deixe que o estresse e a tensão escorram de seu corpo. Permaneça, pelo menos, por cinco minutos.

2. Estar no controle

a) Feche os olhos e instale-se confortavelmente. Afrouxe a gravata, o cinto, todas as outras coisas que o estão apertando. Acompanhe a sua respiração. Focalize sua atenção em cada respiração. Toda vez que expirar, diga "um". E continue dizendo "um" a cada expiração.

b) Quando começar a sentir que está relaxando, deixe sua atenção voltar para alguma situação que lhe esteja causando problemas no momento. Agora você pode começar a visualizar-se enfrentando essa situação de um modo novo, diferente. Quando antes você se sentia estressado e desconfortável, agora pode se ver confiante. Você está sorrindo e seus lábios dizem automaticamente as palavras certas. Os que estão à sua volta inclinam-se para a frente, sorriem, você está sendo um sucesso.

c) Agora você se enxerga hesitando. Um pequeno equívoco, um deslize. Por um momento você está inseguro. Mas recupera o autocontrole e continua, confiante. Sente-se satisfeito. Fez um bom trabalho. E lembra a si mesmo: "Posso cuidar disto. Estou no controle".

3. Parar e respirar

a) Quando pensamentos invasivos inconvenientes fizerem-no sentir-se ansioso ou perturbado, você pode ouvir sua voz gritando "PARE!", em sua cabeça. (Esta técnica é descrita em maiores detalhes no Capítulo 13, na seção sobre interrupção de imagens.) Você pode imaginar que ouve sua voz dizendo "PARE!", com clareza e total autoridade. Se necessitar de uma ênfase adicional, coloque um elástico no punho e dê-lhe um puxão ao gritar "PARE!".

b) Agora dirija sua atenção para a respiração. Faça algumas respirações lentas e profundas, que alcancem até o abdome. Coloque aí uma das mãos para se certificar de que está respirando adequadamente.
c) Comece a contar as respirações. Conte todas as vezes que soltar o ar. Um, dois, três, quatro. Sempre que chegar no quatro, comece de novo. Esvazie a mente e concentre-se em sua respiração. Continue este exercício até se sentir relaxado. Repita o procedimento toda vez que pensamentos inconvenientes e invasivos lhe vierem à mente.

4. Relaxamento de gratidão. Este é um excelente exercício para combater a sensação de frustração e estresse crescente que acompanha um dia longo e difícil.
 a) Comece usando a forma breve de relaxamento progressivo usada no início deste capítulo. Assuma a postura clássica do halterofilista. Enrugue a testa e encolha os ombros. Arqueie as costas e faça uma respiração profunda. Faça movimentos de flexão e extensão com os dedos dos pés e contraia as panturrilhas.
 b) Deixe a mente divagar, lembrando algumas coisas boas que aconteceram ao longo do dia. Encontre pelo menos três coisas que lhe despertem a gratidão. Essas experiências não precisam ser "notáveis". As coisas boas que lhe ocorreram podem ter sido tão simples quanto um belo pôr-de-sol, um abraço recebido do filho, o colega de trabalho que lhe ofereceu uma xícara de café. Um sorriso inesperado do chefe, a fila mais curta na padaria, a repousante e refrescante sensação de uma chuveirada. A vida é repleta de pequenos prazeres. Use um momento para reviver essas experiências e deleitar-se com elas.
 c) Continue refletindo sobre o seu dia. Lembre-se de três coisas que *você* fez e lhe deixaram uma sensação boa. Novamente, não vá atrás de eventos majestosos. Coisas simples e prazerosas, como ser simpático com um amigo, ou fazer elogios, são ideais. Ter tido a coragem de dizer "não" a algo que você realmente não queria, ou completar uma tarefa difícil são outros bons exemplos. Dedique um momento a reviver essas ocasiões positivas de seu dia.

Ultra-rápidas

Se tudo o mais falhar, use uma das seguintes opções infalíveis que asseguram um alívio imediato (temporário).
1. Esfregue durante dez segundos uma região tensa de seu corpo.
2. Faça dez respirações profundas, devagar.
3. Mude de posição e alongue-se.
4. Fale mais devagar.
5. Levante-se e beba algo frio (não-alcoólico).
6. Sente-se para se reclinar.

Deter a raiva antes que ela comece

Estas técnicas breves são apenas o tíquete para enfrentar situações específicas que despertam a raiva. Volte agora ao seu Diário da Raiva. Você deve agora começar a rastrear os sinais e sintomas físicos que sente em seu corpo exatamente *antes* de a raiva irromper. Sinais precoces de advertência podem incluir pistas fisiológicas, tais como aceleração do pulso ou uma respiração rápida e pesada. Há pessoas que dizem sentir calor, algumas chegam a suar. É muito importante prestar atenção no seu corpo. Observe *onde* e *quando* você começa a sentir tensão. Para algumas pessoas é um aperto na boca do estômago que assinala o início da frustração. Para outras, a tensão pode se localizar na nuca e nos ombros. "Encolher" os ombros pode ser uma tentativa de proteger o pescoço, ou até de cobrir as orelhas, para não ouvir mensagens desagradáveis. Tensão nas pernas, nas panturrilhas ou nas coxas costuma estar associada à síndrome "luta ou fuga". Tensão nos maxilares indica o esforço de abafar uma resposta. Um sinal particularmente indicativo é a tensão nas mãos resultante de punhos cerrados.

Os primeiros sinais de estresse serão sua senha para agir. Quando sentir os primeiros sintomas de raiva à vista, você pode decidir qual das estratégias rápidas funciona melhor naquela situação. Tente técnicas variadas e descubra qual delas é a mais eficiente para você. Assim que descobrir a melhor solução para reduzir o estresse, não deixe de aplicá-la regularmente.

Agora você tem duas maneiras diferentes de combater o estresse. As técnicas para redução geral do estresse, como meditação, relaxamento muscular progressivo, auto-hipnose, devem ser praticadas diariamente. Elas o ajudarão a reduzir estados crônicos de tensão e excitação. Lembre-se, a regularidade é a chave da eficiência. As técnicas focais breves devem ser reservadas para enfrentar situações que despertam raiva. Elas podem ser usadas sempre que necessário para lidar eficientemente com problemas agudos.

Solução de problemas

Os problemas que não se solucionam resultam em sofrimento emocional crônico que, normalmente, é expresso pela raiva. Quando as suas estratégias habituais de enfrentamento fracassam, você pode sentir crescer a sensação de impotência e a impressão de que os problemas são insolúveis. Ansiedade e desespero crescentes podem tornar ainda mais difícil a busca de soluções bem-sucedidas. A seguinte técnica de solução de problemas é uma adaptação da que consta em *Thoughts and feelings* (McKay, Davis e Fanning, 1981).

1. Identificar os problemas que causam estresse

Diariamente, a vida oferece um amplo espectro de oportunidades para vivermos situações problemáticas. É normal termos problemas, e eles podem aparecer em qualquer área da vida. Costuma ser proveitoso fazer um exame de todas as áreas de sua vida, categoria por categoria, verificando-a minuciosamente para que você seja capaz de apontar com precisão onde a atenção deve ser focalizada. Enquanto examina a lista a seguir, preste uma atenção especial nos problemas que parecem estar associados à tensão, ao sofrimento emocional ou a episódios de raiva.

Os problemas de *saúde* podem envolver a alimentação (digestão, dieta inadequada, peso), o sono (insônia, dificuldade para se levantar pela manhã), ou uma sensação crônica de cansaço ou esgotamento.

Os problemas *financeiros* podem incluir dinheiro insuficiente para as necessidades ou o lazer, dívidas crescentes ou dificuldade em ajustar o orçamento, ou despesas inesperadas ou catastróficas.

Os problemas relativos ao *trabalho* incluem estar subempregado ou desempregado, as condições trabalhistas, um trabalho maçante, atritos com o chefe ou colegas, medo de ser despedido, o desejo de mudar de carreira.

Aspectos existenciais podem incluir uma insatisfação geral ou em relação ao fato de morar num bairro ruim, em casa muito pequena ou muito distante do trabalho ou da escola, uma casa desorganizada, coisas que quebram o tempo todo, assédio do locador ou síndico.

Os *relacionamentos interpessoais* podem ser problemáticos se você se sente sozinho ou excluído, quer mais aproximação mas tem poucos amigos, se sente vulnerável, tímido ou incapaz de se relacionar com as pessoas, de conversar, está terminando um romance ou acabou de encerrar um, sente carência afetiva ou de contato com o sexo oposto, ou não consegue achar o par certo.

Problemas com o *lazer* incluem não se divertir o suficiente, não conseguir pensar em nada de bom para fazer, precisar tirar férias, querer viajar, não ter suficiente tempo livre, não ter a habilidade para participar de jogos.

Problemas familiares incluem discutir e brigar o tempo todo, não se dar bem com os pais ou com os filhos, sentir preocupação ou irritação com um membro da família, sentir-se rejeitado pela família, sentir-se preso a uma situação familiar infeliz, ou inseguro quanto a perder o cônjuge, sentir-se incapaz de ser aberto e honesto com os familiares, nutrir interesses diferentes dos do cônjuge, receber constantemente críticas e ataques do cônjuge, filhos com problemas na escola, sogros que interferem, alguém doente na família, a dissolução do casamento.

Problemas psicológicos podem incluir sentir-se nervoso ou deprimido, preocupar-se muito ou ter problemas com maus hábitos, dificuldades com figuras de autoridade, sentir-se impedido de atingir suas metas ou obcecado com metas inatingíveis, faltar-lhe motivação, perder a fé.

2. Elucidar as metas

O passo seguinte para a solução do problema consiste em descrevê-lo e em detalhar suas reações habituais, de maneira muito minuciosa. Isso lhe permitirá reavaliar suas metas.

Comece examinando a situação. Primeiro, *quem está envolvido* (o elenco das personagens); *o que acontece* (o que realmente é feito; não feito; que o aborrece); *onde isso acontece* (o local); *quando acontece* (a hora do dia, a duração, a freqüência); *como acontece* (parece seguir um "enredo" definido?); e, por fim, *por que acontece* (as razões que você e outros dão à existência do problema).

Agora, examine suas respostas resumindo o que você faz ou não faz. Primeiro, *onde você faz* (o local); a seguir, *quando você faz* (a duração da resposta e o tempo de reação); *como você faz* (o estilo, o grau de força, o estado de ânimo); *como você se sente* (enraivecido, deprimido, confuso); *por que você faz* (seus pensamentos, suas teorias e explicações, as racionalizações); e, por fim, o mais importante: *o que você quer* (o que é preciso para você achar que o problema está resolvido).

Agora que você já esboçou o problema em detalhes, pode ser-lhe útil tentar outra perspectiva. Muitas vezes, a verdadeira dificuldade não está na situação problemática em si mas em sua *reação* a ela. O verdadeiro problema é a maneira como você vem tentando solucionar a questão. É freqüentemente proveitoso criar uma sentença mais ou menos como a seguinte:

"Na realidade o problema não é..., o verdadeiro problema é...".

Alguns exemplos de como essa sentença ficaria, quando completa: "Na realidade, o problema não é *o que está sendo feito*; o verdadeiro problema é *como você reage*". Ou, "Na realidade o problema não é *como acontece,* mas sim *por que você reage*". Ou, talvez, "na realidade, o problema não é *a situação,* mas sim *quando você reage*".

Criar sentenças como essas irá ajudá-lo a focalizar com exatidão o que precisa mudar em determinada situação. Essas sentenças também podem ajudá-lo a ver que, às vezes, a solução que você tentou realmente exacerbou ou manteve o problema. Quando você tiver completado o exercício acima, estará na hora de fazer uma declaração inequívoca de suas metas para aquela situação.

3. Estratégias alternativas

Esta parte do processo de resolução dos problemas envolve a chamada "tempestade de idéias". Há quatro regras básicas para isso.

1. Não seja crítico. Guarde suas avaliações e seus julgamentos para o passo seguinte. Anote no papel todas as idéias que lhe ocorrerem, sem considerar se são boas ou más.

2. Seja louco e insensato. Quanto mais "maluca" a idéia, melhor. Seguir esta regra pode ajudá-lo a sair de uma "enrascada" mental e se livrar de visões limitadas e obsoletas acerca do problema. Configurar uma nova perspectiva lhe permite enxergar a questão sob um prisma totalmente diferente.

3. Seja prolífico. Quanto mais, melhor. Quanto maior o número de idéias que você puder gerar, melhores as suas chances de encontrar algumas soluções realmente boas. Anote-as no papel, uma em seguida da outra, sem refletir sobre elas. Não pare até que tenha uma lista bem longa.

4. Seja criativo. Releia a lista e veja de que maneiras você pode combinar e melhorar as idéias que teve. Às vezes, duas idéias razoavelmente boas podem ser postas juntas para gerar uma idéia excelente. A tempestade de idéias, nessa altura, deverá focalizar estratégias gerais. Minúcias práticas vêm depois.

4. Analisar as conseqüências

Nesta altura, você definiu uma meta e desenvolveu uma lista de estratégias para alcançá-la. O passo seguinte é identificar as abordagens mais promissoras e considerar as conseqüências de colocar cada uma delas em prática. Algumas pessoas fazem essa avaliação automaticamente, enquanto outras precisam de algum tempo para realizá-la, passo a passo. Qualquer que seja a forma como você a reliza, realmente vale a pena passar por esta fase do processo de maneira metódica e consciensiosa.

Retome a lista de estratégias e elimine as idéias obviamente ruins. Sempre que possível, combine as estratégias para que constituam um plano.

Em outro papel, relacione as melhores estratégias selecionadas e crie duas colunas embaixo da lista. Cada estratégia terá, necessariamente, conseqüências positivas e negativas. Na coluna da esquerda, relacione todos os desfechos positivos. Os negativos ficarão à direita. Comece pelas conseqüências pessoais. De que maneira acionar essa estratégia irá afetar o que você sente, precisa e quer? Agora, pense nos resultados sociais. Que impacto teria sobre as outras pessoas de sua vida? De que modo poderia afetar o jeito como tratam você? Depois, pense nas conseqüências a curto prazo. Como irá afetar a sua vida, neste momento? Por fim, analise as conseqüências a longo prazo: como você estará em um mês ou um ano.

Depois de ter listado as principais conseqüências de cada estratégia, está na hora de avaliar os possíveis resultados. Elimine os resultados que evidentemente não parecerem prováveis. Trata-se das fantasias catastróficas ou irreais que todos alimentam, que será preciso extirpar desta análise, antes que se possa ir em frente.

Agora, é possível classificar as conseqüências remanescentes segundo o sistema seguinte:

- se a conseqüência é de natureza basicamente pessoal, 2 pontos;
- se a conseqüência é de natureza basicamente social, 1 ponto;
- se a conseqüência é principalmente de longo prazo, 2 pontos;
- se a conseqüência é principalmente de curto prazo, 1 ponto.

Observe que as conseqüências podem ser tanto pessoais e de longo prazo (gerando um total de 4 pontos), ou sociais e a curto prazo (somando 2 pontos), e assim por diante.

Some agora os valores para cada estratégia e compare as conseqüências positivas e as negativas, visualizando o que recebeu pontuação mais alta. É óbvio que é melhor evitar as estratégias com resultados principalmente negativos. Escolha a que mais tiver tido aspectos positivos para colocar em prática.

5. Dar o primeiro passo

Esta é a parte mais difícil do processo e também a mais importante. Você estipulou uma meta e escolheu as estratégias que pensa serem as que têm mais chances de levá-lo ao resultado desejado. Agora chegou o momento de colocar a decisão em prática.

Primeiro, decida os passos que terá de dar para concretizar seu plano. Pense em passos comportamentais concretos. Se ficar "empacado", volte ao processo da tempestade de idéias e crie várias possibilidades, analisando em seguida as conseqüências, como fez antes.

"Pensar pequeno" é útil. Qual é o menor passo possível que se pode dar e que o colocará em marcha, para alcançar sua meta? Uma pedrinha atirada no lago inevitavelmente causará uma ondulação.

Agora, respire fundo e FAÇA!

Exercício aeróbico

Um dos melhores métodos para controlar o estresse é fazer exercícios. Um trabalho corporal vigoroso constitui uma válvula natural de escape para seu corpo. Os exercícios liberam substâncias químicas no cérebro chamadas endorfinas, as quais atuam como tranqüilizantes naturais e têm formidáveis propriedades antiestresse. Quando você estiver se sentindo "acelerado", praticar exercícios pode devolver o equilíbrio normal ao seu corpo, fazendo-o sentir-se relaxado e descansado.

O exercício aeróbico consome oxigênio. A maior necessidade de oxigênio por parte de seu corpo é acompanhada por batimentos cardíacos acelerados, respiração mais rápida e relaxamento dos capilares. Tudo isso contribui para um sangue com mais oxigênio penetrando na musculatura.

Atenção: Não comece abruptamente um programa desgastante de exercícios aeróbicos. Primeiro faça uma avaliação médica. Se você não tem o hábito de fazer exercícios físicos, inicie devagar com caminhadas ou ginástica leve. Todos os anos pelo menos um cidadão de Nova York tem um ataque fatal do coração ao limpar a neve que se acumulou sobre seu carro, após um ano de vida sedentária. Se você sentir palpitações cardíacas, tontura ou dor no peito, depois de uma série de exercícios, consulte um médico o mais depressa possível.

A forma mais simples e fácil de fazer exercícios aeróbicos é caminhar em ritmo acelerado ou correr. No entanto, os princípios que apresentamos aqui se aplicam também à natação, ao ciclismo, ao esqui, e até a pular corda.

Para poder se beneficiar com os exercícios aeróbicos, seu coração deve bater a 70% de sua capacidade máxima, pelo menos por vinte minutos. Esse exercício deve ser repetido pelo menos três vezes por semana. Ao adotar o procedimento seguinte, seu coração será submetido a um estresse moderado que, gradualmente, aumentará sua eficiência cardíaca. A tabela abaixo mostra os ritmos cardíacos estimados para as várias faixas etárias. (Extraída de *The relaxation and stress reduction workbook*.)

Batimentos Cardíacos Estimados por Minuto
Média para Homens/Mulheres, por Faixa Etária

Idade	Taxa Máxima	80% Taxa Máxima	70% Taxa Máxima	60% Taxa Máxima	50% Taxa Máxima
18-29	203-191	162-153	142-134	122-115	101-95
30-39	190-181	152-145	133-127	113-108	95-90
40-49	180-171	144-137	126-120	107-102	90-85
50-59	170-161	136-129	119-113	101-96	85-80
60-69	160-151	128-121	112-106	95-90	80-75
70-79	150-141	120-113	105-99	89-84	75-70

Para determinar seu ritmo cardíaco, simplesmente tome o pulso por 15 segundos. Agora, multiplique esse número por quatro e você obtém seu rimo por minuto. Você pode praticar tomar o pulso estando sentado e quieto. Use um relógio com ponteiro de segundos (ou de leitura digital) no braço esquerdo. Vire a palma da mão direita para o seu rosto. Coloque a ponta dos dedos da mão esquerda no punho direito, localizando o osso que desce do polegar. Desça alguns milímetros e pressione com firmeza. Essa sensação de pulsação é seu pulso.

O pulso normal em repouso pode variar de 40 a 100 batimentos por minuto. A maioria dos homens saudáveis tem pulso de repouso entre 70 e 84 batimentos por minuto. A maioria das mulheres saudáveis tem pulso de repouso que varia entre 75 e 85 batimentos por minuto.

Para determinar com que velocidade você deve caminhar ou correr para atingir o porcentual ótimo de 70%, siga estas instruções:

1. Caminhe em ritmo confortável por cinco minutos. Tome o pulso logo depois (a freqüência cai rapidamente). Se o ritmo for mais ou menos 50% da taxa máxima de batimen-

tos para sua faixa etária (ver a tabela), então passe para o teste seguinte. Se já estiver acima do nível de 70%, continue caminhando nesse ritmo dia sim, dia não, até a taxa de batimentos cair para um nível menor. Ao atingir essa taxa, continue até o teste seguinte. Se você não passou recentemente por uma avaliação médica, faça-o.
2. Caminhe em ritmo vigoroso por cinco minutos. Tome seu pulso imediatamente. Se sua taxa for mais ou menos 60% da máxima, passe para o teste seguinte. Se seu pulso estiver acima da máxima de 70%, continue nesse ritmo. Faça caminhadas de cinco minutos dia sim, dia não, até seu pulso cair a menos do nível de 70%. Depois, passe para o teste seguinte.
3. Alterne um minuto de corrida lenta com um minuto de caminhada acelerada, por cinco minutos, e depois tome o pulso. Se sua taxa estiver acima do nível máximo de 70% dos batimentos cardíacos para sua faixa etária, continue com esse programa até o seu pulso abaixar.
4. Agora você está pronto para seguir sozinho. Uma boa regra prática é continuar com a corrida até se sentir cansado, passando então para uma caminhada vigorosa por um minuto. (Você deve conseguir conversar enquanto está correndo. Se não puder, está indo muito depressa!) Verifique o seu pulso constantemente para localizar o ritmo que lhe permita manter a taxa ideal de 70% por, pelo menos, vinte minutos.
5. Quando tiver terminado de se exercitar, ESFRIE. Sempre termine sua sessão de exercícios com cinco minutos de caminhada lenta. Dê passadas largas, para alongar. Deixe os braços balançar, sacuda as mãos. Gire a cabeça algumas vezes, para um lado e depois para o outro.

Anotações no diário

Uma técnica muito eficiente para controlar o estresse é manter um diário. Compre um caderno com espiral e guarde-o em local seguro. Você vai achar interessante anotar seus pensamentos mais secretos sem o receio de ser descoberto. Pode também querer anotar seus sonhos, ou usar esse caderno para desenhos e esboços mais espontâneos.

Seja como for, preste toda a atenção na sua sensação de estresse. Não é proveitoso, porém, ficar alimentando idéias a respeito de todas as maneiras pelas quais se sente vitimado. Tome um cuidado especial para evitar as recriminações e repetir os pensamentos-gatilho que "acendem" sua raiva.

R & R

R & R significa repouso e recreação. Esse talvez seja o melhor método cotidiano para você controlar o estresse em sua vida. É vital que você delimite certo espaço em sua vida para fazer coisas prazerosas.

1. Hobbies. Realmente não importa se você coleciona selos ou amostras de arame farpado. O ponto importante é que você esteja focalizando sua atenção em algo que lhe traga satisfação.

2. Música. "[...] tem encantos para acalmar o peito selvagem." Não importa o tipo que você prefere; apenas passe parte do tempo, todos os dias, ouvindo seu tipo preferido de música e seu nível de estresse diminuirá automaticamente. Há na música algo que nos afasta de nossas atribulações cotidianas. Beatles ou Bach, Miles ou Mantovani: sente-se, relaxe e sinta seu estresse dissipar-se como uma nuvem flutuando no ar.

3. Nada. Essa é a maneira mais difícil de usar o tempo e, não obstante, a mais recompensadora. Neste mundo de afazeres frenéticos, com ritmo alucinado de trabalho, produtividade e realizações de metas, raramente nos damos ao supra-sumo do luxo de apenas não fazer "nada". Mesmo que só consiga cinco minutos por dia para isso, este singelo prazer irá oferecer-lhe as maiores recompensas em termos de controle do estresse e enriquecimento de sua vida.

4. Humor. Uma boa risada talvez valha o mesmo (ou mais) que uma hora de psicoterapia. Além de ser bem mais barato! Se conseguir aprender a enxergar o lado divertido da vida, o estresse diminuirá automaticamente. Recorte os quadrinhos favoritos do jornal de domingo e grude-os na geladeira. Aprenda a repetir a si mesmo cançonetas divertidas ou recite piadinhas dos seus comediantes nos momentos mais insólitos. Norman Cousins (autor de *Anatomy of an illness*) foi capaz de se curar assistindo a filmes dos irmãos Marx.

Substâncias que aumentam o estresse
(Nota de Advertência)

O abuso de qualquer substância é a maneira certa de aumentar o seu nível de estresse. Os problemas de abuso de drogas que envolvem opiatos (heroína, demerol, darvon) e os principais estimulantes (*speed* e cocaína, especialmente o "crack") estão além do escopo deste livro. Se essas substâncias estão surtindo um efeito adverso em sua vida (isto é, causando-lhe problemas no trabalho ou com seus relacionamentos, ou prejudicando sua saúde), então é uma boa idéia procurar um terapeuta ou profissional especialista em dependência química.

Substâncias legais mais comuns como álcool, nicotina, cafeína e até açúcar também são elementos capazes de provocar estresse. Todas essas substâncias são agradáveis no início, porém seu consumo termina, com o tempo, provocando irritabilidade.

O álcool é a mais perigosa das drogas legais disponíveis, pois afeta negativamente todos os principais sistemas orgânicos. Tomar um ou dois drinques causa euforia e uma sensação geral de bem-estar. Esse convite enganoso freqüentemente tenta a pessoa a beber mais, o que dá início ao segundo estágio. Este é caracterizado por depressão, fadiga, náusea e uma sensação generalizada de mal-estar.

As ressacas de álcool são uma causa importante da irritabilidade que, muitas vezes, leva à ira e aos espancamentos conjugais. Pesquisas recentes indicam que 72% dos espancadores são alcoolistas ou abusam de drogas. Os ataques de surpresa no meio da noite, desfechados por maridos bêbados, fazem certo tipo de sentido à luz da irritação criada pelo efeito do álcool no segundo estágio. Em geral, uma sensação corporal ruim pode se combinar a ruminações mentais ansiosas sobre a reação negativa da esposa. Assim se desencadeia uma reação violenta de raiva antes que a vítima nem sequer tenha percebido que existe um problema.

O corpo responde ao açúcar com uma sensação de energia renovada e de bem-estar. Depois de algum tempo (de dez a trinta minutos, no máximo) a insulina é liberada para metabolizar o doce (e todos os açúcares disponíveis no sangue, das refeições anteriores). O nível geral do açúcar no sangue, portanto, cai ainda mais do que antes, ocasionando uma incômoda sensação de cansaço. Como o cérebro não consegue funcionar bem sem um nível relativamente alto de açúcar no sangue, irritabilidade é o resultado inevitável.

A nicotina e a cafeína são ambas estimulantes moderados que aumentam o ritmo dos batimentos cardíacos e oferecem uma temporária sensação de "euforia". Essas substâncias também aumentam a secreção da insulina, o que acentua as oscilações dos níveis de açúcar no sangue, resultando num estado de ânimo irritado. Essas drogas causam outros efeitos colaterais que podem aumentar o estresse, em particular problemas respiratórios (decorrentes de um pesado tabagismo) e estomacais (causados pela cafeína presente no café e nos refrigerantes).

Tome consciência do efeito que as várias substâncias têm em sua vida. O estresse e a raiva não podem ser controlados se a sua vida é governada pelas drogas. Se o álcool e as drogas estão ocupando cada vez mais espaço em sua vida, insistimos para que você procure um terapeuta ou profissional de saúde que o ajude a resolver esse problema.

9
Detendo a escalada

Este capítulo destina-se a oferecer-lhe recursos específicos que o ajudem a controlar os dois maiores fatores na escalada da raiva: cadeias aversivas e adivinhação de pensamentos. Você pode deter a escalada compreendendo exatamente como os conflitos começam e aprendendo a modificar seu comportamento para que uma simples discussão não se torne uma guerra termonuclear.

Cadeias aversivas

Gerald Patterson do Oregon Social Learning Center é o pioneiro no exame e na análise sistemáticos das seqüências de uma interação social. De acordo com Patterson (1982), a escalada da raiva depende de cadeias de comportamentos aversivos em que duas pessoas tentam influenciar uma à outra durante uma rápida troca de comunicações punitivas. As cadeias aversivas em escalada ocorrem com mais probabilidade entre duas pessoas que detêm um poder aproximadamente igual: maridos e esposas, colegas de trabalho e (notavelmente) pais e filhos. Cadeias aversivas constroem-se com o tempo. Em geral, começam com um evento comum e inócuo e se desenrolam dentro de linhas predizíveis. Os padrões de reação e contra-reação podem assumir uma inacreditável complexidade.

Nos seus estágios iniciais, as conversas irritadas costumam parecer apenas relativamente triviais. Na realidade, o começo de uma cadeia aversiva é muitas vezes ignorado justamente porque parece não ter importância. No entanto, é a própria base da raiva e da violência familiares.

A grande maioria das cadeias aversivas nunca passa do primeiro elo. Por exemplo, um membro da família provoca ou insulta outro e depois pára. Como ninguém reage de forma aversiva à provocação, ela dura só alguns segundos. Seqüências de três ou quatro passos duram menos de meio minuto e ocorrem até mesmo em famílias "normais". Mas quando as cadeias aversivas duram mais que meio minuto podem ocorrer berros, ameaças e violência física. Essas seqüências são freqüentemente observadas em famílias disfuncionais. Quanto mais tempo a cadeia dura, é mais provável que a violência ocorra.

O último elo de uma cadeia é em geral chamado de "comportamento-gatilho". Essas condutas normalmente precedem e precipitam uma explosão violenta. Os gatilhos são em geral comportamentos verbais e não-verbais que acendem os sentimentos de abandono ou rejeição. A lista seguinte oferece uma amostra representativa dos possíveis "elos" que podem ser usados para construir uma cadeia aversiva.

Comportamentos verbais

1. Dar conselhos ("Peça um aumento a seu chefe. Você sabe que precisamos de mais dinheiro.")
2. Rótulos generalizados ("Todas as mulheres são iguais...")
3. Críticas ("Você não sabe estacionar, quase bateu no outro carro.")
4. Recriminações ("Se não fosse por sua causa, estaríamos bem mais tranqüilos agora.")
5. Limites impostos de modo abrupto ("Basta, para mim chega." "Esqueça." "Pare agora mesmo.")
6. Ameaças ("Se você não calar a boca neste instante...")
7. O uso de expletivos ("Maldição!" "Merda!")
8. Queixar-se ("Minha vida é vazia." "Eu só trabalho." "Você nunca me ajuda com a roupa.")
9. Recusar o contato ("Não há mais nada para conversarmos.")
10. Adivinhar pensamentos ou presumir ("Eu sei o que você está realmente tentando fazer: me enlouquecer.")

11. Comentários "inocentes" ("Reparei que a louça não é lavada há dois dias.")
12. Provocações ("Essa calça deve ter encolhido na lavagem, você está realmente dando duro para fechar o zíper.")
13. Comentários humilhantes ("Você antes tinha uma boa aparência, agora fico constrangido ao ser visto com você.")
14. Comentários de rejeição ("Suma da minha vida". "Estou cansada de olhar para a sua cara feia.")
15. Menosprezo ("É isso que você chama de refeição? No boteco da esquina a gororoba sebenta que eles fazem é melhor que isto aqui.")
16. Xingamentos ("Seu filho de uma...")
17. Sarcasmo ("Claro que você vai consertar isso. Como da última vez, quando tivemos de chamar o encanador depois que você...")
18. Acusações ("Você saiu e outra vez fez aquilo, não foi?")
19. Culpa ("Você devia saber que...")
20. Ultimatos ("Esta é sua última chance. Se não entrar nos eixos, eu vou embora.")

Sons não-verbais

1. Resmungos ("Ah não, de novo não.")
2. Suspiros ("Estou cansada dessa baboseira.")
3. Som cacarejante ("Você tem de falar disso bem agora?")
4. "Tsk, tsk" ("De novo!")

Qualidade da voz, seu timbre e volume

1. Lamurienta (tentando irritar)
2. Monótona (sugerindo que você não está ali)
3. Fria, gelada (sugerindo "Estou aqui, mas você jamais conseguirá me atingir.")
4. Espremida, controlada (sugerindo a fúria contida)
5. Alta, com tom estridente (tentando intimidar)
6. Tom de zombaria, de pouco caso (tentando enfurecer você)
7. Resmungar de maneira incompreensível (fazendo você ter de adivinhar o que ele disse)
8. Desdenhar (humilhar, fazer pouco caso)
9. Rosnar ("Cai fora!")

Gestos usando mãos e braços

1. Apontar o dedo (acusação)
2. Sacudir o punho fechado (intimidação)
3. Mostrar o dedo médio (gesto obsceno)
4. Braços cruzados ("Você não me atinge.")
5. Fazer aceno dispensando o outro
6. Movimento de cortar, decepar

Expressões faciais

1. Olhar para longe, olhar para o chão (abandono)
2. Revirar os olhos ("De novo não.")
3. Apertar os olhos (ameaça)
4. Arregalar os olhos (descrença, incredulidade)
5. Careta ("Não gosto disso.")
6. Exibir um sorriso sardônico (depreciando)
7. Franzir a testa (em desaprovação)
8. Apertar os lábios (para conter a raiva)
9. Levantar uma sobrancelha ("Cuidado, tigrão!")
10. Expressão carrancuda (contrariedade)

Movimentos corporais

1. Balançar a cabeça ("Não, não, não!")
2. Encolher e suspender os ombros ("Desisto")
3. Batidinhas com o pé ou a mão (contrariedade)
4. Aproximar-se ou inclinar-se (intimidação)
5. Mover-se para longe (abandono)
6. Mãos nos quadris (exasperação)
7. Movimentos rápidos, andar de um lado para outro (agitação crescente)
8. Chutes e arremesso de objetos (raiva fora de controle)
9. Empurrar ou agarrar (contato físico enfurecido)

Exemplos de cadeias aversivas

Marido e esposa

1. (*Marido chega em casa, quieto, olhos baixos.*)
2. *Esposa* (*franze a testa, suspira*): "O que é agora?".

3. *Marido (de braços cruzados, queixoso, lábios espremidos)*: "Meu chefe é um idiota".
4. *Esposa (tom de voz frio, dando conselhos e usando a culpa)*: "Bom, você simplesmente vai ter de agüentar. Você deveria saber que não podemos dar-nos ao luxo de você se demitir agora".
5. *Marido (usando uma imprecação e uma rotulação generalizada em voz alta)*: "Mas que droga! Seu apoio é zero, sabia? Não acho que vou agüentar isso muito mais tempo!".
6. *Esposa (estabelecimento abrupto de limites, culpa e tom de voz monótono)*: "Pare de gritar agora mesmo! As crianças podem ouvir".
7. *Marido (tom de voz contraído, rotulação generalizada, dedo apontado e uma imprecação)*: "Sei, você só sabe pensar nas crianças. Não dá droga nenhuma de atenção para mim".
8. *Esposa (sorriso sardônico, sarcasmo, acusação)*: "Ora, ora! Eu não sabia nem que você sentia alguma coisa. Há semanas que você não fala comigo".
9. *Marido (com lábios espremidos, olhos apertados, queixando-se e xingando)*: "Você nunca tem tempo para mim, de qualquer modo. Está sempre no telefone falando com aquela maldita da tua mãe. Como eu queria que ela parasse de se meter na porra da nossa vida".
10. *Esposa (com voz alta e áspera, olhos apertados, xingando e fazendo comentário depreciativo, enquanto avança com o corpo)*: "Cala a boca, seu bundão! Saia você da minha vida". *(Ela atira sua aliança longe.)*
11. *Marido (em voz alta e áspera, xingando e ameaçando)*: "Está certo, sua puta. Agora chega. Eu vou embora, mas antes vou calar a tua boca!" *(Ele faz um gesto ameaçador com o punho.)*

Colegas de uma equipe de manutenção

1. *(Matt chega no trabalho com cinco minutos de atraso, carrancudo.)*
2. *Jeff (franzindo a testa)*: "Onde é que você estava? O caminhão já está pronto para sair".

3. *Matt (com um aceno de mão dispensando o colega)*: "Me deixa em paz, a minha noite foi horrível".
4. *Jeff (acusando e xingando)*: "Outra ressaca! Mas que merda!".
5. *Matt (em voz áspera, xingando)*: "Cai fora. O que eu bebo não é da porra da tua conta".
6. *Jeff (indo embora, tom de voz frio)*: "Muito bom, cara. Vamos pro caminhão e começar a trabalhar".

Mais tarde:
7. *Jeff (frio)*: "Me passa a chave inglesa".
8. *Matt (afastando-se)*: "Você mesmo que pegue. Eu não sou teu escravo".
9. *Jeff (resmungando, acusando)*: "Ora, qual é? Devíamos ser parceiros. E você não fez porra nenhuma a manhã inteira".
10. *Matt (rosnando, atirando a ferramenta, xingando)*: "Olha a tua maldita chave inglesa. E você sabe onde pode enfiar!".
11. *Jeff (ameaçando, voz alta)*: "Escuta aqui, valentão. Pra mim basta. Pára com essa merda senão eu arranjo outro parceiro".
12. *Matt (sorriso sardônico, afastamento, xingamento)*: "Grande coisa! Quem é que vai querer trabalhar com um idiota como você?".

Depois do almoço:
13. *Jeff (voz sem inflexão)*: "Muito bem, me ajuda com esse cabo, está pesado".
14. *Matt (resmungando em voz inaudível, sarcástico)*: "Sim, mestre".
15. *Jeff (fungando, revirando os olhos, usando imprecação e rotulação generalizada, menosprezando)*: "Por Deus! Você fede a botequim. Mas que porra de inútil que você é. Saia daqui antes que cause um acidente".
16. *Matt (tom de voz alta e áspera, usando imprecação)*: "Que merda! Você é uma praga igual a minha mulher. Vê se sai das minhas costas, seu puto!".
17. *Jeff (tom de desprezo, afastando-se, humilhando)*: "Sinto pena dela, que tem de aturar um inútil como você. Você já foi homem. Agora não passa de um merda".

18. *Matt (avançando, empurrando, usando voz alta e áspera, ameaçando)*: "Você não pode falar comigo desse jeito. Eu vou chutar a tua bunda".
19. *(Jeff sai de lado, Matt tropeça e cai.) Jeff com voz sem inflexão*: "Sai daqui agora".

Pais e filha adolescente

1. *(A menina bate a porte. Silêncio.)*
2. *Mãe (franzindo a testa)*: "Olá, querida. Como foi na escola?".
3. *Filha (desviando os olhos)*: "Tudo bem".
4. *Mãe (suspirando)*: "Qual é o problema?".
5. *Filha (revirando os olhos)*: "Nada".
6. *Mãe (mãos nos quadris)*: "Ora, qual é? Me diga o que é".
7. *Filha (resmungando, afastando-se)*: "Nada, só me deixe em paz, tá?".
8. *Mãe (aproximando-se, apertando os olhos)*: "Escute aqui, eu tenho o direito de saber o que está havendo. Você não é uma pensionista aqui, sabia?".
9. *Filha (afastando-se, emburrada, remoendo as palavras)*: "Você está sempre me perseguindo".
10. *Mãe (encolhendo os ombros, suspirando, fazendo um comentário "inocente")*: "Reparei que ontem a noite a louça ficou sem lavar e há uma pilha de roupas espalhadas pela sala".
11. *Filha (revirando os olhos, sacudindo a cabeça)*: "Depois eu cuido disso, tá?".
12. *Mãe (aproximando-se, estabelece um limite abrupto, ameaça)*: "Não! Você vai fazer isso agora ou está de castigo por uma semana!".
13. *Filha (fazendo careta, falando em voz alta e áspera, usando uma imprecação)*: "Eu vou cuidar disso mais tarde, agora me deixe em paz, que droga!".
14. *Mãe (sacudindo a cabeça, voz espremida, comentário depreciativo, humilhante)*: "Pra mim chega. Você foi além. Vá para o seu quarto imediatamente. E arrume tudo lá, parece um chiqueiro".
15. *Filha (afastando-se, "mostrando o dedo", usando voz alta e xingamento)*: "Vai se f...! É o meu quarto. E fique longe dele!".

16. *Mãe (sacudindo o punho, avançando com o corpo, usando voz alta, denegrindo, ameaçando)*: "Você não pode falar comigo dessa maneira. Vá para o seu quarto imediatamente. E o jantar só depois que o quarto estiver limpo!".
17. *Filha (saindo, sorriso sardônico, menosprezando)*: "Grande coisa! Você nem é a melhor cozinheira do mundo, sabia?".
18. *Mãe (em voz estridente)*: "Volte aqui agora!".
19. (*Filha sai, batendo a porta. Silêncio.*)

Voltaremos a esses exemplos várias vezes durante este capítulo e daremos sugestões concretas para que os elos sejam rompidos.

Diário da Raiva

Agora está na hora de voltar ao seu Diário da Raiva e começar uma nova seção. Nesta parte do livro, você pode começar a anotar as suas observações acerca dos seus padrões de escalada. Providencie para que todas as noites você passe alguns momentos revendo os acontecimentos do dia. Explore totalmente cada estágio de uma cadeia aversiva, em particular seus comportamentos verbais e não-verbais. Com o tempo, você será capaz de reconhecer os padrões que se repetem.

Como lidar com as cadeias aversivas

O que vem a seguir são quatro métodos importantes para alterar suas cadeias aversivas e começar a se libertar de uma seqüência de ataques em escalada.

"Dar um tempo"

Talvez dentre todas esta seja a técnica mais útil para controlar a escalada da raiva – a técnica do "dar um tempo". Parte de sua eficácia decorre, sem dúvida, de "dar um tempo" ser uma metáfora conhecida, aceitável, oriunda do mundo dos esportes. Também é um método certeiro para interromper a violência. Tem sido empregado com bastante êxito por muitos homens que passaram por programas de tratamento para "espancadores".

A raiva não é algo que ocorra "de repente". Até mesmo quem tem "pavio curto" ou é "esquentadinho" atravessa uma série de estágios. Começando com a irritação, a raiva é "alimentada" e o corpo começa a tensionar. Comentários destrutivos ruminados mentalmente "atiçam as chamas", e os comportamentos-gatilho detonam a raiva "explosiva". Como você verá a seguir, esta não é uma seqüência inevitável.

Tempo "T"

Quando uma das pessoas de uma interação observa os primeiros sinais de alerta, pode decidir que é necessário "dar um tempo". Essa estratégia poderia ter sido usada com eficácia, em qualquer momento, na cadeia aversiva entre marido e esposa. Um ou outro poderia ter começado a "dar um tempo", até mesmo quando a cadeia já estava no ponto do "evento-gatilho", ocorrido quando a esposa atirou a aliança.

A necessidade de "dar um tempo" é comunicada simplesmente e com eficiência usando-se os mesmos gestos que o juiz esportivo emprega numa partida. O sinal de "tempo" (T) é feito com as mãos. Não é preciso, nem se deve, dizer qualquer coisa nesse momento, exceto talvez o anúncio "tempo!". A outra pessoa, então, é obrigada a repetir o gesto e parar de falar. É permitido dizer "Certo tempo".

NÃO DIGA "Você está me deixando furioso" ou "Você está perdendo o controle". Esses comentários levarão inevitavelmente a uma postura defensiva e à escalada, em vez de ao necessário esfriar de ânimos e à segurança de uma separação temporária. Algumas pessoas sugerem que se use a frase "Estou começando a sentir raiva e preciso (ou quero) 'dar um tempo'". Essa versão tem a vantagem de não ser recriminatória, de ser um comentário feito na primeira pessoa, que expressa o que o locutor está sentindo. No entanto, há algumas evidências de que o mero uso do termo "raiva" pode desencadear uma seqüência agressiva automática. Portanto, recomenda-se o uso preferencial do termo neutro "dar um tempo".

Usar esse procedimento traz diversos benefícios. Primeiro, o sinal "T" torna menos provável que você se entregue a gestos hostis ou ameaçadores. Segundo, o sinal "T" pode servir de escudo protetor para uma pessoa que se sinta ameaçada, se ele for feito diretamente à frente de seu rosto. Por fim, esse procedimento interrompe a tendência recíproca de "ter a última palavra".

Sair e voltar

O sinal "T" indica que está na hora de uma separação temporária. (Funciona melhor se os envolvidos na situação tiverem conversado previamente sobre o que acontecerá em seguida do pedido de tempo.) O ideal é que a pessoa que está "começando a ficar com raiva" aproveite a deixa e saia pelo período de tempo que ficou combinado. O acordo prévio prevenirá o entendimento equivocado de que essa separação necessária é uma forma de fuga ou uma maneira de punir a outra pessoa, abandonando-a.

Uma boa regra prática é a separação por uma hora (com mais ou menos cinco minutos de tolerância). É importante permitir-se um tempo adequado para "esfriar". É ainda mais importante regressar quando houver terminado o intervalo. Isso é difícil de fazer. É preciso uma verdadeira coragem para retornar a uma situação dolorosa sem o escudo protetor da raiva. No mesmo sentido, é de máxima importância que a pessoa que foi deixada esteja presente quando quem saiu regressar. A confiança aumentará conforme os envolvidos na situação acostumem-se com este método.

Enquanto você esteve fora

É importante ter um conjunto de referências do que é permitido e proibido fazer enquanto você está afastado da situação estressante.

FAÇA alguma coisa que seja um desafio físico, pois isso irá ajudá-lo a reduzir a tensão em seu corpo. Dar uma caminhada longa ou sair para uma corrida são dois dos melhores métodos. Se os pensamentos enraivecidos lhe voltarem à mente, deixe que venham. E depois deixe que passem. Use a técnica de relaxamento ou de redução de estresse que melhor funcionar com você. Imagine um rio que flui até o mar. Despeje no rio todos os seus pensamentos enraivecidos e deixe que eles se afastem de você, flutuando.

NÃO se agarre a pensamentos de raiva nem perca tempo alimentando uma argumentação interior. Quanto mais você focalizar sua atenção em provar como o outro está errado e é uma pessoa horrível, mais enraivecido você ficará. Resista à tentação de atolar no ensaio mental do que deveria ter dito. Se isso acontecer, você corre o risco de voltar ainda mais transtornado do que saiu. Não beba nem use drogas enquanto estiver fora. Por favor não dirija. Motoristas enraivecidos são um verdadeiro perigo para si e para os outros.

Quando você voltar

Quando voltar, a primeira coisa é "apresentar-se". Mais do que qualquer outra coisa, isso irá ajudar na construção da confiança em relação ao vínculo entre vocês. A "apresentação" demonstra que as duas partes estão dispostas a se comunicar. Verifique se você se encontra em condições de falar sobre a questão. Se não estiver, estabeleça um momento específico em que estará pronto para isso. Falar sobre o que o deixou com raiva ajudará os dois a reduzir a possibilidade de uma escalada desse sentimento no futuro.

Pratique "dar um tempo"

A melhor forma de sentir o funcionamento de "dar um tempo" é praticá-lo quando você não estiver com raiva. Você pode fazer um teste com esse método ao primeiro sinal de irritação, ou só para sentir como é. O ensaio de "dar um tempo" é como usá-lo "pra valer", exceto que se diz "Ensaiando 'dar um tempo'" e a duração é cortada pela metade. Passe por todos os estágios do procedimento, incluindo a volta de "apresentação". É muito importante fazer isso. Quanto mais você treinar, mais fácil será usá-lo quando a situação real acontecer.

Abusos com "dar um tempo"

Para que a confiança seja construída e o relacionamento restabelecido é essencial que o processo de "dar um tempo" não seja usado de forma indevida. Se o "tempo" for solicitado somente para evitar o contato ou tentar abortar alguma discussão desagradável, provavelmente fracassará. Da mesma maneira, se for usado para punir ou ferir a outra pessoa, não funcionará.

Tome um cuidado especial com essas espécies de possibilidade. Uma cena desagradável está começando a se armar. Uma pessoa usa isso como oportunidade para escapulir até o bar ou até a casa de um amigo. Assistir a um jogo na TV, beber muita cerveja, não telefonar, ou voltar para casa várias horas depois só pioram as coisas. Embora seja compreensível buscar apoio e consolo, esse tipo de comportamento enfraquece a confiança que é preciso ter para usar o "dar um tempo" como uma estratégia eficiente no controle da raiva.

Fazer um contrato

Quando duas pessoas querem se comprometer com a mudança dos padrões de raiva que ocorrem quando estão juntas, um contrato pode vir a calhar. O esboço sugerido a seguir (adaptado de Deschner, 1980) serve como referencial para as mudanças que irão beneficiar ambas as partes.

Contrato para "dar um tempo"

Quando eu perceber que a minha raiva (ou a raiva do meu parceiro) estiver aumentando, farei o sinal de "tempo" (T) e sairei imediatamente. Não vou chutar nem bater em nada e não vou bater a porta.

Voltarei em no máximo uma hora. Vou sair para uma caminhada para gastar a energia da raiva e não beberei nem usarei drogas enquanto estiver fora. Tentarei não prestar atenção nos ressentimentos.

Quando eu voltar, começarei a conversa com "Sei que eu estava um pouco errado e um pouco certo". Depois vou admitir um erro técnico que eu tenha cometido.

Se meu parceiro fizer o sinal "T" e sair, eu devolvo o sinal e deixo que ele saia sem pressão, seja o que for que estiver acontecendo. Não beberei nem usarei drogas enquanto meu parceiro estiver fora e evitarei pensar nos ressentimentos. Quando ele voltar, começarei a conversa com "Sei que estou errado em parte e certo em parte".

Nome_____ Data_____
Nome_____ Data_____

Recanalizar

Até aqui você aprendeu a parar completamente com o padrão de comportamento em escalada usando o "dar um tempo". Uma abordagem mais sutil é *recanalizar* ou redirecionar a seqüência nas "encruzilhadas" críticas. Isso é parecido com o que acontece com os desvios da malha ferroviária. Quando a engenharia de tráfego é alertada para problemas nos trilhos, reencaminham-se as rotas.

O primeiro passo nesse processo consiste em identificar uma seqüência de comportamentos e depois achar o elo frágil da cadeia. "Elo frágil" é aquele tipo de comportamento que pode ser mudado com mais facilidade e causará uma diferença em termos do resultado final. Em geral, as intervenções precoces são as melhores. É mais fácil parar um carro que recém começou a andar do que aquele que está indo ladeira abaixo, desgovernado.

Uma revisão da cadeia aversiva que envolve o marido e a esposa, descrita neste capítulo, mostra diversas oportunidades de recanalização. A primeira é a resposta 4, quando a esposa se mostra fria e hostil diante da queixa do marido com relação ao chefe. Provavelmente essa é uma cadeia conhecida, em que é inevitável que comportamentos como a resposta 4 levem à escalada. Uma pequena mudança de comportamento nesse ponto pode alterar todo o curso da interação. Se a esposa responde ao comentário 3 de maneira compreensiva ou solidária ("Ele está outra vez te dando trabalho?"), a cadeia aversiva é interrompida e pode emergir um padrão mais sadio.

A próxima oportunidade de recanalizar ocorre na resposta 7, em que o marido desconsidera a preocupação da esposa, que teme que os filhos talvez estejam escutando a discussão. O marido, em vez disso, poderia dizer algo que validasse a preocupação de sua mulher, por exemplo: "Nós dois estamo-nos descontrolando; vamos falar disso outra hora, quando não estivermos mais tão cansados".

Outro exemplo é a cadeia aversiva entre a mãe e a filha adolescente. Nesta conhecida situação, a primeira oportunidade ocorre no comentário 8. Em resposta ao 7, quando a adolescente quer ficar sozinha, a mãe poderia dizer: "Sei que você precisa do seu próprio espaço, mas eu realmente quero me sentir fazendo parte de sua vida. Talvez possamos conversar mais tarde não é?".

A filha tem uma poderosa oportunidade de recanalizar, na resposta ao comentário 14, quando a mãe manda que ela vá para seu quarto. Em vez do comentário 15, ela pode dizer: "Tá, tá, tá. Eu vou. Vamos as duas esfriar por alguns minutos. Podemos falar de novo daqui a meia hora?".

Se você quer usar a técnica da recanalização com sucesso, é necessário planejar com alguma antecedência. Após rastrear uma seqüência típica e localizar os elos frágeis, decida o que lhe é possível fazer de forma diferente. Que comportamento pode substituir esse elo da cadeia? Seja qual for o novo comportamento que você decida implantar, ele tem de ser algo que, por experiência, você já saiba que é capaz de relaxar e dissipar a situação. Em alguns casos, concordar expressamente com alguma coisa ou murmurar palavras simpáticas de apoio pode ser o suficiente. Em outros, manter o silêncio talvez seja ainda melhor. Lembre-se de que seu comportamento verbal é apenas parte da seqüência aversiva. Você também pode precisar mudar gestos, expressões faciais ou tons de voz que sejam ameaçadores ou acusadores. Leia o Capítulo 11, a respeito do ensaio de escolha de respostas, e o Capítulo 12, a respeito da comunicação voltada para a solução de problemas, pois lhe darão mais idéias.

Depois que você tiver tomado sua decisão, terá de esperar pela oportunidade de colocá-la em prática. Geralmente não demora muito para que isso aconteça. Quando perceber que a sua chance chegou, diga para si mesmo: "Hora de recanalizar", e mãos à obra. No dia seguinte, reveja a seqüência e observe a diferença que existe. Ou repare o que não funcionou em sua nova conduta e decida como modificá-la. Continue praticando até que sua resposta se torne automática.

Indagar

Outra maneira sutil de interromper um padrão em escalada é usar a técnica da indagação. Lembre-se: a suposição básica é a de que a raiva é uma reação ao sofrimento pessoal. Decorre disso que, quando alguém está começando a ficar com raiva, faz sentido perguntar: "O que está doendo?". Assim acontece com todas as estratégias de intervenção, quanto mais cedo forem introduzidas na seqüência, mais eficiente será.

Voltemos a Matt e Jeff, os funcionários da manutenção. A primeira boa oportunidade de usar a indagação nessa cadeia aversiva ocorre na resposta ao comentário 3. Matt provavelmente está de ressaca, mas sua bebedeira é uma tentativa de automedicar sua dor pessoal. Jeff pode escolher entre reagir ao "sintoma" (chegar atrasado para o trabalho e passar mal) ou ao sofrimento subjacente. Se Jeff mudar a sua reação 4 e disser algo como "Problemas com a patroa?", todo o restante do dia transcorrerá de maneira muito diferente.

Outra oportunidade para Jeff ocorre em resposta ao comentário 8, em que Matt se recusa a entregar-lhe a chave inglesa. Ele tanto pode intensificar essa reação (como fez com sua acusação) quanto escolher o método da indagação. Se Jeff mudar a resposta 9 para algo como "Você esteve muito amuado a manhã toda. Me conte o que tanto te incomoda", essa cadeia aversiva pode ser interrompida antes que fique pior.

Discutir o processo

Essa técnica provavelmente é mais eficaz com pessoas que têm habilidades verbais sofisticadas e tendem a intelectualizar. Em vez de se emaranharem em discussões inutilmente cada vez mais intensas a respeito de alguma coisa (o *conteúdo*), os envolvidos podem escolher comentar sobre como a conversa está evoluindo (o *processo*).

Pat e Mike estavam tendo uma conversa agradável sobre futebol americano. Conforme as divergências foram se acumulando, a conversa tornou-se mais acalorada. Quando começaram a discutir sobre os méritos relativos de Joe Montana e Steve Young, os ânimos inflamaram-se. Um possível desastre foi belamente evitado (pois já estavam no estágio de se xingar) quando Mike disse: "Ei, Pat, estamos os dois ficando muito alterados". Em vez de continuarem com o *conteúdo* da discussão (uma causa perdida), puderam ambos concordar a respeito do *processo* – como estavam se sentindo ou comportando naquele momento.

Outros exemplos podem ser encontrados na cena que envolve marido e mulher. Quando ele começa a levantar a voz, em seu comentário 5, a esposa pode responder dizendo: "Posso ouvir que você está ficando com raiva, vamos então conversar sobre isso em voz mais baixa". Ou, mais adiante na seqüência, no comentário 10, ela poderia dizer: "Eu realmente estou ficando atrapalhada. Nem sei mais sobre o que estamos falando".

Na cadeia que envolve a mãe e a filha adolescente, a primeira chance ocorre na resposta 10. A mãe pode dizer: "Acho que você sempre está colocando uma distância entre nós, e eu sempre tento me aproximar". A última oportunidade para um comentário sobre o processo ocorre no 18. Aqui a mãe poderia interpor a seguinte sugestão: "Parece que nós estamos cada vez mais atoladas em acusações. Vamos parar por aqui e falar de novo quando estivermos mais calmas".

Adivinhação de pensamentos

Um dos principais fatores ocultos na escalada da raiva é a tendência a adivinhar os pensamentos do outro. Esse processo começa com uma comunicação interpessoal ambígua. Sua namorada fica olhando para o teto e suspirando. Depois ela diz que você recebeu um telefonema do trabalho e esperam que você participe de uma conferência no sábado de manhã. Há algo de incongruente nessa comunicação. O olhar dela para o teto e o suspiro indicam que algo pode estar aborrecendo-a. Mas sua voz soa monótona, sem expressão.

Agora você tem de descobrir o que realmente está acontecendo. E começa a adivinhar o que está na cabeça dela. Ela está com raiva, é o que você decide, porque você a abandonará no sábado. Então você se mostra ofendido: "Bom é o meu trabalho. O que posso fazer?" (e diz isso em voz alta, encolhendo os ombros). O que você não sabe é que o suspiro dela não tem nada que ver com raiva. Ela acaba de ser incumbida de um projeto enorme no seu trabalho e, quando chegou em casa, a privada estava entupida.

A sua suposição de que ela estava com raiva pode detonar um processo que Richard Bandler e John Grinder (fundadores da Programação Neurolingüística) chamam de *comunicação calibrada*. Funciona assim: uma mensagem incongruente ou ambígua cria incerteza a respeito do verdadeiro significado que está sendo transmitido. Para lidar com a incerteza, você adivinha. Faz suposições sobre os sentimentos, as intenções, os motivos ou as atitudes da outra pessoa. Como a adivinhação quase nunca é inteiramente precisa, suas suposições a respeito da outra pessoa sempre serão um pouco distorcidas.

E agora é que o problema começa. Você reage como se sua adivinhação fosse exata, como se suas suposições fossem absolutamente verdadeiras. Você se mostra defensivo ou crítico. Você luta ou foge. Seja como for que você expresse sua reação negativa – um encolher de ombros, uma careta, um ataque verbal –, a outra pessoa se coloca em guarda e começa a agir defensivamente. Então você interpreta essa reação defensiva como uma confirmação de sua suposição original. Ele realmente estava com raiva, criticando, ou sendo um maldito egoísta indiferente. Sua raiva aumenta. Você arma o ataque e, em troca, descobre-se sendo atacado.

A cada interação verbal, descobrem-se mais e mais distantes da experiência original, distantes da verdade. Considere novamente sua discussão com sua namorada. Você interpretou o suspiro que ela deu como sinal de raiva quando, na realidade, ela estava se sentindo assoberbada. Você reagiu na defensiva. Agora, em passos calibrados, vocês dois vão progressivamente afastando-se da experiência real. Ela escuta seu tom de voz alto e repara que seus ombros se encolheram. Ela entende esse movimento como raiva reprimida. (O pai dela fazia isso quando estava louco de raiva, e agora seu namorado parece estar fazendo a mesma coisa.) "Você se dedica demais a esse emprego", ela diz friamente. Ele responde que é assim que as contas são pagas. "Estão te sugando até os ossos, no trabalho", ela diz. "Você é só um carneirinho que diz 'sim' o tempo todo, para eles. Para mim, não. Você tem demonstrado zero interesse em fazer este relacionamento dar certo." Quando a poeira enfim consegue baixar, aquele aposento fica parecendo rescaldo de bomba atômica.

Padrões de comunicação calibrados de modo patológico são muito parecidos com um balé bem coreografado. Cada membro da família se aproxima ou afasta das "deixas", executando os passos com um milimétrico senso de oportunidade. Da mesma forma como o balé que vai alcançando seu crescendo peculiar, o padrão de comunicação da família também vai levando a um *grand finale* trágico e doloroso.

Seus antigos arquivos

Quando você recebe mensagens ambíguas ou incongruentes, a incerteza cria ansiedade. Uma forma de lidar com essa situação é recorrer aos seus velhos arquivos de memória para ver se já viveu alguma coisa remotamente parecida, em algum momento passado. Esse tom de voz é familiar? Esse gesto? A expressão facial ou a postura do corpo? Quem, no passado, tinha essa expressão, soava assim? O que estava sendo transmitido com esse olhar ou tom de voz? Comparar a situação presente com a experiência pregressa é, em grande medida, um processo inconsciente. A maior parte do tempo você não tem idéia de que está fazendo isso, nem do que está acessando em sua memória.

O estudioso da personalidade Harry Stack Sullivan chamou esse processo de *distorção parataxica*: a tendência a superpor experiências e significados de antigos relacionamentos ao atual. É como se você não estivesse mais realmente vendo a pessoa que está à sua frente e reagindo a ela. Em vez disso, está reagindo ao seu pai, à sua irmã, ou ao primeiro namorado.

A tentativa de adivinhar o que o outro está pensando é grandemente influenciada pela distorção parataxica. Suas suposições a respeito dos pensamentos, sentimentos e motivos da pessoa à sua frente muitas vezes estão baseadas em vivências dolorosas repetidas pelas quais você passou no início de sua vida.

A infância de Danny foi cheia de bate-bocas enraivecidos com o pai. Em certa altura de suas brigas, o pai sempre erguia uma das sobrancelhas. Danny sabia que isso significava que seu pai estava ficando *realmente* zangado, prestes a "explodir".

Agora, quando ele está interagindo com alguém que levanta uma sobrancelha enquanto emite mensagens ambíguas ou incongruentes, Danny presume que essa pessoa está com raiva.

O irmão mais velho de Sara estava profundamente envolvido com certa igreja fundamentalista. No final da adolescência, Sara era uma baderneira confessa e seu irmão freqüentemente manifestava sua desaprovação. Ele ficava olhando o chão ou a parede atrás dela, e nunca a olhava nos olhos. Os lábios dele apertavam-se logo antes de ele pregar um sermão sobre a "afronta contra Deus". Agora Sara sente-se inexplicavelmente enfurecida quando alguém não a olha nos olhos. O seu marido aperta os lábios quando seu joelho artrítico fica inflamado e o primeiro reflexo de Sara é entender que ele a está desaprovando. O resíduo do doloroso relacionamento com o irmão ainda distorce suas percepções. E quando Sara age baseada em suposições oriundas de seus velhos arquivos da memória, primeiro seu marido fica desnorteado e, depois, enraivecido.

Agora considere a experiência de Brenda com seu primeiro namorado. Ela estava com 17 anos e era muito insegura de si mesma. Ele a elogiava, chamava-a de linda. Dizia que ela era a única menina que valia a pena conhecer na escola. A boca dele sempre estava aberta num sorriso um tanto imobilizado. Mas esse sorriso desligava-se instantaneamente se Brenda o desapontasse. Então, com tom de voz monótono, ele passava a descrever com detalhes exaustivos todas as falhas físicas e psicológicas da menina. Brenda passou seu último ano de colegial como um pêndulo, balançando entre o amor total e a rejeição total. Vinte anos depois, o novo namorado de Brenda tende a sorrir quando está constrangido ou se sentindo ameaçado. Se as coisas são minimamente ambíguas, ela interpreta essa reação nervosa como um perigoso prelúdio de ataque.

Existem diversos exemplos de distorção paratáxica nas cadeias aversivas descritas antes. Lembra-se de Matt e Jeff? Observe que Matt resmunga "Sim, mestre", na comunicação 14. É a mesma coisa que ele faz quando sua esposa lhe pede que leve o lixo para fora. Quando menino, Matt usava essa mesma frase quando sua mãe muito controladora lhe dizia que fosse fazer suas obrigações. Ele agora reage a um pedido simples feito pelo parceiro de trabalho com o mesmo sentimento aborrecido, cujas raízes se estendem até sua infância e ecoam no casamento.

Na situação que envolve a mãe e a filha adolescente, a reação 8 parece um exagero. A filha ter dado as costas e não mostrar abertura para conversar despertou um antigo sentimento de abandono que a própria mãe tinha vivido quando criança. Na realidade, a mãe se sentira como hóspede em sua casa, na infância, diante da indisponibilidade afetiva de seus próprios pais.

Como lidar com a leitura da mente

As duas técnicas seguintes serão úteis na batalha contra as comunicações calibradas e as distorções paratáxicas. Quanto mais você as puser em prática, melhor será o controle que conseguirá alcançar.

Verificar

Esta técnica é especialmente valiosa de usar em situações nas quais adivinhar o pensamento do outro contribui para o processo da escalada. Como dissemos antes, adivinhar pensamentos ocorre quando a pessoa está fazendo suposições a respeito dos pensamentos e sentimentos de outrem, com base em pistas mínimas ou ambíguas. Lembre-se da equivocada suposição de Danny, que acreditava que sobrancelha levantada sempre quer dizer alguém ficando realmente furioso.

O antídoto para esse problema venenoso é simplesmente "verificar". Os casais podem usar um exercício útil para interromper o problema. Quando uma coisa confusa estiver acontecendo na interação, uma pessoa pode dizer "Eu estou observando... (*e faz uma observação*) e imagino... (*e apresenta sua suposição ou interpretação*)". Agora é a vez de a outra pessoa fazer seu aparte. "Sim, eu estou... (fazendo isto ou aquilo), mas estou pensando (ou sentindo)..."

Para entender esse processo exemplificado com mais clareza, volte por um momento para Matt e Jeff. Em vez da reação 4, Jeff poderia ter dito: "Você parece bem mal esta manhã. É ressaca?". A resposta poderia ter sido: "É, estou mesmo com uma aparência horrível. Meu filho ficou doente e eu fiquei acordado a noite toda". Observe como essa interação teria mudado todo o feitio da situação.

Outro exemplo pode ser encontrado na cadeia aversiva que envolve a mãe e a filha adolescente. Em vez da reação 8, a mãe poderia ter dito: "Parece que você está cansada ou infeliz, ou coisa assim. Estou certa?". Ao que a filha poderia ter dito: "É, acho que preciso mesmo me acalmar". As duas reações teriam, sem dúvida, encaminhado a interação numa direção inteiramente diferente.

Ouvir vozes do passado

Como saber quando você está usando uma distorção paratáxica? Geralmente é difícil de saber, mas há quatro pistas que podem ajudar. Primeiro, preste atenção em respostas com um tempo de reação rápido. Raivas súbitas ou desconfianças instantâneas sugerem a presença de reflexos emocionais automáticos. Pergunte a si mesmo: "De que situação do passado me lembro com isto? Qual cena ou relacionamento parece que estou repetindo?".

Também são suspeitas respostas tipo "tudo-ou-nada", "preto-ou-branco", pois raramente a realidade é tão inequívoca. Se alguém lhe parece apenas mau, se você está usando rótulos globais do tipo *estúpido, egoísta, inútil, preguiçoso*, e assim por diante, examine os arquivos antigos para verificar quem está vivo em sua memória.

Uma terceira coisa na qual prestar atenção é a sensação física conhecida. Você sempre sente um brilho quentinho quando uma pessoa loira lhe sorri? Ou um caroço na garganta quando o chefe lhe faz uma crítica?

Por fim, a distorção paratáxica costuma estar presente quando um estímulo de 30 cm desencadeia uma reação de 3 metros. Se der a impressão de que sua reação excede muito a provocação, a situação pode estar carregada com velhos conflitos e sofrimentos.

Se você sentir a presença de uma dessas quatro pistas durante uma interação, tente o exercício de presumir que seu relacionamento atual está, de alguma maneira, sendo contaminado por uma voz *do passado*. Comece anotando os elementos da situação atual que mais se destacam:

1. Descreva as características físicas da pessoa que o está provocando.
2. Descreva o tom de voz, os gestos, a linguagem corporal e as expressões faciais.
3. Descreva a natureza do conflito. É uma luta por controle? Você se sente desvalorizado?
4. Descreva os seus sentimentos nesse conflito.

Alguma dessas descrições lhe parece especial? Que aspectos dessa experiência você já viveu antes? Quando tiver uma resposta para essas perguntas, pode escolher comentar o que aprendeu com a pessoa provocadora (especialmente se ela é de seu círculo íntimo). Ou pode, no íntimo, usar esse conhecimento para reconhecer o processo e aperfeiçoar o controle sobre suas reações.

Este capítulo apresentou várias maneiras de examinar e compreender o processo da escalada nas interações com a presença da raiva. Um aspecto ainda mais importante foi ter oferecido uma variedade de estratégias e técnicas que podem ser usadas para impedir, com eficiência, que a escalada ocorra. A principal coisa a ser lembrada é que a escalada *não* é inevitável. Você pode fazer escolhas o tempo todo, no desenrolar da situação, que lhe permitirão impedir que a escalada atinja um clímax trágico.

10
Enfrentando a raiva por meio de um diálogo interior sadio

Agora chegou o momento de começar a pôr em prática algumas das habilidades básicas de controle da raiva. Este capítulo irá ajudá-lo a escolher e desenvolver alguns pensamentos capazes de lembrá-lo de como reagir com eficácia no momento da provocação. Depois, você vai criar um roteiro com os melhores mantras contra raiva que puder encontrar, e eles estarão encadeados numa seqüência que o fará manter a calma quando as coisas esquentarem.

Existem sete categorias de pensamento anti-raiva, e todas precisarão constar do seu roteiro. Leia na íntegra a lista a seguir e assinale os pensamentos de cada categoria que, na sua opinião, serão mais eficazes no seu caso. Se você olhar as listas uma após a outra, pode achar que são extensas demais e que os autores deveriam passar por um exame mental coletivo. Mas há uma razão para que tantos itens tenham sido apresentados. Para cada tipo de provocação, você irá usar apenas um ou dois pensamentos anti-raiva de cada categoria, mas precisará mudar e modificar os mantras para os diversos tipos de conflito. Você também perceberá que alguns pensamentos anti-raiva mostram-se mais eficientes que outros e, assim, precisará de uma boa variedade de exemplos entre os quais escolher, conforme for experimentando praticar o controle cognitivo. Com o tempo, você será capaz de escrever seus próprios pensamentos anti-raiva. Provavelmente, esses serão mais eficazes que qualquer outro aqui apresentado.

Pensamentos para enfrentar a raiva

Tranqüilização

Essas são as coisas que você diz para si mesmo ao se preparar para um provável conflito ou provocação. A mensagem básica que você se dá é que você está no comando e tem as habilidades necessárias para enfrentar a situação.

- "Isso pode me aborrecer, mas eu sei como lidar com a situação."
- "Posso criar um plano para lidar com isso."
- "Posso achar um meio de dizer o que quero."
- "Posso enfrentar essa situação, sei como lidar com a minha raiva."
- "Se eu perceber que estou me descontrolando, saberei o que fazer."
- "Não há necessidade de discutir. Posso lidar com esse conflito sem aumentá-lo."
- "Essa situação pode ser trabalhosa, mas confio na minha capacidade de lidar com ela." ***Ou*** "Eu acredito em mim".

Interrompendo pensamentos-gatilho

Estes mantras anti-raiva estão divididos de acordo com as categorias de pensamento-gatilho que você viu no Capítulo 7. Após ler aquele capítulo você deve ter ficado com uma boa idéia dos tipos dos pensamentos mais capazes de acender a sua raiva. Se precisar refrescar a memória a respeito, faça uma rápida revisão antes de assinalar os mantras listados que mais lhe parecerem eficazes.

Responsabilidade pessoal
- "Eu sou responsável por cuidar das minhas necessidades."
- "Eu sou responsável pelo que acontece comigo."
- "Só as crianças são vítimas. Eu sempre tenho escolha."
- "Eu sou responsável por fazer alguma coisa para a minha dor."

Deveria
- "As pessoas nunca fazem o que eu acho que elas deveriam fazer, só o que é recompensador e reforçador para elas."
- "Quando eu falo 'deveria', na verdade estou impingindo meus valores e minhas necessidades aos outros."
- "As pessoas fazem o que precisam fazer, não o que deveriam."
- "Não posso esperar que as pessoas ajam do modo que eu quero."
- "As pessoas não fazem o que acho que deveriam, só o que seus valores e suas necessidades impõem."

Falácia do "ter direito" a
- "Sou livre para querer, e ele/a é livre para dizer 'não'."
- "Tenho meus limites, mas os outros têm os deles. Tenho o direito de dizer 'não', assim como eles."
- "Os outros não são obrigados a corresponder às minhas expectativas."

Falácia da justiça
- "Nossas necessidades são igualmente importantes."
- "Toda necessidade é legítima. Podemos negociar como iguais."

Falácia da mudança
- "A quantidade de apoio, ajuda e incentivo que estou recebendo agora é tudo o que posso obter diante das estratégias que estou usando no momento."
- "As pessoas só vão mudar quando forem reforçadas a fazê-lo e forem capazes de mudar."
- "As pessoas só mudam quando querem, não quando eu quero que elas mudem."

Suposições condicionais
- "Quando me decepcionam, isso não significa que as pessoas não se importam comigo."
- "Nossa principal tarefa, por maior que seja o amor, é cuidar de nós mesmos."

- "As necessidades da outra pessoa são tão legítimas quanto as minhas."
- "Podemos negociar."

Falácia do extravasar
- "A raiva não me trará o que eu quero."
- "Eu posso me proteger falando com firmeza."

Recriminação
- "Cada um escolhe o que é melhor para si."
- "Todos fazem a melhor escolha possível."
- "As pessoas fazem o melhor que elas podem, diante de seu nível de consciência no momento da escolha."

Dicotomias bom–mau
- "Não faço julgamentos."
- "As pessoas estão enfrentando a dor e o estresse da melhor maneira que podem, dado seu nível de consciência."
- "É só um problema de conflito entre as nossas necessidades; ele/a não está errado/a, e eu não estou certo."
- "Esqueça essa história de 'certo' e 'errado'."

Intenção presumida
- "Não presuma nada: verifique."
- "Não fico adivinhando os motivos dos outros."
- "Pare de adivinhar o que os outros estão pensando."

Amplificação
- "Pare de dizer 'sempre' e 'nunca'."
- "Exatidão, sim; exagero, não."
- "Que os fatos falem por si mesmos."

Rotulações gerais
- "Sem rótulos, seja específico."

Cuidados fisiológicos

Para o controle da raiva, é de extrema importância que você saiba monitorar e descarregar a tensão corporal. Você precisa fazer isso ao longo do episódio inteiro de provocação. Até aqui você já teve oportunidade de aprender quais técnicas de relaxamento são mais eficientes no seu caso.

Escolha dentre as afirmações abaixo as que melhor levam à sua reação de relaxamento.

- "Inspire profundamente e relaxe (sinta-se confortável e solto)."
- "Quando meus músculos ficam duros, está na hora de relaxar e desacelerar."
- "Fique calmo e relaxado."
- "Está na hora de checar meu corpo e relaxar o que está tenso."
- "Relaxe os pontos sensíveis."
- "Está na hora de soltar o queixo."
- "Está na hora de encolher e soltar os ombros."
- "Está na hora de soltar a cabeça."
- "Está na hora de alongar os braços."
- "Inspire profundamente e imagine seu lugar especial."

Acrescente outros procedimentos rápidos de relaxamento para soltar seus pontos pessoais de raiva. Releia o Capítulo 8 sobre relaxamento.

Atenção à tarefa

Este é um dos componentes mais essenciais ao controle da raiva. A provocação é uma deixa para começar a lidar com a raiva, não para explodir. Em toda situação de conflito você tem uma tarefa a fazer: comunicar suas necessidades, compreender o ponto de vista da outra pessoa, trabalhar rumo a uma solução. As afirmações anti-raiva a seguir têm o intuito de manter sua atenção na tarefa. Assinale as que, em sua opinião, funcionam melhor no seu caso.

- "Vou expor minhas necessidades com clareza e simplicidade. O que eu quero aqui?"
- "Tente entender as necessidades e preocupações dele/a, aqui."

- "Reconheça o ponto de vista dele/a."
- "Peça a ele/a uma solução. Busque acordos."
- "Como negociar pelo que eu quero?"
- "Tente expor seus motivos. Tratem-se com respeito mútuo."
- "Não tem sentido culpar ninguém. Tente uma nova estratégia."
- "Atenha-se aos fatos. Não menospreze nem ataque."
- "Use apenas afirmações que começam com 'eu'."
- "Vamos tentar uma abordagem cooperativa. Talvez nós dois tenhamos razão."
- "O conflito está ficando mais intenso. Está na hora de tentar outra estratégia."
- "O que eu quero para sair disso?"
- "Vamos discutir isso ponto por ponto."
- "Comentários negativos geram mais comentários negativos. Busque soluções."
- "Tenho o compromisso e o poder de cuidar de mim mesmo."
- "Como cuidar de mim e atender às minhas necessidades nesta situação (independentemente do que a outra pessoa faça)?"
- "Como estimulá-lo/a a mudar, no futuro?"

Para enfrentar a excitação

Quando as coisas se acumulam, torna-se muito tentador pegar o taco de beisebol e tentar acertar o agressor, até que ele se submeta. Seguem abaixo lembretes de como e por que você deve ficar calmo. Escolha os que lhe parecerem mais proveitosos e convincentes.

- "Ninguém está certo, ninguém está errado. Temos apenas necessidades diferentes."
- "Não importa o que é dito: eu sou uma boa pessoa."
- "Desde que eu mantenha a calma, estou no controle."
- "Se vier um golpe, deixe que passe. Não oponha resistência."
- "Afaste-se de culpabilizações e julgamentos."
- "Use só palavras neutras."

- "Mantenha voz calma e controlada."
- "Sem sarcasmos, sem ataques."
- "Ficar louco de raiva me custa..." (inclua as conseqüências negativas da raiva, nessa situação)
- "Se eu começar a ficar louco de raiva, terminarei socando minha cabeça na parede, então é melhor eu relaxar."
- "Ficar transtornado não vai ajudar em nada."
- "Simplesmente não vale a pena ficar tão zangado."
- "Estou aborrecido, mas posso pôr uma pedra no assunto."
- "Vou me manter racional. A raiva não resolve nada."
- "A raiva é um sinal do que eu preciso fazer. Está na hora de enfrentar a situação."
- "Mais, não. Esfrie."
- "Não ganho nada ficando louco de raiva."
- "Com calma vai tudo bem. Lembre-se de manter o bom humor."
- "Se eu ficar em maus lençóis, vou pensar em como lidar com isso na próxima vez."

Para lidar com a pessoa enraivecida

Assusta ficar perto de alguém com raiva. Você recebe a mensagem de que é uma pessoa má, ruim. E, de repente, a sua auto-estima está sitiada, seu valor humano é questionado, seu relacionamento corre perigo. A única maneira de lidar com a situação, sem recorrer à sua própria raiva defensiva, é com *distanciamento*. Você tem de afastar a pessoa e a raiva dela para tão longe que os dardos e as lanças dela não cheguem a atingir você. O distanciamento também ajuda a enxergar a outra pessoa como um ser falível e momentaneamente fora de controle. As opiniões e os julgamentos que ela emite são distorcidos pela raiva. Você não tem de cair na mesma armadilha em que ela está. Pode permanecer emocionalmente isolado e, se necessário, estipular limites.

- "Eu vou deixar que ela faça papel de boba."
- "Provavelmente ele gostaria de me deixar realmente com raiva. Bom, vou desapontá-lo."
- "Não preciso provar para ela quem eu sou."

- "Não vou deixar que ele me tire do sério."
- "É realmente uma pena que ela tenha de agir dessa maneira."
- "Para alguém ficar tão irritado tem de estar muito infeliz."
- "Não há necessidade de duvidar de mim. O que ele diz não importa."
- "Não posso mudá-la por meio da raiva. Só vou me aborrecer."
- "Não gosto disso, mas ele está usando a melhor estratégia de solução de problemas que conhece, agora."
- "Que importa o que ela pensa?"
- "Essa pessoa não me conhece. A sua opinião não vale nada."
- "Já me comportei assim também, antes. Posso dar esse desconto."
- "Fique frio. Não faça julgamentos sobre essa pessoa."
- "Não tenho de engolir essa merda; eu vou é cair fora dessa conversa."
- "Não vão me manipular até eu explodir ou perder a cabeça."
- "Explodir só vai lhes dar o que eles querem."
- "Se ela continuar assim, eu caio fora." Ou "Digo o que vou fazer para cuidar de mim, se ela não cooperar". Ou "Insista até ele sugerir uma solução".
- "Quais necessidades, crenças ou valores influenciam-na a agir assim?"

Enfrentando a situação em retrospecto

Quando está tudo acabado e o conflito foi enquadrado ou resolvido, você ainda continua pensando nele. Você se lembra do que disse e do que deveria ter dito. Julga e se dá uma nota. Às vezes fica novamente com toda a raiva. Uma parte importante do processo de lidar com a raiva é o que fazer com o desfecho obtido: como "esfriar" e deixar as coisas do jeito que ficaram. As duas listas a seguir incluem pensamentos anti-raiva para quando o conflito não tiver sido resolvido de maneira satisfatória, e afirmações de celebração para quando uma provocação houver terminado bem. Não se esqueça de comemorar. É uma forma importante de reforçar seu novo comportamento.

Quando o problema não ficou resolvido
- "Vou esquecer a provocação. Pensar nisso só me deixa mais aborrecido."
- "Essas situações são difíceis e leva tempo até que se resolvam."
- "Tente deixar isso de lado. Não permita que interfira."
- "Com mais prática vou lidar com isto melhor."
- "Vou relaxar. É muito melhor do que ficar com raiva."
- "Posso rir disso? Provavelmente não é tão sério."
- "Não leve para o plano pessoal."

Quando o conflito foi enfrentado ou resolvido com êxito
- "Dessa eu cuidei bem. Bom trabalho!"
- "Não foi assim tão difícil quanto eu achei."
- "Poderia ter sido bem pior."
- "Eu poderia ter ficado mais abalado do que valia a pena."
- "Eu realmente consegui passar por tudo aquilo sem ficar com raiva."
- "Meu orgulho sem dúvida pode me meter em confusões, mas quando eu não levo as coisas tão a sério me dou melhor."
- "Posso resolver as minhas necessidades sem usar a raiva."
- "Cada vez lido melhor com essa situação."

(Muitas das sentenças acima foram extraídas de Novaco, 1975.)

Como escrever seu roteiro anti-raiva

Aqui é o ponto em que você começa a reunir as coisas. Seu roteiro anti-raiva tem três partes: (1) preparação; (2) manejo do confronto; e (3) o confronto em retrospecto.

Preparação

Quando se prepara para o confronto, você precisa fazer várias coisas importantes. Primeiro, tem de se reassegurar de que tem as habilidades necessárias para lidar com a situação. Segundo, precisa neutralizar todos os pensamentos que podem eventualmente produzir raiva. Terceiro, precisa descarregar qualquer acúmulo de tensão fisiológica. E, por fim, deve focalizar sua atenção na tarefa que tem pela frente.

Escolha da lista uma sentença anti-raiva para cada uma das categorias seguintes e depois transcreva-a no espaço correspondente. Escolha a sentença que com certeza mais chama sua atenção e parece capaz de ajudar.

Reafirmação

___

Pensamentos anti-raiva

___

Cuidados fisiológicos

___

Atenção à tarefa

___

No futuro, quando começar a praticar o seu roteiro, talvez queira mudar ou modificar alguns desses mantras anti-raiva. Em particular, você pode precisar preparar várias sentenças para neutralizar os pensamentos-gatilho que os diversos tipos de provocação acabam desencadeando em você. No final, você pode ter vários roteiros inteiramente diferentes para cada tipo de situação. Por enquanto, porém, uma sentença anti-raiva é suficiente em cada categoria.

Manejo do confronto

Quando a provocação começa de fato, quando você passa a sentir os primeiros sinais fisiológicos da raiva, está novamente na hora de se lembrar de que deve relaxar e focalizar sua atenção na tarefa. Você também vai precisar de pensamentos anti-raiva que o ajudem durante os picos de excitação, quando o agressor está ainda mais enraivecido. Escreva uma sentença anti-raiva (das que estão na lista) para cada uma das categorias seguintes. Observe que *cuidados fisiológicos* e *atenção à tarefa* aparecem uma segunda vez, por isso você vai precisar de novas sentenças entre as listadas.

Cuidados fisiológicos (algo para ajudar quando você começar a ferver)

_____

Atenção à tarefa (algo para realocar sua atenção quando as coisas começarem a ficar mais intensas)

_____

Enfrentando a excitação

_____

Lidando com a pessoa enraivecida

_____

Outra vez, este é só um primeiro rascunho. Provavelmente, você irá experimentar muitos mantras anti-raiva diferentes, conforme for praticando o seu roteiro.

O confronto em retrospecto

Escolha um mantra anti-raiva de cada uma das listas seguintes:

_____

Quando o problema não está resolvido

_____

Quando o conflito está resolvido e a situação foi manejada com êxito

_____

Reunindo tudo

Num cartão de 3 × 5, ou num papel aproximadamente desse tamanho, escreva o seu roteiro na íntegra. Essa será uma parte importante de seu treinamento em controle cognitivo. Você pode recorrer ao cartão nas sessões de ensaio e, aos poucos, conseguirá saber de cor as sentenças anti-raiva que funcionam melhor no seu caso. Tenha o cartão sempre com você para que você possa revê-lo quando estiver se preparando para um possível confronto. Tente "superaprender" seu roteiro para que as sentenças se tornem quase que automáticas.

Exemplo

Julie trabalhava para uma grande loja de departamentos em que servia como representante do sindicato. Também era membro do comitê organizador de um grupo de atuação política conservacionista. Em ambas as ocupações, Julie era forçada a lidar com conflitos. Tinha opiniões fortes a respeito do que é um curso reto e justo de ação. Com muita freqüência as pessoas violavam essas convicções e Julie percebia-se enredada em discussões cada vez mais acaloradas. Eis as sentenças anti-raiva que ela escolheu para seu roteiro.

Preparação

Reafirmação
Não há necessidade de discussão; posso lidar com isso sem intensificar o atrito.

Para interromper os pensamentos-gatilho
As pessoas fazem o que elas precisam fazer, não o que deveriam. Eu querer uma coisa não significa obrigatoriamente que elas devam dá-la a mim.

Cuidados fisiológicos
Inspire profundamente e relaxe.

Atenção à tarefa
Tente entender as necessidades e as preocupações deles aqui.

Lidando com o confronto

Cuidados fisiológicos
Verifique os pontos de tensão; relaxe o que estiver duro. Respire fundo.

Atenção à tarefa
Reconheça o ponto de vista deles. Afirme as suas necessidades com clareza e simplicidade.

Lidando com a excitação
Enquanto eu ficar calmo, estou no controle.

Lidando com a pessoa enraivecida
Não vou deixar que me tirem do sério.

Lidando com a situação em retrospecto

Problema não resolvido
Não leve para o plano pessoal, tente deixar isso de lado.

Conflito resolvido, manejo bem-sucedido
Essa questão eu resolvi direitinho.

Julie escolheu combinar e modificar algumas das afirmações anti-raiva para que tivessem mais impacto ou soassem mais próximas de seu estilo verbal. A seu ver, seus principais problemas numa situação de conflito eram (1) não conseguir esclarecer as necessidades e preocupações dos outros; e (2) atacar em vez de expressar claramente as suas próprias necessidades. Ela encontrou sentenças anti-raiva que a lembravam de manter-se atenta a ambas as tarefas. Julie não usava um cartão. Em vez disso, ela gravou o seu roteiro numa fita (sem a afirmação para a revisão em retrospecto) e toda noite ela a escutava.

Ensaiando o roteiro

Você vai precisar se acostumar com isso. No início, irá parecer estranho e forçado. Não vai soar "seu". Neste momento, comprometa-se com realmente trabalhar nele por algum tempo. Você só precisa se lembrar de oito sentenças (ou dê uma olhada no seu cartão se esqueceu alguma) e focalizar sua atenção na tarefa de lidar com provocações. O importante é considerar isto tudo uma tarefa, algo que você pode se instruir e incentivar a fazer, que requer atenção e esforço e lhe é possível realizar com sucesso.

Praticando com imagens

É melhor começar ensaiando seu novo roteiro, visualizando situações de conflito. A idéia aqui é que é muito mais fácil começar com uma cena imaginada do que submeter imediatamente as suas novas habilidades ao teste da realidade. Com essa finalidade, Raymond Novaco, baseado no trabalho de Donald Meichenbaum, apresentou pela primeira vez um tratamento da raiva chamado inoculação de estresse. Essa abordagem inclui o desenvolvimento de uma sucessão de situações incitadoras da raiva já encontrados em outros momentos de sua vida. Essa hierarquia, na realidade, não é nada mais que uma lista, a qual começa com a provocação mais leve, chegando até o ponto máximo de raiva que você possa atingir.

Para construir a sua própria hierarquia, você precisa explorar algumas das áreas mais importantes de sua vida: trabalho, família, relacionamentos sexuais, amigos, lazer, afazeres diários, projetos criativos, o relacionamento com seus filhos. Pense nos contextos específicos e nas pessoas envolvidas nas situações que tipicamente o deixam com raiva. Tente incluir pelo menos vinte itens em sua lista, assegurando-se de que cubram o leque desde o leve aborrecimento até a mais intensa resposta de raiva.

Sua lista das situações de raiva pode ser convertida numa hierarquia, classificando-as em ordem, desde a menos até a mais provocativa. Para chegar a ela, dê notas de zero a cem (nenhuma raiva até o mais irado possível).

O ideal é que cada item da lista seja ligeiramente maior do que o precedente, em sua escala da raiva. Numa hierarquia com vinte itens, eles devem aumentar aproximadamente de cinco em cinco pontos, em sua escala: 5, 10, 15, 20, 25, e assim por diante. Se todos os itens parecerem amontoados nas pontas de mínima e máxima intensidade, tente pensar em situações que possam ser incluídas no meio da escala. Sempre que existirem vazios ou saltos, tente se lembrar de uma situação de raiva que pareça caber naquele ponto da hierarquia. Por exemplo, se você não tem nada entre o item *Susan fazendo trilhas de barro no chão* (30 pontos) e *Jim queixando-se de como eu organizo a casa* (55 pontos), você precisa produzir itens que vão de 35 a 50 pontos, pois assim sua hierarquia terá uma progressão contínua.

Classificação	Item	Valor de Raiva
1	Brinquedos espalhados no chão quando chego em casa.	5
2	Vendedores me ignorando numa loja.	10
3	Irmão com namorada chegam sem avisar. Ele está um pouco bêbado.	15
4	Susan me dá uma lista de coisas que eu devo fazer assim que chego em casa.	20
5	Um garçom se queixa de suas obrigações.	25
6	Susan trabalha até tarde no fim de semana e não me telefona avisando.	30
7	Marta começa a choramingar e exigir coisas o tempo todo; ela quer isto, isso e aquilo agora.	35
8	O caixa erra no fechamento da registradora, de novo. Mas, como sempre, diz que alguém está roubando o dinheiro da gaveta.	40
9	Susan não me fala do casamento que está organizando e, de repente, larga as crianças comigo. Ela me fala desse transtorno imprevisto já na saída de casa.	45
10	Meu pai telefona e já começa a falar de uma coisa e outra, tudo em cima de algum conselho que eu nem pedi.	50
11	O serviço do garçom não está sendo bem-feito, o chão não está limpo, temos de esperar muito tempo para a comida ser servida, coisas assim.	55
12	Marta retruca quando eu a estou corrigindo.	60
13	Atraso-me para deixar Marta na escola porque ela fica brincando e não se veste a tempo.	65
14	Meu chefe atrasa o meu pagamento. Eu cobro e ele começa a criticar o modo como eu administro o restaurante.	70
15	As crianças estão berrado, descontroladas, e Susan só encolhe os ombros e diz: "O que você vai fazer a respeito?".	75
16	Susan me chama de preguiçoso por não ajudá-la mais (lavar louça, passar aspirador, levar as crianças para passear, guardar as coisas da casa).	80

17	Alguém me cobra muito mais do que eu esperava pagar (mecânico, conserto de eletrodoméstico, melhorias na casa, babá).	85
18	Susan diz que não sou um bom pai porque "nunca falo com Marta" ou "não brinco com as crianças". Ela diz: "Você é um zero com as crianças".	90
19	Susan usa uma voz sarcástica para falar de como meu pai não pára de mandar na minha vida, de como sempre me telefonará etc.	95
20	Meu pai me critica na frente de Susan; por exemplo, sobre as coisas da casa que não estão consertadas, ou por que não estou trabalhando num lugar melhor etc.	100

Análise da situação

Reveja as cenas elencadas em sua hierarquia. Observe o que você está dizendo para si mesmo para detonar sua raiva. Agora anote seus principais pensamentos-gatilho de raiva. Armand encontrou três pensamentos-gatilho genéricos para sua raiva, e pelo menos um deles estava presente em todas as cenas.

1. "Eles não deveriam agir dessa maneira."
2. "Eu tenho de ficar zangado para detê-los."
3. "Eles estão errados, eu estou certo."

Ele identificou que cada gatilho correspondia a um estilo de pensamento negativo que usava freqüentemente:

1. Atenção aos "deverias".
2. Falácia do extravasar.
3. Dicotomias bom–mau.

Depois que você observou seus pensamentos-gatilho, tente, como Armand, identificar que categoria cada um deles representa. A seguir, encontre pensamentos anti-raiva na lista apropriada para combater aquele gatilho em particular.

Agora está na hora de fazer uma pergunta importante. Ao reanalisar a sua hierarquia, que principais mudanças de comportamento você tem de fazer para impedir que as coisas se intensifiquem?

Você precisa reconhecer mais o ponto de vista da outra pessoa? Tem de afirmar mais diretamente as suas necessidades? Precisa abrir a porta para as negociações? Tem de evitar julgamentos e culpabilizações? Encontre pensamentos anti-raiva na seção sobre focalizar sua tarefa (ou escreva outros, de sua autoria) para que o ajudem a lidar com a situação sem explodir. Armand viu que tinha deixado de expressar suas necessidades com clareza e sem recriminações. Também percebeu que precisava buscar soluções em vez de defeitos. Descobriu quatro mantras, um ou mais deles apropriado para cada situação de raiva.

Após completar sua análise situacional, vá em frente e modifique o seu roteiro para incluir algumas sentenças anti-raiva adicionais que você encontrou. Você não irá usá-las em todas as situações, mas todas servirão, cedo ou tarde. O roteiro de Armand ficou assim:

Tranqüilização: Posso lidar com isso sem raiva.

Pensamentos-gatilho:
1. "As pessoas fazem o que precisam, não o que eu acho que elas deveriam. Elas fazem o melhor que podem."
2. "Posso me proteger falando com firmeza."
3. "Deixe de julgar como certo e errado: eu ou ninguém mais."

Cuidados fisiológicos: "Respire fundo e relaxe".

Tarefa:
1. "Atenha-se aos fatos, não ataque nem menospreze."
2. "Peça soluções. Trabalhe em prol de acordos."

Cuidados fisiológicos: "Relaxe por dentro, inspire fundo".

Tarefa:
1. "Afirme suas necessidades com clareza e simplicidade."
2. "Negativas geram negativas; busque soluções."

Excitação: "Não intensifique; esfrie".

Pessoas enraivecidas: "Não tenho de aceitar qualquer coisa, posso me retirar se for preciso".

Usar a sua hierarquia

Comece com sua primeira cena (a nota mais baixa): passe a construí-la em sua imaginação. Crie uma imagem nítida da situação: onde você está e o que está fazendo. Veja quem está com você e tente ouvir o som dessa voz. Procure recriar tudo o mais que seja importante a respeito dessa cena: os aromas, a temperatura, as texturas, e assim por diante. Sustente a imagem por trinta a quarenta segundos. Observe como seu corpo reage. As mudanças no ritmo cardíaco e respiratório e, em particular, o início de qualquer tensão muscular, são sinais precursores da raiva. Agora acione o seu roteiro. Use os pensamentos anti-raiva que parecem apropriados nesse contexto.

Durante a cena, é extremamente importante que você siga suas próprias instruções e relaxe. Se você disser a si mesmo que deve inspirar profundamente, faça isso; ou, se achar que deve soltar o queixo, solte-o. E continue com seus procedimentos de relaxamento durante todo o desenrolar da cena.

Leve a sério todas as suas instruções de auto-ajuda. Tente de verdade acreditar no que está dizendo para si mesmo. Se um pensamento anti-raiva o instrui a "cuidar ponto por ponto da questão", imagine-se falando de forma lógica e clara. Se você se instrui a manter a "voz calma e controlada", ouça-a desacelerar e ficar mais grave.

Após sustentar a imagem nítida da cena por trinta a quarenta segundos, "feche-a". Descanse um pouco antes de retomá-la. Continue repetindo a primeira cena e seu roteiro para lidar com ela até conseguir imaginá-la duas vezes seguidas sem raiva nem tensão. Da mesma forma como fez com a cena um, proceda com toda a hierarquia, desde as menores até as maiores provocações de sua raiva. Conte que serão necessários vários dias até que, lentamente, você tenha conseguido repassar a lista toda.

Alguns itens podem ser mais problemáticos que outros. Se for assim, talvez seja o caso de modificar as sentenças anti-raiva para que se tornem mais apropriadas a cada cena. Ou pode ser preciso dar mais ênfase aos procedimentos de relaxamento. Outro problema pode ser que a sua velha mania de estimular a raiva que ainda esteja agindo. Procure rastrear a presença de pensamentos-gatilho da raiva enquanto você visualiza uma cena. Se perceber que alguns pensamentos de raiva persistem, precisará cuidar deles diretamente. Armand descobriu que os itens relacionados com sua esposa detonavam o pensamento "Ela não se importa comigo". Ele conseguiu combater esse gatilho pensando: "Ela também está por demais assoberbada e magoada". No caso de continuar tendo problemas com uma cena, coloque-a mais à frente na hierarquia. Talvez você precise de mais prática com cenas que geram raiva antes de lidar com essa situação em particular.

O trabalho com a sua hierarquia lhe dará muita experiência no uso de seu roteiro anti-raiva. Aos poucos, suas respostas escolhidas passarão a sair naturalmente. No próximo capítulo, outro trecho será acrescentado ao seu repertório de medidas anti-raiva: o *treino de escolha da resposta*. Ele consiste numa série de estratégias comportamentais de uso instantâneo para lidar com praticamente qualquer tipo de provocação. Após tê-las praticado em sua imaginação, você estará pronto para enfrentar as situações concretas de sua vida.

11
Treino da escolha da resposta

Até aqui, você trabalhou visando à modificação de sua maneira de pensar durante as provocações. Essa é metade da batalha. Neste capítulo, você vai aprender uma maneira de estruturar seu comportamento em situações de confronto, para obter melhores resultados. O que você verá a seguir é uma série de reações específicas a provocações que (1) manterão a conversa focalizada na resolução dos problemas; ou (2) interromperão uma conversa que está começando a virar uma briga.

A atitude principal

O comportamento é imensamente influenciado pela atitude. O modo como você age quando está com raiva tem muito que ver com a sua atitude perante conflitos. Algumas pessoas reagem a conflitos tornando-se *vingadoras*. Elas querem ferir e punir o agressor na mesma medida em que foram atacadas. A dor tem de ser revidada. Elas acreditam em retaliação; olho por olho. As pessoas vingativas não levam desaforo para casa. Falam em voz tonitruante. São cortantes. Mas os relacionamentos ficam abalados e, muitas vezes, o conflito continua vivo.

A atitude principal para a resolução eficiente de conflitos é a *solução do problema*. Você não está tentando fazer com que a outra pessoa se sinta mal. Não está tentando provar que ela está errada.

Está, isto sim, tentando *consertar* o que está errado. A atitude de resolução do problema presume que o conflito não tem dimensões morais e, em vez disso, é uma questão de necessidades em conflito. Os desacordos são resolvidos com mais facilidade quando as necessidades de cada pessoa são entendidas como legítimas e importantes. Dessa maneira, você não tem de brigar para determinar quais necessidades são maiores ou mais justificadas. Como todos os envolvidos têm igual direito a querer fazer as coisas ao seu modo, a resolução do problema torna-se uma questão de admitir essas necessidades e articular algum tipo de acordo para atendê-las.

Ensaio de escolha da resposta

Este método para lidar com conflitos tem a vantagem de exigir pouquíssima preparação ou reflexão. Você pode utilizá-lo quando estiver estressado e não tiver tempo para planejar uma resposta. Pode recorrer a ele quando estiver em estado de alerta e a raiva automática já estiver aumentando em seu íntimo. Mesmo quando todos os seus instintos estiverem lhe dizendo "Liquide com esse idiota", você ainda pode usar o TER (Treino de Escolha da Resposta) para impedir a explosão.

O TER consiste em seis reações pré-aprendidas a provocações. Cada uma delas está destinada a esfriar a intensidade do conflito *ao mesmo tempo que cria espaço para a verdadeira solução do problema*. Quando uma reação não funciona (por que você está se sentindo furioso demais ou a briga ficou feia), você simplesmente escolhe outra. Com o tempo, terminará encontrando uma reação que rompe a tensão e lhe oferece a segurança emocional necessária a começar a busca de um acordo.

O TER é dividido em reações ativas e passivas. Uma ou outra serão eficazes, dependendo da situação. A chave para entender e usar o TER é lembrar que nenhuma reação isolada é provavelmente a resposta. A primeira coisa que você experimentar pode não ter tanto impacto sobre a sua raiva ou sobre a raiva da pessoa que está provocando. A segunda reação pode ainda não ser eficaz. Ou a terceira. Mas, em conjunto, uma série de reações de adaptação muito provavelmente conseguirá esfriar seus ânimos, bem como diminuir a intensidade do conflito.

No EER, você usa a raiva como bandeira vermelha que lhe serve de sinal para mudar para uma nova reação de combate à raiva. Em vez de alimentar a agressão, a raiva é o sinal de mudar de tática, de alterar a estratégia. A raiva faz com que você saiba que empacou. Seu método atual de enfrentar o problema não está servindo. Alguma coisa ainda está machucando e você precisa tentar uma nova reação.

Reações ativas

1. Expresse uma necessidade específica. A raiva começa com uma dor. Você precisa fazer algo a esse respeito. Uma das reações mais sadias que você pode ter é pedir algo de que você precisa para reduzir essa dor.

Frase de abertura: "Estou sentindo (o que o está incomodando)_____. E acho que preciso, nesta situação, de_____".

Tente memorizar essa frase de abertura. Quando você estiver com raiva, quanto menos tiver de pensar, melhor. A primeira sentença, na qual você descreve os seus sentimentos ou o que o está incomodando, é opcional. Inclua-a caso pense que é uma informação relevante, se achar que ajudará a outra pessoa a ser mais solícita, ou se ela for íntima o bastante para merecer conhecer como você reage. Não a inclua se no fim ela acabar soando como uma crítica e recriminação, ou se não há necessidade, para ambas as partes, de que seus sentimentos façam parte da conversa. Dizer ao seu mecânico que você se sente traído pelo tamanho da conta provavelmente não é apropriado. O vendedor da loja não precisa saber que você se sentiu ofendido pela rispidez do atendimento.

Quando expressar a sua necessidade, certifique-se de que está solicitando uma reação comportamental, não uma atitude. Pedir que alguém seja mais sensível, amoroso ou responsável é pedir muitos desapontamentos. As pesquisas indicam que as pessoas não sabem reagir a solicitações não comportamentais. Antes de mais nada, pedir que a pessoa seja mais atenciosa ou responsável é pejorativo, pois está deixando implícito que ela, em geral, não o é. Em segundo lugar, é difícil saber o que se quer dizer com termos tão carregados de valoração quanto "atencioso" ou "responsável". Que espécie de responsabilidade você está solicitando? Você quer que seu marido lave a louça mais vezes? Ou que tenha mais empenho nas decisões relativas a controle da natalidade?

Suas solicitações devem ser específicas e, preferivelmente, limitadas a uma coisa só. Quanto mais você pedir, é provável que consiga menos. Se você se ativer a uma só solicitação comportamental específica, é muito mais provável que obtenha ou negocie um acordo.

Enquanto estiver esclarecendo sua solicitação em sua mente, é extremamente útil desenvolver uma posição com margem de recuo. Essa é a menor mudança possível que seria aceitável a você. Por exemplo, se seu marido não está disposto a ajudar com as crianças imediatamente após voltar do trabalho, você pode sugerir que ele tire uma meia hora de "descompressão" para então fazer algo pelos filhos.

John estava com raiva porque a namorada marcava freqüentemente visitas a amigos dela de quem ele não gostava. Ele decidiu pedir-lhe que o consultasse antes de agendar os compromissos. Como margem de recuo, ele estava aberto a aceitar que ela marcasse encontros desde que ela dissesse às pessoas que ele talvez não fosse. Eis como John expressou sua solicitação: "O que me incomoda é que você marca visitas a pessoas as quais não tenho certeza de querer ver. Eu gostaria que primeiro você me consultasse antes de marcar os compromissos".

2. Negocie. Neste nível, o seu esforço consiste em envolver a outra pessoa na solução do problema. Vocês dois estão se sentindo empacados; as linhas do conflito já foram marcadas. Conseguir que a outra pessoa proponha uma solução, por mais inadequada ou interesseira que seja, é o primeiro passo rumo a um acordo negociado.

Frase de abertura: "O que você gostaria de propor para resolver este problema?".

Se você obtiver como resposta uma demonstração de resistência ou uma proposta sem valor, ofereça sua opção de recuo neste momento. Por outro lado, se a proposta tem possibilidades, vocês podem começar a negociar.

A seção sobre negociação no Capítulo 12 ("Comunicação para a resolução de problemas") tem algumas sugestões específicas.

- "Do meu jeito desta vez; do teu, na próxima."
- "Uma parte como você quer, outra como eu quero."
- "Se você fizer... para mim, eu faço... para você."
- "Encontramo-nos na metade do caminho ou rachamos a diferença."
- "Vamos tentar do meu jeito por uma semana. Se você não gostar, voltamos ao jeito antigo."
- "Vamos fazer isto do meu jeito agora, mas... será como você quer."
- "Quando eu estiver fazendo é do meu jeito, quando for você, é do seu."

Quando estiver trabalhando para chegar a um acordo, lembre-se de que as necessidades de cada pessoa devem ser levadas em conta. Não espere alcançar um acordo a menos que a solução, em algum nível, respeite as necessidades conflitantes de ambas as partes.

Audrey quer que seu irmão participe mais dos cuidados dispensados à mãe inválida. Ela está zangada porque ele não contribui de modo algum para o trabalho diário, mas recebe muito carinho da mãe em suas raras visitas. Eis como se passou o diálogo entre ambos:

Audrey: Estou me sentindo sobrecarregada com essa responsabilidade e muito aborrecida porque você não ajuda mais. O que eu gostaria é que você visitasse a mamãe duas vezes por semana, lhe desse o jantar, arrumasse o quarto para ela e ficasse tempo suficiente para ela sentir que realmente conseguiu conversar com você.

Edward: Minha vida é muito ocupada, Audrey. O escritório de advocacia, duas crianças, não posso fazer isso!

Audrey: OK, e o que você propõe então para resolvermos esse problema?

Edward: Audrey, eu simplesmente não tenho tempo. Você está pedindo muito de mim.

Audrey (apresentando sua proposta de recuo): Que tal pelo menos visitá-la duas vezes por semana, sem trazer nada para ela jantar?

Edward: Aumenta mais de uma hora no percurso de volta para casa. Além disso, vai me custar pelo menos uma hora conseguir ir embora. Eu não fico com meus filhos tanto tempo.

Audrey: Ora, Ed. Vamos unir forças a esse respeito. Você tem alguma idéia?

Edward: OK, OK, você pode procurar uma pessoa que eu pago para ela vir cozinhar e ajudar a mamãe três vezes por semana. Que tal?

Audrey (tentando um acordo): É uma grande ajuda, Ed. Mas ela precisa ver você. Que tal pagar alguém por duas vezes por semana e você vir uma?

Edward: Audrey, você é implacável. Tudo bem, farei isso.

3. Cuide de si mesmo. Neste ponto você apresenta seu ultimato. Você informa a pessoa do seu plano para atender às suas próprias necessidades, caso ela não coopere para a solução do problema.

Frase de abertura: "Se este problema continuar, terei de [apresente sua solução pessoal para cuidar do caso] para cuidar de mim".

É importante falar exatamente como está escrito acima. Apresentando a opção como alternativa para cuidar de suas necessidades pessoais, esse ultimato não soa muito como punição ou vingança. O que você realmente está fazendo é informando a outra parte quais serão as sanções caso ela ignore você. Mas, como você não estará apresentando a questão de forma agressiva, provavelmente ela não desencadeará uma resposta de raiva.

Cuidar de seus interesses não é algo que você esteja fazendo *para* a outra pessoa. É uma providência que você toma *por* você. Esse aviso enfatiza seu compromisso de atender às suas próprias necessidades e de achar formas alternativas de solucionar o problema, se a outra pessoa não colaborar. Soluções típicas para esse tipo de situação são contratar alguém para fazer o trabalho (bom se seu cônjuge é avarento), fazer você mesmo (mas usar o tempo que poderia ter sido dedicado ao atendimento das necessidades do outro), conseguir ajuda de alguma autoridade (polícia, advogado, diretor da escola, administrador do teatro), sair do relacionamento (em caráter temporário ou permanente), ou obter a satisfação de suas necessidades em outra parte.

Os amigos de Jarret não aceitam um "não" como resposta. Durante o jantar inteiro, Jim insistiu que ele fosse a uma pescaria, mas Jarret já tinha declinado o convite. Ele tentou várias outras formas de resposta, mas sentiu-se forçado a afirmar com mais clareza qual era a sua necessidade. "Jim, se você me forçar de novo a ir nessa pescaria, eu simplesmente vou pagar a conta e irei embora. Amanhã iremos jogar boliche, como tínhamos planejado, mas por hoje vai ser isso e só." Jim entendeu a mensagem e desistiu.

Respostas passivas

1. Obtenha informações. Muitos conflitos não são resolvidos porque uma das partes envolvidas abriga sentimentos ou necessidades inexpressas. Se as coisas ficarem emperradas, o melhor a fazer é procurar entender mais os sentimentos e as necessidades da outra pessoa. Os vendedores sabem disso. Quando um cliente diz "não", eles imediatamente dão início a uma bateria de perguntas para identificar os sentimentos e as necessidades que se ocultam por trás da resistência.

Frases de abertura:
1. "Do que você precisa nessa situação?"
2. "O que o preocupa (ou aborrece) nessa situação?"
3. "O que o está fazendo sofrer nessa situação?"

Escolha das três frases acima qualquer uma que lhe pareça mais adequada. Se seu marido não fala sobre suas necessidades, talvez fale sobre seus sentimentos, ou vice-versa. Camille era enfermeira. Uma de suas colegas no hospital criticava-a repetidamente por causa de suas várias formas de ineficiência. Depois do quinto ou sexto atrito desse tipo, Camille estava furiosa. Eis como ela lidou com o problema:

Camille: Eu entendo o que você está dizendo, mas por que você se irrita se eu sou lenta?
Sandra: Simplesmente não está certo, as pessoas tinham de ter sido banhadas há três horas.
Camille: Sei, mas o que a incomoda nisso?
Sandra: Bom, toda vez que chegam internações tardias você não consegue recebê-las. Você sempre está atrasada. E aí quando

surgem problemas especiais você não tem tempo para resolver. Essas internações e esses problemas terminam caindo no meu colo.

O tom de Sandra é áspero mas, pelo menos, Camille entendeu o que aborrecia sua colega. Desse ponto em diante, elas poderão começar a negociar o que fazer a respeito.

2. Reconheça. Isso é importante para atenuar o conflito. As pessoas querem sentir que você entende o que as está perturbando. Elas precisam sentir-se ouvidas. Tudo o que você tem a fazer é dizer, com suas próprias palavras, que entende quais são os sentimentos e as necessidades dela.

Frases de abertura:
1. "Então o que você quer é..."
2. "Então o que o/a preocupa (aborrece) é..."
3. "Então o que o/a magoa (incomoda) é..."

Certifique-se de que está descrevendo a posição da outra pessoa de maneira neutra, não pejorativa. Sua sentença não precisa ser simpática, só exata. Se houver qualquer insinuação de sarcasmo, exasperação ou crítica em sua voz, o esforço de reconhecimento de sua parte terá sido em vão.

Lennie tem sido bastante repreendido pelo pai por suas más notas no curso de ciências da computação.

Pai: Tenho receio de que você não consiga entrar no mercado. Este é um mundo tecnológico. Muitos empregos dependem de conhecer informática. Você vai ficar empacado na faixa dos menores salários porque não aprendeu direito enquanto teve chance.

Lennie: O que o preocupa a respeito das minhas notas é eu ficar amarrado num emprego que pague mal. Eu não vou ser capaz de competir.

Lennie quase disse: "Você acha que tirar C faz de mim um cabeça de bagre diante do computador". Mas ele percebeu que essa interpretação pareceria zombeteira e sarcástica. O ponto ali era fazer o pai sentir que tinha sido ouvido e não atiçar ainda mais o conflito com sarcasmos.

3. Afaste-se. Basicamente, é o mesmo que "dar um tempo". Se as coisas continuarem em escalada, apesar de toda a série de reações de adaptação, está na hora de pôr em prática um controle dos danos.

Frase de abertura: "Parece que estamos começando a nos alterar. Quero parar e esfriar a cabeça um pouco".

Simplesmente fique repetindo essa sentença como um disco riscado, até conseguir se desemaranhar. Com as pessoas íntimas, dê um prazo específico para o seu tempo de retorno. Ou diga quando estará novamente disponível para retomar a discussão sobre o assunto. Não se envolva em mais nenhum bate-boca. Não se deixe arrastar por mais provocações. A chave é dizer quantas vezes precisar a frase de abertura e retirar-se fisicamente do local, assim que possível.

Regras do TER

As regras do TER são muito simples:

1. Memorize todas as seis frases de abertura. Isso é indispensável. As frases de abertura têm de estar bem aprendidas para que você possa dizê-las sem esforço, sem pensar. Veja o mapa de sentenças de abertura, no final deste capítulo. Teste-se diariamente, por uma semana, para verificar sua capacidade de retenção.

2. Sempre que possível, ensaie com antecedência as reações ativas 1 e 3. Decida se quer incluir nelas o que está sentindo sobre a situação. Depois, formule sua solicitação e sua opção com margem de recuo. Faça com que sua solicitação seja comportamental e específica. Tente também produzir uma reação de auto-ajuda. Pergunte a si mesmo como cuidar do problema *sem* a cooperação da outra pessoa.

3. Raiva contínua ou em escalada é um sinal de que você deve mudar de reação. Não fique preso a uma reação se ela não estiver funcionando. Passe para a que intuitivamente lhe parece ser a outra melhor opção.

4. Não tenha medo de repetir reações. Talvez você precise voltar várias vezes às perguntas que levam a mais informações. Talvez queira reconhecer o que está aprendendo das vivências da outra pessoa. E, conforme a conversa avança, pode ser interessante sugerir outra rodada de negociações.

5. Se você não sabe o que fazer em seguida, tente mudar de uma reação ativa para uma reação passiva (ou vice-versa). Se você até então preferiu obter informações, tente agora expressar suas necessidades pessoais. Se ficou preso em negociações infrutíferas, considere a alternativa de solicitar mais informações.

6. Mude constantemente suas reações até sentir que o problema está resolvido ou que mais comunicações parecem sem sentido. Se você ainda está com raiva e empacado, tente uma das reações de saída (auto-ajuda ou afastamento). Pare de falar e saia fisicamente da situação.

Praticando com imagens

Em 1971, Joseph Catella sugeriu que a pessoa pode treinar comportamentos novos desejáveis *imaginando* que consegue executar com sucesso a nova seqüência comportamental. Ele chamou essa técnica de modelagem encoberta. Eis como praticar o treino de escolha da resposta usando imagens.

1. Volte à hierarquia que você desenvolveu no Capítulo 10. Escolha uma cena situada mais ou menos na metade da hierarquia. Certifique-se de que seja uma cena que você consegue visualizar bem e que contém uma boa dose de diálogos enraivecidos. Provavelmente você achará mais fácil se for uma cena que acontece com freqüência e envolve alguém que você conhece bem.

2. Escolha algumas (de duas a quatro) frases anti-raiva que você usou em sua hierarquia para reduzir a raiva durante a visualização. Certifique-se de que pelo menos uma das frases anti-raiva ajuda-o a relaxar sua excitação fisiológica e outra sirva para neutralizar os pensamentos-gatilho que ocorrem durante a cena.

3. Planeje suas respostas de TER. Identifique o sentimento que mais se destaca na situação, se pensa em expressá-lo. Identifique sua necessidade e sua opção com margem de recuo. Crie uma alternativa de auto-ajuda.

4. Agora visualize a cena provocativa. No ponto em que começar a sentir raiva, imagine que está usando suas frases anti-raiva

para relaxar e neutralizar os pensamentos-gatilho. Agora imagine-se escolhendo a primeira reação do seu TER. Imagine a outra pessoa resistindo a esse primeiro esforço de sua parte. Ouça-a em sua raiva crescente, provocando você. Use suas instruções anti-raiva de novo: lembre-se de relaxar, de enfrentar sua excitação. Sinta-se lutando para manter o controle e mantenha-se concentrado na tarefa. Lembre-se de que o objetivo é solucionar o problema, não se vingar. Use sua raiva como sinal de que deve mudar para a sua próxima resposta TER. Imagine que sua segunda resposta é mal recebida. Novamente, instrua-se a relaxar e a continuar focalizado na tarefa. Use a experiência continuada da raiva como sinal de que deve mudar mais uma vez para outra resposta.

5. Para a sua primeira cena, imagine um acordo negociado. Ouça-se sugerindo sua opção de recuo e imagine o acordo final. Cuide para não emprestar à resolução um clima irrealisticamente otimista. Imagine que a outra pessoa mostra certa relutância. Veja-se começando a atacar, e depois encaminhando a raiva na direção de um acordo a ser alcançado.

6. Continue com o processo de modelagem encoberta por pelo menos mais cinco cenas da extremidade superior de sua hierarquia. Observe que talvez seja preciso mudar suas sentenças anti-raiva para torná-las mais apropriadas às novas cenas. Você também vai precisar planejar novas respostas para atender às suas necessidades por si mesmo. Deixe algumas cenas ser resolvidas com acordos enquanto outras pedem sua saída. Pode ser interessante ensaiar a mesma cena com desfechos variados.

Exemplo de modelagem encoberta

Jill era uma estudante de direito que tinha tido uma série de brigas explosivas com uma colega durante os estágios do verão. A cena de sua hierarquia foi assim:

> Rebecca joga uma pasta em minha escrivaninha. Ela cai com estrépito. Ela diz que está na última hora para preencher os formulários de entrada da apelação e que tudo tem de ser feito "para ontem". Senão, a empresa vai ser processada. Ela usa um tom de voz recriminador do tipo "e a culpa é sua". Eu nunca tinha visto aquele caso antes, mas me sinto mal por ignorá-lo. Estou começando a ferver. "Pode deixar

aí", digo friamente. "Bom, o caso é seu. Perca se quiser". Fico louca de raiva. Aquela carinha maldita de princesa mimada. Então começo a gritar: "Vai pra p.q.p." etc.

Jill escolheu quatro pensamentos anti-raiva para ajudá-la a lidar com a raiva produzida por essa cena:

1. "Respire fundo e relaxe."
2. "Procure a reação certa."
3. "Não vou dar a ela a satisfação de me tirar do sério."
4. "É assim que ela enfrenta a ansiedade dela."

Depois, Jill preparou sua resposta de auto-ajuda às próprias necessidades. Ela decidiu que não queria demonstrar o que sentia para Rebecca. Queria se ater a uma solicitação simples.

"Rebecca, o que eu gostaria é que você não me trouxesse casos para eu cuidar. Que não me avisasse de nada."

Jill decidiu também que teria uma opção de recuo. Pediria a Rebecca que ela deixasse os casos em sua caixa, com a data da apelação anotada.

Como recurso derradeiro de auto-ajuda, decidiu que apelaria a alguma figura de autoridade. "Se você continuar me chamando a atenção para os casos, vou pedir ao chefe do estágio que nos esclareça que temos obrigações separadas e não precisamos nos envolver uma no trabalho da outra."

Jill criou o seguinte roteiro para a cena: primeiro, expressa suas necessidades. Rebecca continua toda emproada, mantendo aquele tom de voz "eu sei mais que você". Jill controla a raiva por meio de pensamentos anti-raiva. Usa sua raiva como sinal de que terá de tentar outra resposta. Passando de uma resposta ativa para outra, passiva, ela busca obter mais informações e pergunta a Rebecca o que a importuna com os casos de Jill. Esta imagina Rebecca dizendo: "Se você perder, vai prejudicar a minha imagem". Jill imagina sua raiva aumentando de novo e se vê tendo de respirar bem fundo, lembrando-se de procurar a resposta certa. Tenta usar o recurso da negociação: "Rebecca, o que você propõe para solucionar esse problema?". "Acho que seria você cuidar muito bem de seus casos", Rebecca diz com o nariz empinado. Jill empurra a raiva para baixo, lembrando-se de não dar a Rebecca a satisfação de tirá-la do sério. "É assim que ela lida com a ansiedade *dela*". Jill continua tentando a negociação e oferece a sua sugestão de recuo. Imagina Rebecca aceitando-a meio sem graça e depois saindo da sala. Ela se congratula por conseguir o que queria sem explodir.

Jill repisou a cena várias vezes mais, com diversos desfechos. Imaginou a negociação dando errado e se viu tendo de anunciar sua solução de auto-ajuda para atender às suas necessidades. Imaginou sua raiva ficando muito forte, rapidamente, levando-a a sair do local antes de explodir. Cada vez que Jill passava pela cena achava mais fácil lembrar-se das sentenças de abertura de suas respostas. Foi capaz de usar a raiva como pista para mudar de reação, e como sinal de que devia usar seus pensamentos anti-raiva.

Jill praticou com mais outras quatro cenas de sua hierarquia. Antes de visualizar cada uma delas, preparou lembretes anti-raiva, além de afirmações de auto-ajuda para suas necessidades. Elaborou o roteiro da cena, decidindo com antecedência que respostas tentaria apresentar e estabelecendo como a pessoa provocadora iria agir a cada ponto da situação.

Representação de papéis do TER

A finalidade última do TER é usá-lo nas situações da vida real. Mas talvez você precise de mais prática antes de concluir a transição das cenas visualizadas para os encontros realmente provocadores. Há três maneiras de fazer o *role-playing* do TER. Primeiro, você pode ensaiar na frente de um espelho enquanto imagina a parte da outra pessoa no diálogo. Segundo, você pode atuar os dois papéis do diálogo, usando duas cadeiras e sentando-se alternadamente em cada uma delas para dizer as falas das duas personagens. Um terceiro método é ensaiar com um amigo íntimo. Peça-lhe que faça o papel da pessoa provocadora. Descreva a cena e a maneira como ela normalmente agiria. Como sempre, você precisa se preparar para a cena decidindo quais serão seus lembretes anti-raiva e suas sentenças de auto-ajuda. Depois, vá em frente e interprete a cena, usando a raiva como pista para mudar para outra reação.

Partindo para a prática

Você ensaiou o TER, visualizou as cenas e talvez até tenha representado os papéis. Agora chegou o momento de incorporar as seis respostas escolhidas ao seu repertório de ação na vida real, como estratégias para lidar com a raiva.

1. Escolha uma situação provocadora que ocorre com certa freqüência ou margem de previsibilidade (o ideal é que seja uma que você já tenha praticado na imaginação). Cuide para que seja uma situação em que você provavelmente *age* com raiva, além de *sentir* raiva. Se for uma cena que está em sua hierarquia, certifique-se de que ocupa uma posição média. Não escolha uma cena capaz de enfurecê-lo instantaneamente.

2. Prepare sua sentenças anti-raiva, incluindo aquelas que o fazem lembrar de relaxar e as que neutralizam os pensamentos-gatilho.

3. Planeje as sentenças para expressar suas necessidades, sua opção de recuo e a de auto-ajuda.

4. Comprometa-se a usar o TER. Lembre-se de que sentir raiva é um sinal de que deve apresentar sua primeira resposta do TER ou mudar para outra.

5. Se a primeira situação não ocorrer nos próximos dias, prepare-se para a segunda que certamente você viverá em breve. Quando você estiver na presença da pessoa provocadora de uma de suas situações-alvo, ensaie mentalmente a frase de abertura de uma reação do seu TER.

6. Quando a situação-alvo ocorrer, cumprimente-se se tiver sido capaz de colocar em prática qualquer resposta do TER. Se não ficar satisfeito com o resultado (porque esqueceu do TER ou perdeu o rumo logo de início), ensaie outra vez a cena em sua imaginação. Veja-se lutando para chegar ao controle de sua raiva e, finalmente, acessando uma resposta do TER que o ajude a chegar a um acordo ou o livre da situação antes de uma explosão de grandes proporções.

Não desanime quando tiver dificuldades para pôr em prática pela primeira vez uma resposta TER. Lembre-se de que sua antiga maneira de reagir é uma resposta bem instalada, habitual. Leva tempo mudar hábitos, em particular os que ajudam a enfrentar situações dolorosas. A chave consiste em continuar ensaiando o TER em sua imaginação, toda vez que perder o rumo numa cena da vida real. Leva tempo. E paciência. Mas, aos poucos, você se descobrirá usando o TER com cada vez mais naturalidade. As reações virão sem que você tenha de pensar. Você vai se sentir melhor quando lembrar de seus pensamentos anti-raiva conforme a raiva começar a subir.

Automotivação

Você precisa de muita motivação para mudar hábitos profundamente enraizados. A melhor maneira de fazê-lo é usar tanto um estímulo quanto um empurrão.

O estímulo

1. Planeje com antecedência recompensas específicas. Gratifique-se tanto por praticar o TER em imagens quanto por usar as novas respostas anti-raiva nas provocações reais. Articule-se de modo a ir ao cinema e assistir àquele filme que você tanto queria, ou jante fora em grande estilo. Planeje as coisas para que o jogo de tênis, o telefonema para o amigo ou a leitura daquele livro aconteçam *após* você ter feito seu ensaio de modelagem encoberta.
2. Comemore seus êxitos. Deixe que as pessoas saibam que você está trabalhando para a conquista de um novo método de controle da raiva. Diga-lhes quais são as situações em que você é capaz de ficar calmo e realmente se concentrar na solução do problema.
3. Afixe avisos. Grude lembretes no espelho do banheiro, por dentro da porta de entrada, em sua pasta de trabalho. Lembre-se: "Use o TER com a Nancy, expresse a necessidade, negocie, a raiva é um sinal de que há algo a enfrentar", e assim por diante.

O empurrão

1. A caminho do trabalho, todo dia, dedique cinco minutos à análise do que a raiva lhe custa. Avalie o ônus emocional e físico e reflita sobre como ela tem afetado seus relacionamentos. Pense em como a raiva tem afetado a sua carreira, os seus filhos, o seu casamento.

2. Reveja com detalhes as conseqüências de seu último episódio de raiva.

3. Faça um contrato de usar o TER com um amigo ou alguém que o apóia, ou até mesmo com a pessoa que o provoca. Especifique no contrato a pessoa-alvo com quem você planeja utilizar o TER. Inclua no contrato uma cláusula explícita de que informará o desfecho de qualquer interação com a pessoa-alvo.

O TER é um trabalho duro. Custa tempo e energia aprender novas maneiras de lidar com a raiva. Às vezes o processo dá a impressão de estranho, artificial. Outras vezes, dá vontade de enfiar tudo na gaveta e cuidar das coisas "naturalmente". Mas o modo natural é o enfurecido. E a raiva, por melhor que o faça se sentir em dado momento, já rompeu e prejudicou vários de seus relacionamentos importantes. Não existe outra forma de mudar, só "dando duro". Você já sabe disso. O TER e outras técnicas neste livro irão ajudá-lo a lidar com a dor. Cabe agora a você decidir se já está pronto para colocá-las em ação.

As frases de abertura do TER

ATIVAS

1. *Expressar necessidade específica*

    "Estou me sentindo [o que está incomodando você]."

    "E acho que preciso [quero/gostaria nesta situação de_____."

2. *Negociar*

    "O que *você* sugere para resolver este problema?"

3. *Cuidar de si mesmo*

    "Se [o problema] continuar, eu vou ter de [solução de auto-ajuda] para poder cuidar de mim."

PASSIVAS

1. *Obter informação*

    "Do que você precisa nesta situação?"

    "O que o preocupa [aborrece] nesta situação?"

2. *Reconhecer*

    "Então o que *você* quer é_____."

    "Então o que o incomoda é_____."

    "Então o que o deixa magoado é_____."

3. *Afastar-se*

    "Parece que estamos começando a nos alterar. Quero parar e esfriar a cabeça um pouco."

12
Comunicação para a resolução de problemas

Provavelmente seus pais nunca sentaram com você para explicar-lhe como satisfazer as suas necessidades. Você adquiriu essa habilidade observando seus pais e outros adultos de sua vida. Viu como resolviam os problemas inevitáveis que aconteciam quando as pessoas tinham necessidades diferentes. Ouviu de que maneira expressavam sua desaprovação e de que maneira estipulavam seus limites. Aprendeu pelo exemplo dado por eles o tom de voz e a linguagem corporal que usavam quando estavam em plena guerra. Se usaram violência, acessos de birra, intimidação ou afastamento, você aprendeu isso também. Viu os resultados quando uma pessoa se mostrou incapaz de ir atrás do que queria. Viu as decorrências quando alguém não conseguiu estipular limites ou não dizer "não" a certas expectativas e exigências. Viu a amargura persistente que se instalou quando os problemas não foram resolvidos, mas, em vez disso, foram empurrados para baixo do tapete.

Também aprendeu qual era a sensação de alguém ficar com raiva de você. Para uma criança, a raiva é aterrorizante. Os adultos são todo-poderosos e as crianças dependem deles em todos os aspectos de sua vida. Elas não conseguem se sentir seguras sem a aceitação e a aprovação dos adultos. Portanto, é vital descobrir uma maneira de lidar com a raiva dos pais.

Algumas crianças aprendem a evitar a raiva sendo submissas. Depois, na vida adulta, negam seus sentimentos e suas necessidades para se sentir seguras. Outras acham que a melhor defesa é uma boa ofensa. Quando adultas, são propensas a agir de maneira agressiva, usando ameaças de violência ou outras vias de intimidação para evitar conflitos e esquivar-se das críticas.

Nem o estilo passivo nem o estilo agressivo funcionam, a longo prazo, para atender às suas necessidades. Embora possam tê-las ajudado a sobreviver na infância, os relacionamentos adultos raramente prosperam com essas estratégias.

O estilo passivo de lidar com a raiva

A essência do estilo passivo consiste em não dizer coisa alguma que possa ofender. Na melhor das hipóteses, suas necessidades são expressas indiretamente. É assustador demais ir atrás do que se quer se, de alguma maneira, isso entrar em conflito com as necessidades dos outros. E é difícil dizer "não". Você estabelece limites concordando de má vontade, arrastando os pés, ou se mostrando menos que competente.

Por fora, você é bom, doce, cordato. Por dentro, sente a dor da impotência e de suas necessidades não atendidas. A dor cresce. Às vezes, você se sente sufocado pelas exigências alheias. Culpa os outros por não verem nem reconhecerem o que é importante para você.

O estilo passivo torna-o invisível. Os outros são forçados a adivinhar quais são seus sentimentos e desejos. Em geral, eles acabam por adivinhar errado. A irmã de Ralph havia pedido que ele a ajudasse a mudar três vezes, no ano anterior. Carregar caixas não é o lazer preferido para ele (sobretudo porque ela raramente está com as coisas prontas para carregar quando ele chega). Mas o que realmente o deixa enfurecido é o fato de sua irmã nunca procurá-lo a não ser para lhe pedir ajuda. Ela nunca telefona para dar um alô, jamais o convida para jantar. Ralph sente saudades dela e fica ressentido com a atitude da irmã. Não sendo direto, ele expressa os seus sentimentos sendo arredio e queixando-se de dor nas costas. A irmã lhe diz que ele é um amor por tê-la ajudado a se mudar quando sentia dor e lhe oferece o nome do seu quiropata.

O estilo agressivo de lidar com a raiva

O estilo agressivo informa as pessoas do quanto elas são más e erradas por não lhe darem o que você quer. O seu impulso é punir, subir num tanque de guerra e explodir com a oposição. Mas, como já aprendeu muito bem, essa estratégia custa muito caro. Quando você estertora, os outros também estertoram. Quando você ataca, os outros partem para o ataque. Quando você soca alguém psicologicamente, essa pessoa o golpeia de volta. As pessoas resistem a você. O que é obtido por meio de raiva deve ser defendido da mesma maneira. As pessoas intimidadas, assustadas, que você empurra para longe, irão encontrar outras formas de derrotar você e revidar. Você nunca está seguro de se é por amor ou medo que até mesmo os que lhe são mais próximos cooperam com você.

Você paga pela raiva com a moeda da culpa. As pessoas enfurecidas freqüentemente lamentam suas explosões. E sentem-se compelidas a compensar de outras formas: com favores, presentes, concessões. Depois, na seqüência dessa estratégia de compensação pela explosão recente, surgem novos ressentimentos. Por uma semana, você fica calminho e deixa de lado todas as suas necessidades e todos os seus sentimentos, e a dor da última explosão então cede um pouco. Mas o modelo do sujeito bonzinho logo cansa e, em breve, você novamente atacará e recriminará.

Cheryl sentia um aborrecimento crônico por causa de alguns hábitos do namorado. Ele sempre deixava o leite fora da geladeira, ia para a cama com aquela cueca fedorenta, nunca preparava salada quando era a vez de ele cozinhar e geralmente fazia algum prato com carne de porco (a comida de que ela menos gostava). Periodicamente, Cheryl desencadeava sua raiva, pensando: "Ele nunca dá ouvidos às minhas necessidades". Então despencava o mundo. O namorado de Cheryl ficava tão defensivo que simplesmente parava de escutar. No final, Cheryl sentia-se culpada e resolvia parar de reclamar por causa de "tais bobagens". Até a próxima vez.

Passivo depois agressivo

Quando você tem medo de pedir diretamente o que quer, a dor aumenta. Sua reação passiva leva-o a sentir-se preso e impotente. E essa impotência se acrescenta a elevados níveis de estresse. Quando a dor alcança um limiar crítico, você aproveita qualquer pensamento-gatilho conveniente para detonar a raiva. Geralmente, a explosão enfurecida não é ainda direta, ainda não mira a verdadeira questão que o está atormentando.

Voltando para casa depois de um dia longo e de uma hora de tráfego, Jim precisa de um pouco de tempo para "descomprimir" antes de cuidar dos problemas e prazeres de um lar barulhento. Uma meia horinha de paz e sossego lendo o seu jornal serviria para reduzir significativamente o seu estresse. Mas ele tem dificuldade em pedir o de que precisa. Põe a sala em ordem, arruma a mesa, lê uma história para os filhos. Suspira, sorri um sorriso amarelo para a esposa. Durante o jantar o filho de quatro anos fala com a boca cheia. Jim explode.

O estilo assertivo

A comunicação assertiva permite-lhe expressar sentimentos, pensamentos e vontades, e defender os seus direitos, além de estipular limites que lhe convêm, sem com isso violar os direitos dos outros. A firmeza é o antídoto da raiva. Você pode dizer "eu quero mais atenção" em vez de acusar o marido de ser "uma pedra de gelo". Você pode dizer "eu quero ajuda com as compras", em vez de se queixar de que seus filhos são "imprestáveis, uns vagabundos preguiçosos como o pai". Você pode escrever uma proposta solicitando um aumento em vez de se queixar de que não é valorizado no trabalho.

A coisa mais importante a ser lembrada a respeito da assertividade nas comunicações é que você tem todo o direito de expressar as suas necessidades. Outras pessoas têm o mesmo direito e as necessidades delas são tintim por tintim tão importantes para elas quanto as suas o são para você. Comunicando-se com assertividade, você pode trabalhar para chegar a um acordo, sem recorrer à raiva, e a uma solução que ofereça às duas partes pelo menos um pouco do que desejam. Você pode se proteger sem reclamar. Pode estabelecer limites sem afastar as demais pessoas. A comunicação firme funciona em praticamente todos os problemas interpessoais: sexo, dinheiro, luta pelo poder, conflitos no trabalho ou na escola. A chave está em ser direto, claro e em não atacar.

Como fazer uma declaração assertiva

A sentença assertiva tem três partes: eu penso, eu sinto, eu quero. O componente "eu penso" é a descrição objetiva do que você vê, ouve e observa. "Os fatos, nada além dos fatos", da maneira como você os percebe. A sentença assertiva apresenta os fatos sem julgamento, reclamação ou adivinhação das intenções da outra pessoa. "As roupas continuam no chão." "Quando telefonei para o seu escritório, a secretária informou que você tinha ficado fora a tarde toda." "Quando peguei o carro hoje de manhã, ele não tinha combustível."

Às vezes é difícil separar os fatos dos sentimentos, mas esse é o primeiro passo para reduzir a espiral da raiva. Apresentar os fatos coloca a questão na mesa para que seja discutida. Será mais provável você obter a cooperação da outra pessoa se começar com uma sentença objetiva do que abrir a conversa com um insulto ("Mas que droga de preguiçoso que você é. Nem pense que vou ficar recolhendo a sua bagunça!"), em tom de desafio ("Mas onde foi que você tinha se metido quando telefonei hoje à tarde?"), ou com sarcasmo ("Muito obrigada pelo tanque cheio que eu encontrei hoje de manhã".). Essas sentenças alimentam a sua própria raiva e tornam a outra pessoa igualmente enraivecida e defensiva. Nada se resolve e nada muda.

A sentença "eu sinto" explicita a sua reação mais sincera. Faz com que a outra pessoa fique inteirada de como o comportamento dela o afeta, sem que você tenha usado táticas de reclamação, intimidação ou provocação, e sem ter levado a outra pessoa a se colocar na defensiva. Para começar, pode usar uma sentença como esta para expor seus sentimentos: "Quando_____ acontece, eu sinto_____". "Quando chego em casa e a louça está toda na pia, fico com raiva." "Quando você me promete levar para jantar num restaurante e depois cancela porque tem de ficar trabalhando até mais tarde, fico sentida." "Quando você me ignora nas festas e fica conversando com os outros homens, sinto-me abandonada e humilhada."

É importante procurar e admitir os outros sentimentos que se escondem por trás da raiva. Em geral, a raiva é a emoção *que se sobressai* e a única da qual você toma consciência. A preocupação, o medo, o desapontamento, a culpa e o constrangimento são algumas emoções que podem levar à raiva. Bobby não conseguia entender por que ficava com raiva toda vez que Ralph discutia com a namorada nova, Judy. Quando parou para pensar sobre isso, percebeu que sua raiva se compunha de outros dois sentimentos.

Quando Ralph e Judy começaram a se ver mais, Bobby ficou *preocupado* com a possibilidade de perder um amigo e *enciumado* do tempo que passavam juntos. A dor da preocupação e dos ciúmes fazia com que sentisse raiva.

Quando Meg ficou bêbada na festa da empresa, Paul percebeu que a raiva que sentia dela era causada por sua sensação de *desânimo*, por não saber se ela um dia iria conseguir se comportar, e de *decepção*, por ela ter quebrado sua promessa de não beber. E também tinha ficado *constrangido* pelas risadas altas e inconvenientes que ela dera na festa.

Qualquer um que tenha filhos adolescentes sabe com que freqüência o medo e a preocupação desencadeiam raiva. Uma adolescente ingenuamente comentou: "Meus pais ficaram tão loucos quando cheguei tarde em casa que quase desejei ter sofrido um acidente para telefonar do hospital. Pelo menos eles ficariam penalizados comigo". Quando você constata os diferentes sentimentos que compõem sua raiva, a outra pessoa consegue compreendê-la melhor. E assim é mais provável que cooperem com você na resolução do problema.

Observe que a ênfase recai no "eu". "Eu penso, eu sinto." Assuma a responsabilidade por suas próprias experiências. Não é ela que "faz você sentir ciúmes". Ele não "faz você se sentir estúpido". Quando você culpa os outros pelo que sente termina se sentindo impotente. Quando assume a responsabilidade pelos seus sentimentos, outorga-se o poder de mudar a situação.

Às vezes, a pessoa acha que está transmitindo uma mensagem com "eu" quando na realidade está usando uma mensagem em que culpa a outra pessoa. Por exemplo, "*Eu* acho que *você* está controlando" ou "*Eu* sinto que *você* está se aproveitando da situação". Os fatos devem ser tão objetivos e justos quanto uma fotografia: uma declaração ou imagem do que existe. Os "sentimentos" são uma declaração de sua reação emocional, não um julgamento ou ataque. Compare as mensagens com "você" acima e as seguintes afirmações assertivas: "Quando você toma decisões sem me consultar, sinto-me deixada de lado e frustrada por não ter voz em questões importantes". Os *fatos* estão aí, os *sentimentos* estão aí, e a outra pessoa sabe o que o está importunando sem se sentir acusada de estar "controlando". Você diz: "Quando você me traz as crianças para que eu cuide, sem telefonar ou avisar, eu me sinto ofendida".

Os *fatos* estão ali, os *sentimentos* estão ali, e a outra pessoa consegue entender os seus limites sem se sentir acusada de ser "egoísta e se aproveitar dos outros".

A parte "eu quero" de uma declaração assertiva é a mais importante. Eis as diretrizes para fazer uma solicitação: (1) cuide para só tratar de uma questão por vez; (2) faça uma solicitação específica; (3) faça uma solicitação comportamental.

Cuide de uma só questão por vez. Provavelmente você vai sobrecarregar a sua esposa se lhe pedir que lhe dê mais apoio no trabalho, gaste menos dinheiro com as crianças, ajude-o na limpeza do quintal e à noite esteja linda e *sexy*! Todas essas podem ser questões importantes para você, mas se as trouxer todas ao mesmo tempo ela vai se sentir atacada e sobrecarregada.

Seja específico. Em vez de dizer: "Eu quero que você me ajude mais com as crianças", descreva exatamente o que quer. "Eu gostaria que você deixasse as meninas prontas para a escola enquanto eu preparo os lanches para elas e arrumo o café da manhã." Em vez de dizer: "Eu quero que você faça mais coisas na casa", especifique as suas necessidades. "Eu quero que você limpe o banheiro de baixo e passe o aspirador nos tapetes." E você pode ser ainda *mais* específico. Tente descrever quando, com que freqüência, de que maneira você quer que as coisas aconteçam. Em vez de dizer: "Vou precisar do orçamento no final da semana", diga "Preciso de quatro cópias do orçamento para sexta-feira, às duas da tarde". Se você quer que seu filho esteja em casa às 22 horas, não diga: "Volte logo, lembre-se de que amanhã você tem escola". Provavelmente você terá uma longa noite de preocupações pela frente quando sua solicitação for vaga desse jeito. Diga a hora-limite exata e terá uma boa chance de evitar uma crise.

Peça uma mudança de comportamento. Você não pode exigir que as pessoas mudem suas atitudes e seus valores, suas prioridades e seus sentimentos. Só pode pedir-lhes que mudem seu comportamento. Por exemplo, você pode pedir ao seu marido que a acompanhe na festa do escritório, mas não pode pedir-lhe que *queira* ir a essa festa. Pedir que o namorado seja "mais amoroso" ou "mais atencioso" resulta em frustração e desapontamento. Naquele momento em particular, quando é mais importante que ele seja amoroso e atencioso, ele pode não estar se sentindo assim. Sobretudo, ele pode ter apenas vagas noções do que você quer dizer com essas palavras. Sua melhor estratégia é primeiro definir para si mesma e depois para ele exatamente de qual *comportamento* amoroso você está precisando. Isso quer dizer fazer o chá depois do jantar, ajudar a organizar os pagamentos, fazer-lhe uma massagem nos ombros, assistir à TV juntos debaixo do cobertor, ou tomar uma ducha juntos? Pode não ser romântico definir comportamentalmente o amor, mas é eficiente.

Mesmo que você não possa pedir uma mudança de atitude, quando ocorre uma mudança de comportamento as atitudes e os sentimentos também mudam. John era um fã de beisebol quase fanático. Sua família podia simplesmente esquecer sua participação em qualquer atividade durante a temporada (que dura meio ano). Marilyn conseguia tolerar os programas diários de rádio e os jogos pela TV de vez em quando, mas ela realmente queria que ele participasse dos planos para os fins de semana, no verão. Ela tentou o sarcasmo: "Percebo que este vai ser outro excitante fim de semana regado a cerveja e salgadinhos". E o ameaçou: "Um dia desses você vai tirar os olhos da TV e ver que fomos embora". Ela queria que ele *quisesse* passar o fim de semana com a família: uma mudança de atitude. Mas decidiu aceitar uma mera mudança de comportamento. E chegaram ao seguinte acordo: ele passaria todos os sábados das 10 às 14 horas com os gêmeos de oito anos para ela poder ir à sua aula de artes. Uma vez por mês, num domingo, a família toda sairia para um passeio que durasse o dia todo. Ele escolheria o domingo mas, nesse dia, sem assunto de beisebol. No princípio, John concordou porque odiava as lamentações e as reclamações. Pelo menos ela largaria do seu pé por causa do beisebol o resto do tempo. Mais tarde, John ficou surpreso quando percebeu o quanto gostava de ficar com os gêmeos. Ele os ensinou a jogar beisebol. Ficou amigo de outros pais no parque e deu início a um pequeno time na vizinhança, para um joguinho aos sábados. Os meninos começaram a apreciar o esporte e esperavam o do-mingo para ir ao estádio. Adoraram ser incluídos na atividade predileta de seu pai e estavam se tornando precocemente bons jogadores. Ao insistir numa mudança de comportamento, Marilyn conseguiu uma boa parte do que queria.

Dizer o que você acha (os fatos), sente e quer constitui uma declaração assertiva completa. O uso desse formato claro e firme facilita a organização dos seus pensamentos, evita ataques que enfureçam o outro e consegue atenção para as suas necessidades.

A melhor amiga de Anna May está sempre pedindo dinheiro emprestado. Para o ônibus, para o McDonald's. Para comprar chiclete. Na metade das vezes ela se esquece de devolver. Recorrendo ao modelo "eu penso, eu sinto, eu quero", Anna May criou a seguinte sentença assertiva:

> *Eu penso*: "Duas a três vezes por semana você pega dinheiro emprestado para o ônibus ou para comprar lanche. Na metade das vezes você se esquece de devolver".
> *Eu sinto*: "Às vezes fico com raiva e frustrada quando você não me devolve o dinheiro".
> *Eu quero*: "Você poderia anotar quanto me deve em seu caderno de atividades sociais, ou em qualquer lugar, e me pagar no final de cada semana?".

O primeiro ano em que Kate deu aula para a segunda série do primeiro grau foi difícil. Houve momentos em que pensou que o trabalho que fazia com os alunos era criativo e interessante. Mas houve ocasiões em que foi complicado manter o barulho e a excitação sob controle dentro da classe. A professora que trabalhava na sala ao lado fazia comentários sarcásticos na frente dos outros professores, nos horários de intervalo. Kate sentia-se criticada e constrangida. Finalmente parou essa professora no meio do corredor e foi firme:

> *Eu penso*: "Você tem feito comentários na sala dos professores a respeito de como eu lido com a classe".
> *Eu sinto*: "Quando você faz isso na frente dos outros professores é constrangedor".
> *Eu quero*: "Gostaria de conversar em particular com você, outra hora, a respeito do que estou tentando fazer com a minha classe, para ouvir suas sugestões. Talvez possamos almoçar juntas na próxima segunda-feira".

Joanna cuidava de seis crianças depois que saíam da escola. Ela se sentia constantemente frustrada com o fato de alguns pais virem buscar os filhos atrasados sem nunca telefonar antes para avisá-la. Uma mãe, em particular, costumava se atrasar de meia hora a uma hora porque parava para fazer compras e tomar providências. Depois dizia como se fosse normal: "Opa, acho que estou um pouco atrasada. Mas você não se importa, não é? Está em casa, afinal de contas".

Joanna chegou à seguinte sentença assertiva, usando a estrutura "eu penso, eu sinto, eu quero".

Eu penso: "Nas últimas duas semanas, você se atrasou mais de trinta minutos quatro vezes, sem telefonar, nem avisar que iria se atrasar. Quando você se atrasa, isso significa que não posso começar as coisas que faço à noite. Meu dia de trabalho só termina quando todas as crianças foram embora".
Eu sinto: "Sinto-me um pouco usada".
Eu quero: "Gostaria que você estivesse aqui pontualmente às 18 horas e, se precisar se atrasar, por favor telefone avisando".

Jeff e Bill eram sócios numa pequena empresa de *design*. Funcionavam com um orçamento apertado e tentavam fazer tudo sem contratar uma secretária nem um gerente. Isso significava que havia muitas tarefas pequenas que precisavam ser feitas, e eles procuravam repartir todo o trabalho. Jeff pedia que Bill comprasse os selos, fizesse as reservas nos vôos, ou telefonasse para saber a quantas andava o pedido de empréstimo que tinham feito. Bill concordava em fazer tudo isso mas, se ficava ocupado, esquecia ou adiava. Quando Jeff percebia mais tarde que as coisas não tinham sido feitas, ficava realmente enfurecido. Jeff afinal conseguiu colocar numa sentença assertiva o que queria:

Eu penso: "Há um monte de coisas que demandam tempo e simplesmente têm de ser feitas para que este negócio vá em frente. Muitas vezes, quando lhe peço que cuide de alguma coisa, você não faz ou esquece. Nesse meio tempo, eu já tinha tirado a tal providência da minha cabeça porque presumi que tinha sido feita".
Eu sinto: "Fico realmente frustrado quando procuro um selo e não há nenhum. Fiquei com muita raiva quando descobri que não havia reserva de vôo para nós naquela viagem no mês passado".
Eu quero: "Quero que façamos uma lista de todas as coisas que precisam ser feitas e coloquemos as nossas iniciais naquelas que aceitamos fazer. Se você não puder dar conta, quero que me diga. Assim que estiver resolvido algum item, fazemos uma cruz nele".

Paul contratou o sobrinho de seu amigo para pintar a frente de sua casa. Fizeram um contrato por escrito a respeito do custo do serviço. Quando terminou o trabalho, o sobrinho acrescentou 150 dólares de mão-de-obra ao total, alegando que a madeira estava rachada e que ele precisou passar massa e seladora. Paul achou que estava sendo manipulado, mas conseguiu chegar a uma formulação clara e firme do que dizer:

> *Eu penso*: "Tínhamos feito um acordo por escrito a respeito do quanto custaria o serviço de pintura. Você fez o trabalho extra com a massa e a seladora sem me consultar".
> *Eu sinto*: "Estou me sentindo muito infeliz com o acréscimo no preço".
> *Eu quero*: "Estou disposto a pagar-lhe o valor combinado mais o custo da massa e da seladora".

Cassie emprestou seu conjunto de suedine a uma amiga. Quando ela o devolveu, estava sujo. Cassie ficou chocada. Ela simplesmente tinha pensado que a amiga devolveria a roupa nas mesmas boas condições em que se encontrava, apesar de nunca terem falado sobre isso. Em vez de suprimir o ressentimento, ela disse de modo claro e firme o que queria:

> *Eu penso*: "Quando eu lhe emprestei a roupa estava limpa e passada. Agora está suja".
> *Eu sinto*: "Sinto-me magoada e usada".
> *Eu quero*: "Quero que você me pague a lavanderia".

Ser claro e firme significa que você consegue atender às suas necessidades porque as outras pessoas ficam a par delas. Ser assertivo quer dizer que os outros ouvem porque não estão com medo de sua raiva. Quer dizer que você se apresenta como alguém que pode cuidar de si, que pode cooperar e é aberto e honesto a respeito do que quer e do que espera dos outros.

Sanções

Algumas pessoas já são motivadas a cooperar com o que você quer. Pode ser que valorizem sua amizade ou queiram algum favor de sua parte no futuro. Podem considerar justa a sua reivindicação ou simplesmente querem vê-lo feliz. Mas se as pessoas não estão motivadas a satisfazer suas necessidades você precisará oferecer-lhes alguma espécie de reforço. Sempre que possível, use reforço positivo para motivar as pessoas a cooperar. Geralmente isso funciona melhor do que punir (se não atenderem a seus pedidos acontecerá algo de ruim). A punição cria resistência e ressentimento. Reforçadores positivos típicos incluem:

"Se você lavar a louça, eu cuido da roupa com você".

"Se você cuidar do talão de cheques, eu faço massagem nos seus pés".

"Se você levasse o Bill para a escola, eu poderia começar mais cedo a pintura. Eu realmente gostaria disso".

"Se nos encontrarmos no restaurante perto da minha casa, poderei passar mais tempo com você no almoço".

Infelizmente, existem momentos em que o reforço positivo não funciona. Não há quantidade de elogios ou promessas de vantagens que ajudem. Uma solução, no caso, então, é desenvolver as sanções. Sanções são as conseqüências ou custos de não atender o que você quer. "Se... acontecer, então eu..." A finalidade das sanções é motivar a outra pessoa a cooperar com você ou respeitar os seus limites. Quando apropriadamente usadas, as sanções podem ajudá-lo a satisfazer suas necessidades sem precisar recorrer à raiva. Quando usar sanções, lembre-se das quatro regras seguintes.

1. As sanções devem ser específicas. Seja preciso a respeito do comportamento que desencadeará a sanção e o que acontecerá especificamente. Ameaças vagas como "Se eu não conseguir te alcançar, vamos ter um problema sério" não dão à outra pessoa informação suficiente. Em vez disso diga: "Se você se recusar a falar comigo quando eu telefonar, vou contratar outro advogado".

2. As sanções devem ser razoáveis. Não tem sentido nenhum caçar mosquitos com uma espingarda. Provavelmente você fará um grande buraco na parede e de toda forma não atingirá o mosquito. Sanções razoáveis ajudam-no a sentir-se no controle, além de respeitar a outra pessoa e seu direito de tomar as próprias decisões. O uso de humilhação pública, a traição da confiança, ameaças de violência e outras sanções não razoáveis deixam a pessoa enraivecida e menos propensa a cooperar com o que você quer. Sanções tais como "Se você não chegar aqui pontualmente terei de sair sem levá-lo" ou "Se você tocar novamente nesse assunto, eu saio da sala" são apropriadas para condutas irritantes. Mostre as armas fortes só nas grandes lutas, não nas briguinhas.

3. Tenha certeza de poder conviver com as conseqüências da sanção. As sanções que você impõe não devem feri-lo mais do que à outra pessoa. Peggy, uma mulher católica, estava para se casar com um homem judeu. A mãe de Peggy disse que não iria ao casamento a menos que fosse numa igreja e com um sacerdote. Peggy e o noivo escolheram um casamento ecumênico, celebrado tanto por um sacerdote quanto por um rabino e incluíram ritos de ambas as religiões. Como ameaçara, a mãe de Peggy não compareceu à cerimônia. Peggy ficou magoada, mas a verdadeira perdedora foi sua mãe. Ela deixou de ver a filha se casando, não estava em nenhuma fotografia do casamento e seu vínculo com a filha e a família ficou prejudicado. Cuidado quando ameaçar de se divorciar, demitir-se, chamar o FBI ou se matar. Ultimatos dramáticos podem parecer apropriados no calor da batalha mas costumam terminar por feri-lo ainda mais. Quando você cria sanções com as quais consegue conviver, torna-se possível passar para a regra seguinte.

4. As sanções devem ser consistentes. Esteja preparado para cumprir o que você disse que faria. Se você disse que, sob certas circunstâncias, desligaria o telefone, chamaria o gerente, se recusaria a pagar, faça isso. Faça toda vez que surgir a situação, caso contrário você não estará *treinando* a outra pessoa a levá-lo a sério. Ser consistente significa que a outra pessoa respeita você e seus limites, e ela também fica sabendo qual é sua posição. Ser consistente significa que os outros terão menos probabilidade de se aproveitar de você futuramente.

Negociações

Negociações não ocorrem somente entre patrões e empregados ou entre as grandes potências. Você pode recorrer a uma negociação toda vez que tiver um conflito de interesses e quiser elaborar uma solução que traga benefícios mútuos. "Eu lhe darei do que você precisa se você me der do que eu preciso". "Eu lhe dou meio quilo de maçãs e você me dá uma dúzia de ovos." "Eu lhe dou várias centenas de dólares e você me leva para passear em seu avião."

As pessoas muitas vezes hesitam em negociar quando têm necessidades conflitantes porque isso exige que ouçam e entendam a posição da outra pessoa. Para elas é bem mais fácil serem firmes quando o outro lhes parece errado, estúpido, egoísta, inconsistente, injusto. Em vez de negociar, tentam convencê-lo da equanimidade e da justeza de suas próprias opiniões. Esperam que seja o outro a fazer todas as mudanças.

Negociações requerem uma atitude diferente, começando com a premissa de que a outra pessoa tem necessidades tão importantes para ela quanto as suas são para você. Negacear, gritar, ficar com raiva ou friamente racional não são reações que em geral levem os outros a mudar sua maneira de ver a situação. Se existe um conflito de necessidades, a negociação permite-lhe encontrar um terreno médio onde ambas as partes conseguem ao menos uma parte do que querem. Eis como funciona:

1. Saiba exatamente o que quer. Declare em termos comportamentais o que você quer que a outra pessoa faça ou não faça.

"Eu quero que você me traga as crianças de volta no domingo às 18 horas."

"Eu quero ficar no comando quando você sair de férias."

"Eu não quero que você use a nossa passagem para a garagem."

2. Ouça as objeções da outra pessoa. A finalidade deste passo é entender a posição dela, não argumentar ou tentar convencê-la a desistir de suas necessidades. Seja um ouvinte ativo, fazendo perguntas, esclarecendo, dizendo com suas próprias palavras o que entende ser a posição da outra pessoa. Não tenha medo de ouvir nem de ser simpático à visão que ela tem da situação. Só porque você entende o que ela pensa não quer dizer que você deva concordar com seu ponto de vista nem aceitar uma perspectiva diferente da sua. A partir das informações reunidas, pode-se passar para o passo seguinte.

3. Faça uma proposta. Sua proposta deve levar em consideração do que a outra pessoa precisa ou o que ela quer nessa situação. Se ela concordar com você haverá alguma vantagem para ela? Você terá de ser criativo e flexível, rompendo o cerco limitador das regras e das tradições.

Marge, que trabalhava como contadora num grande edifício da cidade, realmente queria o escritório que dava para a janela em vez de um cubículo no meio da sala. Sua solicitação ao gerente contemplou os interesses tanto dele quanto dela: "Se eu puder usar aquela sala, disponho-me a separar um espaço para as pastas dos casos em andamento. Também deixarei o espaço livre para as reuniões semanais. E disponho-me a repartir o espaço com a outra não-fumante do escritório. Dessa maneira, ela sai do seu pé por causa da política antitabagista. Que tal?".

4. Faça uma contraproposta. Se a outra pessoa não aceitar sua proposta, convide-a a sugerir uma solução diferente. As pessoas que não estão acostumadas a negociar podem precisar de alguma ajuda no começo. Lembre-as de que seu objetivo é entender a posição delas e encontrar um meio termo com o qual as duas partes possam conviver. Eis algumas soluções típicas de acordo negociado:

- "Do meu jeito desta vez; do seu, na próxima".
- "Quando eu fizer é do meu jeito; quando você fizer, é do seu".
- "Se você fizer... por mim, eu faço... para você".
- "Uma parte do que você quer, uma do que eu quero".
- "Tente do meu jeito por uma semana e vejamos. Se você não gostar, voltamos ao jeito antigo".
- "Vamos rachar a diferença".

Você até pode dizer: "Eu realmente quero... Isso é muito importante para mim. O que seria preciso eu fazer para você desta vez achar que vale a pena como eu quero?".

Vá e volte várias vezes, ouvindo, esclarecendo, propondo alternativas, até ambos chegarem a uma solução compartilhada.

A parte mais difícil de uma negociação pode ser começar. Primeiro talvez seja preciso negociar entrar numa negociação. Se seu histórico de brigas difíceis é longo, ou se antes sua postura foi intimidadora e enraivecida, a outra pessoa pode hesitar até para apenas falar sobre o conflito. Tente esclarecer o motivo da resistência a uma conversa aberta. Talvez ela precisa ser reassegurada de que você a ouvirá. E talvez se sinta mais segura se você estipular alguns limites práticos como um tempo predeterminado, ou um acordo explícito prévio de não brigar nem gritar ou ter durante a negociação a presença de uma terceira pessoa neutra.

Estabelecer limites

Pense nas muitas solicitações que todos os dias você recebe. Às vezes, você concorda em fazer coisas que lhe são prazerosas. Mas uma parte do tempo você diz "sim" quando quer dizer "não".

A capacidade de dizer "não" é uma habilidade crucial. Ela informa ao mundo que você é uma pessoa com necessidades, preferências e predileções que são exatamente tão válidas quanto as de todos, e ainda que é capaz de cuidar de si mesmo. Dizer "não" é uma declaração dos seus limites. Fora de você existem as necessidades e as exigências de todas as pessoas em seu mundo. Dentro, estão as suas próprias necessidades e vontades. Ser capaz de dizer "não" estabelece um território. "Não" é uma das primeiras palavras que se aprende na infância e aquela que primeiro lhe permitiu tornar suas necessidades conhecidas. "Não, eu não vou comer espinafre." "Não, eu quero ficar acordado." "Não, eu não vou usar o penico."

Se dizer "não" é uma maneira tão simples e básica de ser assertivo, por que tantas pessoas sentem tamanha dificuldade em fazê-lo? Sua educação religiosa e moral, na infância, instruiu-o a colocar primeiro os outros. Os altruístas são admirados. Os que cuidam de si mesmos são considerados egoístas. Em certas famílias disfuncionais, os filhos se encarregam de pacificar e cuidar da família. Somente ao colocar antes as necessidades dos outros, negando as próprias, é que conseguem sobreviver. Essas lições de sobrevivência permanecem vivas na pessoa muito tempo depois de terem deixado de ser úteis ou apropriadas.

As pessoas com a auto-estima comprometida têm uma dificuldade especial de dizer "não". Sentem-se sem valor. Não têm o direito a limites de ordem pessoal. Têm medo de que, dizendo "não", possam perder o emprego ou ser abandonadas pelos amigos. Sua esperança de evitar decepções para os outros, ou de evitar que sintam raiva, é que alimenta sua atitude de concordar com tudo.

Mas as pessoas que não conseguem estabelecer limites podem se tornar cronicamente enraivecidas. Elas sentem que as pessoas se aproveitam delas. Qualquer um pode tomar seu tempo, espaço e dinheiro. Elas se sentem atropeladas e sobrecarregadas. Um relacionamento íntimo torna-se uma prisão de exigências ilimitadas. Elas gastam seu tempo e sua energia com pessoas e atividades que não lhes dão prazer e acabam com muito pouco espaço para as coisas na vida que realmente as agradam.

Shirley entrou num rodízio de carros para ir ao trabalho mesmo preferindo ir de metrô. Joan joga cartas com uma velha amiga toda terça-feira mesmo preferindo ter aula de costura de colchas. Tom aceita um emprego de organizador do Fundo de Caridade mesmo detestando trabalhar com arrecadações em escritórios e não tendo tempo para fazê-lo. Jill concordou em costurar todas as fantasias do recital de balé da filha porque não "trabalha" como as outras mães. Todas essas pessoas têm dificuldade em estipular limites; isso torna suas vidas menos produtivas, criativas e agradáveis.

Simplesmente diga "não"

Em muitas circunstâncias, um simples "não", ou "não, obrigado", é tudo o que é preciso ou apropriado. Você não deve uma explicação à outra pessoa. Não precisa se desculpar. Manter as coisas simples garantirá que a situação seja resolvida de maneira assertiva. "Não, eu não quero beber." "Não, eu não preciso de uma casa de férias nas Bahamas." "Não, eu não quero contribuir para o chá de bebê." Sua recusa, quando simpática e segura, transmite a sensação de que você está rejeitando apenas o pedido ou a oferta, não a pessoa.

Em outras circunstâncias, pode ser preciso dar mais informações à outra pessoa. Uma estipulação completa de limites tem três componentes: reconhecer expressamente a outra pessoa; afirmar sua posição; estipular o limite. Quando você usa a sentença com três partes, não tem de ficar com raiva das exigências ("O que quer dizer pedir-me mais dinheiro?"). Não é preciso que você dê conselhos ("Se você cuidasse melhor da manutenção de seu carro, não estaria nesta situação."). Não tem de culpabilizar ("Se ela tivesse planejado com antecedência, não teria me obrigado a esperá-la por uma hora."). Não tem de consertar nem resolver o problema ("Como é que você vai para casa agora? Vou perguntar para os outros e ver se encontro alguém que lhe possa dar uma carona.").

1. Reconheça as necessidades da outra pessoa. Se você não está exatamente seguro do que lhe está sendo pedido, indague e obtenha mais detalhes. O que quer dizer precisamente a outra pessoa lhe pedir que "a ajude a mudar" ou "apóie sua proposta?". Identificar detalhadamente a solicitação da outra pessoa lhe assegura que você a ouviu corretamente.

2. Expresse sua posição (sua preferência, seus sentimentos, sua percepção das circunstâncias). Seja tão confiante e assertivo quanto puder. Faça-o sem se desculpar. Não se rebaixe. Apenas descreva qual é sua opinião. "Hoje estou muito cansado." "Já tenho outro compromisso." "Decidi que prefiro ir no meu próprio carro."

3. Diga "não". Diga: "Não, obrigado... Não quero... Prefiro não... Isso não está certo para mim... Mudei de idéia... Não estarei lá".

Eis alguns exemplos de como dizer "não".

- "Estou sabendo que você precisa de alguém para cuidar de seu bebê hoje à tarde, enquanto você vai ao dentista. (*Reconhecimento*) Eu queria passar a tarde de hoje trabalhando no quintal, enquanto meu filho está na escola. (*A sua posição*) Não estarei disponível para ajudar. (*Dizendo 'não'*). Estou certa de que você vai encontrar outra pessoa."
- "Estou vendo que você precisa de alguém de nossa unidade para comparecer à reunião. (*Reconhecimento*) Não posso ir. (*Dizendo 'não'*) Estou muito ocupado com os meus projetos agora e não quero repartir o tempo com mais isso (*A sua posição*)."
- "Percebi que você está sexualmente atraído por mim. (*Reconhecimento*) Gosto do tempo que passamos juntos mas para mim não é a mesma 'química'. (*A sua posição*) Para mim, uma relação sexual com você agora não me diz nada (*Dizendo 'não'*)."
- "Sinto muito se você acha que estou sendo injusto. (*Reconhecimento*) Mas tenho de considerar as necessidades da

empresa, neste momento, e simplesmente não podemos nos dar ao luxo de perder você agora. (*A sua posição*) Não vou autorizar a sua transferência. (*Dizendo 'não'*)."

Não é sempre que você consegue planejar com antecedência, mas poderia ser útil pensar nas situações recorrentes em sua vida nas quais você precisa estipular limites ou dizer "não". Você pode ensaiar uma resposta assertiva usando uma sentença em três partes. Pode praticar dizer "não" a um amigo que muitas vezes lhe pede dinheiro, ou ao seu supervisor que espera que você trabalhe até tarde ou leve trabalho para casa. Você pode ensaiar dizer "não" a um parente ou vizinho que aparece de repente, sem avisar, à comissão no trabalho que consome muito do seu tempo, aos vendedores por telefone, e assim por diante. Quando você é capaz de estipular limites, pode fazer mais as coisas de que realmente gosta.

Eis mais algumas sugestões para dizer "não" e estabelecer limites.

1. Vá com calma. Se você é daquele tipo que tem tido dificuldade em estabelecer limites e diz "sim" automaticamente, tente retardar a resposta. Provavelmente, você será capaz de pensar com mais clareza sem a pressão da outra pessoa esperando pela resposta. "Eu te telefono no final da semana." "Darei a resposta hoje à tarde." "Posso te ligar de volta em cinco minutos?"

2. Não se desculpe em excesso. Quando você se desculpa por ter estipulado limites ou dito "não", está comunicando à outra pessoa e *a si mesmo* que não tem o direito de cuidar de si. Está dizendo: "Perdoe-me por colocar as minhas necessidades antes das suas". Desculpas excessivas convidam a outra pessoa a exercer mais pressão sobre você, para que mude de opinião. Desculpar-se também inspira as pessoas a se impor a respeito de outras coisas, para que ceda a elas.

3. Não se rebaixe. Algumas pessoas só conseguem estabelecer limites quando se rebaixam. "Sou muito fraco, estúpido, desajeitado, pobre, assustado." A longo prazo, dizer "Isso não" é melhor que dizer "Não consigo". Quando você diz "Não consigo", a outra pessoa tentará convencê-lo de que você *pode sim*. Então você fica paralisado na tentativa de provar que não consegue. Quando diz "Isso não", é menos provável que a outra pessoa argumente.

4. Seja específico. Afirme exatamente o que você está disponível ou não para fazer. "Estou disposto a ajudar você a mudar a mobília mas não a empacotar ou faxinar." "Estou disposto a levá-lo de carro até o trabalho mas só se você estiver pronto às 8h15."

5. Esteja consciente da voz e da linguagem corporal. Fique em pé ou sentado, confortavelmente. Olhe a outra pessoa diretamente nos olhos. Fale com confiança, usando voz firme. Faça com que seu corpo e tom de voz correspondam às suas palavras assertivas.

6. Cuidado com a culpa. Depois de ter dito "não", você pode sentir vontade de fazer alguma *outra* coisa pela pessoa. Mas aguarde um pouco antes de oferecer-se. Cuide para não estar agindo movido pela culpa. Você não tem de se obrigar a fazer uma coisa da qual mais tarde se arrependa.

Lidar com a crítica

Críticas são dolorosas. Você acaba se sentindo errado, condenado, culpado ou atemorizado. E cada uma dessas dolorosas experiências tem a possibilidade de despertar mais raiva. "Mas como ela ousa?", "Ele não tem esse direito".

Para pessoas sensíveis a críticas, não importa se é uma questão trivial. Não importa se a crítica vem de alguém cuja opinião não interessa. Não importa nem se se trata de uma crítica imprecisa. O mero fato de ser criticada leva a pessoa a ter uma reação em cadeia; como uma fila de peças de dominó que se derrubam, a auto-estima despenca, a confiança cai e você começa a se sentir extremamente defensivo.

Ser criticado traz à lembrança a sensação que vivia na infância, quando você era corrigido e julgado por pais enraivecidos. Agora, adulto, você não quer voltar a experimentar o velho sentimento de estar errado, ser mau, não ter nem sequer valor. Você se ressente também de ser obrigado a se sentir como uma criança.

Ser criticado torna difícil sentir-se perfeito. Muitas pessoas esperam irracionalmente que possam fazer tudo, fazer certo e agradar a todos. Sendo assim, as críticas assustam. Se, como você imagina, os outros esperam que você seja perfeito, você teme o menor equívoco. Qualquer falha, é o que parece, poderia causar-lhe a perda do emprego, do amigo, e assim por diante.

Você pode empregar a raiva para evitar encobrir as muitas emoções dolorosas despertadas pela crítica. Isso foi o que se passou com Linda, uma enfermeira recém-formada. A ocasião era sua primeira avaliação trimestral por sua supervisora. A maior parte da avaliação continha muitos elogios por sua diligência, seu potencial de liderança e sua maneira afetuosa e profissional de lidar com os pacientes. A avaliação incluiu também a seguinte sentença: "Quando Linda se atrasa no trabalho às vezes fica afobada e descuidada. Precisa desenvolver melhor sua capacidade de lidar com o tempo".

Depois da avaliação, Linda ficou deprimida por vários dias. Em seguida, ficou com tanta raiva que quase desistiu de sua nova carreira. Como isso tinha acontecido com ela?

Em primeiro lugar, ignorou a maior parte da avaliação (que era positiva e elogiava suas habilidades e seus aspectos positivos). Ela lia e relia a sentença de crítica vezes seguidas, focalizando as palavras "afobada e descuidada". Seu monólogo interno era mais ou menos o seguinte: "Oh, meu Deus, isso é horrível. Se sou afobada e descuidada, provavelmente matarei alguém. Como posso trabalhar nisto se tenho medo de acabar derrubando alguém? As boas enfermeiras não afobam os pacientes. Eu ando afobada de um lado para outro de modo descuidado. Devo ser uma má enfermeira".

Sua autodepreciação se espalhou muito além da avaliação. "Não só sou uma má enfermeira, mas uma má pessoa também. Imagine que você, doente e com dor, tem alguém em cima afobando-o. Como é cruel afobar as pessoas doentes e impotentes. Os outros conseguem fazer todo o trabalho a tempo, sem afobação. Seus pacientes são bem cuidados e eles sempre terminam no prazo. Eu nunca vou conseguir fazer certo. Sou um fracasso."

Depois de várias horas de sofrimento, Linda começou a recobrir sua culpa e sua depressão com raiva. "Por Deus, esse é um trabalho impossível. Faço o melhor mas isso simplesmente não basta. O que esperam? Dão muitos pacientes para eu cuidar, os mais graves, e depois se queixam de que eu não passo pelo dia como uma brisa. O que a supervisora pode saber? Ela fica o dia todo rabiscando com aquele lápis. Esse serviço é impossível. Não tenho de aturar mais nada!"

Existe uma maneira de ouvir até mesmo as críticas hostis, permitindo avaliá-las, beneficiando-se do que serve e descartando o que não serve. Eis os passos que você deve dar nessas ocasiões:

1. Limite o dano. Primeiro, você pode limitar o dano detendo ataques enraivecidos e abusados da parte do outro. Mesmo que se sinta culpado a respeito da situação, não se permita ser verbalmente espancado. Mesmo que esteja errado, você não merece ser xingado, ameaçado ou violentado. "Dê um tempo" ou simplesmente se recuse a continuar com a conversa (ou discussão) se o ataque continuar.

Em seguida, lembre-se de que está ouvindo a opinião de um homem ou de uma mulher a respeito de um aspecto específico de seu comportamento. A crítica refere-se ao que você faz, não a quem você é. Mesmo que a outra pessoa o esteja atacando e rejeitando, você não tem de acatar essas palavras. "Esse artigo é inaceitável" *não* significa que *você* seja inaceitável. Não quer dizer que você seja incapaz de realizar um trabalho aceitável. Não é o mesmo que todos os seus artigos anteriores terem sido inaceitáveis.

Por fim, você pode limitar o dano aceitando que a perfeição é impossível. Não há possibilidade de você conseguir fazer tudo, e certo, o tempo todo. Aceite que erros são inevitáveis. Há momentos em que você está cansado, distraído, mal informado, desmotivado, apressado. Aceitando esses aspectos de si mesmo (e dos outros), você ficará com menos raiva, e as críticas causarão menos danos. Quando estiver diante de um ataque enraivecido, repita a si mesmo o seguinte mantra: "Eu sou uma boa pessoa, fazendo o melhor que eu posso". Apenas continue repetindo isso, sem parar. Outros mantras anti-raiva que podem ser úteis estão no Capítulo 10, na seção dedicada a sentenças sadias para você dizer para si mesmo.

2. Investigue. As críticas podem ser construtivas e válidas. Podem ser o comentário que você precisa receber para crescer em seus relacionamentos ou no trabalho. Atores, oradores, artistas e performáticos de toda ordem buscam críticas construtivas das pessoas em quem confiam.

A única maneira de avaliar as críticas é investigando. Certifique-se de que sabe exatamente o que a crítica significa. As pessoas sentem-se tão incomodadas com críticas que muitas vezes evitam questionar quem as faz. Sentem medo das emoções dolorosas que a crítica deflagra. Mas só quando você investiga para entender exatamente o que a crítica significa é que pode determinar se lhe é útil ou não. Antes de ter um acesso de raiva, recuar defensivamente ou acatar as críticas de modo submisso, cuide de saber com precisão o que o crítico está transmitindo. Dave, um adolescente recém-saído do colegial, há pouco tempo trabalhava numa construção. Ele aproximou-se e disse: "Você precisa melhorar sua atitude se quer continuar aqui". Dave perguntou o que ele queria dizer. Ele explicou: "Os empreiteiros reparam quando você chega e quando sai. Você se atrasou quinze minutos duas vezes esta semana. Isso faz a equipe toda passar uma má impressão, e os outros caras não gostaram disso". Dave aprendeu que, naquele serviço, chegar atrasado era interpretado como "atitude negativa".

A esposa de Jim estava doente, com gripe. As críticas que ela fez foram agressivas e enraivecidas: "Você simplesmente nunca me dá força. Só se importa com você". Jim perguntou o que ela queria dizer. "Olha eu aqui, doente, e você não demonstra o menor cuidado comigo. Na semana passada, quando você ficou gripado, eu telefonei do trabalho duas vezes, preparei o jantar e não fui à minha aula de caratê só para lhe fazer companhia. Você simplesmente segue em frente com a sua vida, mal me pergunta 'como está?'." Agora Jim tem mais informações. Sua esposa sente-se mais atendida se ele fizer essas coisas especiais para ela. Ele não tem de aceitar os ataques dela ou concordar com o teor deles. Mas agora sabe mais sobre como ela é e sobre como o seu comportamento afeta sua sensação de estar sendo cuidada.

Mat e Rich eram velhos amigos, desde o primeiro grau até o colegial. Agora estavam ambos trabalhando e a impressão era que estavam se afastando. Tinham menos tempo para fazer coisas juntos. Rich ficou surpreso quando Mat o atacou. Ele conseguiu controlar sua mágoa tempo suficiente para chegar a saber o que estava no cerne de algumas críticas relativamente hostis.

Mat: Você acabou se tornando um grande alpinista social.
Rich: O que você quer dizer com "alpinista social"?
Mat: Está sempre saindo com os amigos do trabalho, agora, mal tem tempo livre.
Rich: O que incomoda você no fato de eu sair com os colegas do trabalho?
Mat: Vocês saem juntos para festas e férias. Freqüentam aquele clube *yuppie* juntos. Como é que eu posso competir? Você prefere a companhia deles a sair com gente de verdade.

Rich: O que você entende por "gente de verdade"?
Mat: Pessoas de sempre, do bairro, como eu.
Rich: Desde que eu comecei a trabalhar você acha que estou indo aos lugares com os meus novos amigos e fazendo coisas com eles e não temos mais tanto tempo para ficar juntos?
Mat: É, eu sinto falta de antigamente, quando fazíamos as coisas juntos. É meio solitário sem você.

O que começou parecendo raivoso era, na realidade, a sensação de perda e de ciúmes de Mat e sua necessidade de se reaproximar. Assim que você determinou exatamente qual é a queixa, pode começar a avaliar sua exatidão. A nova enfermeira realmente precisava trabalhar melhor sua forma de lidar com o tempo. Os dois amigos estavam de fato se distanciando e sua relação estava se modificando. Dave, o operário da construção, tinha se atrasado duas vezes, por quinze minutos, na semana anterior. Jim não tinha paparicado a esposa quando ela estivera doente.

Também reconheça aquela parte da crítica que não é exata. O atraso de Dave não indica necessariamente que ele tinha um problema de "atitude", apenas que não contava com problemas no trânsito. Rich não estava menosprezando seus antigos amigos e se tornando um alpinista social. Não é verdade que Jim "nunca dá força" à esposa, somente não lhe havia ocorrido que devia paparicá-la quando ela estava se sentindo mal por causa da gripe. A dificuldade da nova enfermeira em organizar seu trabalho não significa que ela seja má profissional e má pessoa, só que é nova e inexperiente.

Uma maneira de identificar críticas imprecisas e prejudiciais é localizar as generalizações. "Você nunca...", "Eu sempre sou quem...", "Todo o mundo sabe que... menos eu." Há inúmeras exceções a essas declarações globalizadas. Vá em busca delas. Esteja também atento para as formas de condenação globais que o atacam como pessoa e não se limitam a reclamar do seu comportamento. Quando você se ouve sendo condenado como egoísta, estúpido ou indiferente, volte a focalizar sua atenção nos elementos específicos da situação. Esses ataques à sua identidade são errados por definição. Ninguém é inteiramente coisa nenhuma. Você é uma pessoa complexa com muitas motivações e necessidades (por vezes contraditórias).

3. Desarme. Eis quatro técnicas que você pode usar para desarmar quem faz as críticas, impedindo a escalada da raiva.

Ao *nublar,* você concorda em parte com a crítica, ou seja, não a aceita completamente. Isso exige que você ouça com cuidado o crítico e concorde com aquela parte dos comentários que é precisa.

Crítica: Você nunca está por perto quando eu preciso de você.

Resposta: Eu trabalhei muito o mês passado e não tenho ficado muito disponível à noite.

Crítica: Se continuar esbanjando dinheiro desse jeito, estaremos falidos daqui a pouco.

Resposta: Desde que mudamos para a casa nova estamos gastando mais dinheiro.

Observe que você não tem de concordar com tudo. Não tem de concordar que você *nunca* está por perto ou que vocês vão falir. Você aceita o grão da verdade sem acatar o exagero do comentário todo.

Outra forma de nublar é *concordar com a probabilidade.* "Pode ser..." ou "Você talvez esteja certo..." são maneiras pelas quais você deixa implícita sua concordância sem uma capitulação completa. Usando a concordância com a probabilidade, os exemplos acima poderiam ficar:

"Você pode ter razão quando diz que eu não tenho estado muito disponível ultimamente".

"Provavelmente é verdade quando diz que estamos gastando um pouco a mais".

Uma terceira forma de nublar é *concordar em princípio.* Aqui, o truque está em aceitar a conclusão sem aceitar a premissa.

Pai para filho: "Se você não trabalhar mais duro, nunca entrará na Faculdade de Direito". O jovem pode concordar com o princípio de que é necessário se esforçar para entrar na Faculdade de Direito. Mas não tem de concordar com a *premissa* de que não está dando duro. Ele poderia concordar em princípio dizendo, por exemplo, o seguinte: "Você tem razão, tenho de dar duro para entrar na Faculdade de Direito".

Quando você concorda em parte ou em princípio com a crítica, aquele que a fez se sente ouvido e sua opinião e preocupação são aceitas, em parte. É menos provável que ele continue discutindo para provar que tem razão e você está errado.

A *preferência assertiva* é uma maneira de calar a boca do crítico. Ao usar esta técnica, você reconhece a validade da crítica, mas discorda dela. Não é preciso que você dê uma longa explicação. Apenas afirme que prefere fazer ao seu modo. "Estou vendo que você não concorda com o modo como estou lidando com a situação, mas prefiro fazer do meu jeito." "Estou ouvindo o que você está dizendo. Acho que simplesmente discordamos a respeito deste ponto." "Obrigado pela preocupação, mas estou disposto a correr o risco." Esta técnica é usada quando você tem o poder de fazer as coisas ao seu modo e quer que o crítico se afaste e pare de atormentá-lo. Desse modo, é interrompida a discussão sem ser preciso atacar a outra pessoa ou ficar com raiva.

O *atraso assertivo* é uma técnica importante e poderosa para reagir a críticas sem entrar na raiva. Se você "dá um tempo" (mesmo se forem poucos minutos), permite-se acalmar-se, pensar, ativar alguma estratégia para lidar com a questão, recorrer a alguém, obter apoio, informar-se, e assim por diante. Quando o crítico estiver falando, você pode simplesmente fingir que é um gravador. Registre, esclareça e entenda a crítica. Não se sinta na obrigação de responder, desculpar-se, resolver o problema ou "pedir água". Você pode retardar sua resposta até um momento posterior em que lhe seja possível "tocar outra vez" a cena em sua cabeça, avaliá-la e determinar qual parte da crítica é precisa e qual não é. Uns poucos minutos a sós podem oferecer o posicionamento e a clareza de percepção que não lhe haviam sido possíveis enquanto estava sendo atacado. "Estou ouvindo o que você está dizendo. Deixe-me pensar sobre isso e eu lhe telefono amanhã cedo." "O que você está dizendo é importante, mas eu francamente estou meio sobrecarregado neste momento. Vamo-nos encontrar após o trabalho para um café, e falaremos com mais calma."

Não se afobe em responder se não estiver se sentindo pronto. Não tente dar a última palavra, nem entrar em discussões sobre seu suposto direito de adiar uma resposta. Use sua sentença em três partes para impor limites. "Eu entendo que você não esteja feliz com o trabalho que venho fazendo (*reconhecimento*). Minha sensação é que preciso de algum tempo antes de lhe responder (*a sua posição*). Vou lhe telefonar amanhã (*estabelecendo o limite*)."

A *troca do conteúdo pelo processo* é útil quando a discussão está se tornando uma batalha, quando você acha que o crítico está reagindo demais ou de menos a alguma coisa, ou se suspeita que o crítico não está dizendo aquilo que realmente o está incomodando. Quando você recorre à troca do conteúdo pelo processo, pára de falar sobre a questão (conteúdo) e fala sobre a raiva ou sobre a sensação de estar sendo atacado (processo). É uma maneira de acionar o freio e de explorar a qualidade da interação entre vocês. "Não sei você, mas estou meio frustrado. Sempre ficamos amarrados neste tipo de discussão." "Esta é a terceira vez hoje que você critica a maneira como lido com as crianças. O que está acontecendo?" "Você diz que não está aborrecido por eu estar desmarcando o nosso compromisso, mas dá a impressão de estar quase chorando." "Sempre acabamos discutindo sobre o modo como gastamos dinheiro com o equipamento novo. Estou me sentindo acusado e atacado. O que está acontecendo entre nós para ficarmos com tanta raiva desse jeito?" A troca do conteúdo pelo processo permite-lhe chegar ao verdadeiro problema ou à questão mais importante que dá origem ao conflito.

O benefício

As pessoas que não são capazes de se comunicar de forma clara e firme geralmente ficam com raiva porque não conseguem pedir o que querem, nem se proteger colocando limites. Ficam com raiva porque não conseguem motivar os outros ou ter êxito em suas negociações. Reclamam e culpabilizam em vez de ouvir, defendem-se em vez de resolver o problema. Os seus esforços em se tornar assertivo eliminarão muitas situações geradoras de raiva. Agora você pode começar a reconhecer as suas necessidades, pedir mudanças, estipular limites, lidar com críticas. Este trabalho surte benefícios imediatos em termos da qualidade de seus relacionamentos.

13
Imagens da raiva

Meio-dia. Você acabou de ver dois colegas literalmente escapando de fininho de uma conferência em vez de convidá-lo para ir almoçar com eles. Você recorda a expressão idiota, sorridente e matreira que ostentavam ao saírem rapidamente pela porta de trás. Você se imagina acusando-os e elabora minuciosamente cada comentário sarcástico. Você esculpe a cena, caprichou no tom de desprezo de sua voz e revê cenas deliciosas em que os rebaixa ou ridiculariza na frente de um superior.

As imagens são uma gatilho poderoso de sua raiva. As imagens de raiva não se limitam a simples fenômenos visuais; podem incluir experiências auditivas e até mesmo cinestésicas. Você pode fantasiar a respeito de alguém ou de alguma coisa e "ver" a cena ou ouvir a voz de alguém com certa inflexão ou "timbre". Ou a "imagem" pode tão-somente consistir numa sensação corporal de músculos tensos ou na lembrança de um soco nas costas.

Algumas imagens de raiva aparecem espontaneamente. Como o fantasma de Marley na *Canção de Natal* de Dickens, elas voltam para assustá-lo noite após noite. Mas as cenas de raiva não ocorrem só nos pesadelos. Na forma de "devaneios", podem surgir a qualquer momento e em qualquer lugar, quando você menos as espera.

O tipo mais comum de imagem de raiva é produzido intencionalmente. Muitas pessoas se entregam a *replays* de mágoas velhas ou recentes, adornadas com fantasias de vingança. Esse passatempo aparentemente inócuo pode, às vezes, gerar dolorosas conseqüências. Cada cena geradora de raiva aperta o botão interno da adrenalina em seu corpo. Sua raiva aumenta. Seus sonhos de retaliação tornam-se mais cruéis. E aumenta a probabilidade de você vir a atuar movido pela raiva numa intensidade que pode comprometer seus relacionamentos.

Replay

A raiva, quando revivida, evoca sentimentos de impotência, desespero, frustração e dor psicológica profunda. O famoso anúncio de Charles Atlas, o modelador de músculo, em que o garotinho magricela é vítima de um pontapé que lança areia em seu rosto, é uma vívida ilustração desse processo. Pode-se imaginar que, a caminho de casa, ele repasse a cena na cabeça pelo menos umas cem vezes. Cada repetição desperta uma nova onda de fúria e dor, e o faz ansiar com ainda mais ardor pela vingança perfeita.

Repetir cenas dolorosas é uma das formas mais populares de autotortura. São milhões de pessoas perdendo noites de sono porque revivem golpes e decepções triviais ou significativos. Essa espécie de cena adquire o formato "se ao menos eu tivesse dito/feito...". Recorrendo à sabedoria da retrospectiva, você revive a dor, junto com a sensação de fracasso de não ter reagido de maneira diferente.

Michael, um assistente social, revivia praticamente todas as noites a mais recente explosão de raiva com sua filha adolescente. Como se estivesse diante de um monitor de TV, ele via o sorriso sarcástico e o gesto de desdém que ela exibia ao sair da sala. Ouvia a voz gélida: "Você é um merda, pai. Um bostão. Saia da minha frente!". Ele se ouvia dizendo para ela que crescesse e se mudasse para a casa da mãe. Imaginava-se explicando-lhe que ela havia sido deformada por uma mãe que não tinha a menor noção de disciplina e de limites. Imaginava-se falando que ela poderia esperar uma avalanche de empregos de merda e de homens de merda se não entrasse nos eixos. Que nunca conseguiria ter sucesso em nada na vida. Que só ficaria trepando o tempo todo com qualquer *skinhead* doido que passasse em sua frente.

Sentia-se triunfante. Sentia-se coberto de razão. Era tamanha a sua raiva que chegava a passar mal. Seu estômago queimava. Sentia calor. Seus ombros pareciam cordas estendidas. E tinha a vaga sensação de que algo terrível iria suceder de sua fúria.

Sally, uma secretária que trabalhava para uma empresa comercial no centro da cidade, tinha um tipo diferente de "filminho" passando em sua cabeça. O instrumento de sua tortura era um *walkman* interno maligno, dotado de uma demoníaca vontade própria. Todo dia ela "gravava" em alta fidelidade todas as conversas e interações verbais que lhe parecessem conter conotações negativas.

Trabalhava para um patrão famoso por suas atitudes críticas e sarcásticas. Dificilmente se passava um dia sem que ela tivesse a oportunidade de acrescentar à sua coleção de "fitas cassete" mais algum tipo de ataque à sua auto-estima. Havia os comentários desabonadores sobre sua aparência (ela estava um pouco acima do peso). E sobre sua pronúncia: "Você não tem um dicionário?".

Seu namorado, Phil, um homem doce mas calado, também era capaz de dar suas ratas. Era bem seu estilo dizer que ela estava "uma gracinha" quando, na realidade, ela estava querendo ser "*sexy*". Uma vez, quando ela estava usando pela primeira vez uma sombra para pálpebras, ele perguntou se ela estava dormindo bem recentemente. O gravador demoníaco recolhia todos os insultos, cada palavra, cada nuança ou inflexão.

Nos seus intervalos de descanso, na hora de almoço, quando ficava sozinha, ou numa noite sossegada em casa, Sally tocava suas fitas várias vezes. E novamente ouvia os comentários críticos ou desabonadores. Sentia seu corpo começar a se tensionar. E uma sensação de raiva que a mordia por dentro nascia no estômago e lentamente começava a subir. Quando tinha sorte, conseguia desligar o aparelho mas, em geral, o botão liga–desliga ficava emperrado e a sua fúria terminava subindo numa espiral acelerada.

Vingança

As fantasias de vingança são especialmente atraentes. Na segurança de sua própria cabeça, você pode discursar poeticamente sobre a justiça, num texto altamente satisfatório. O código de Hamurabi, "olho por olho, dente por dente", é só o começo.

Todo o mundo conhece o jogo da "doce vingança". Lembra-se de como acaba o anúncio de Charles Atlas? O "garoto magricela" (agora milagrosamente musculoso) volta para conquistar sua donzela e expulsar o mandão. No desenho, o menino desfecha um só murro exterminador, sem sangue, mas indícios de uma vingança mais violenta insinuam-se logo abaixo da superfície. Embora esse tipo de fantasia possa oferecer uma satisfação imediata, a longo prazo acaba fazendo com que você se sinta cronicamente impotente e abalado. Pior ainda, fantasias repetidas de vingança podem terminar comprometendo sua capacidade de controlar os impulsos. Você se torna propenso a atuar suas fantasias de um modo que destrói qualquer chance de realmente resolver o problema ou retificar os seus relacionamentos.

Anne, formanda de Vassar, ficou excitadíssima quando se casou com um professor de Harvard. Em poucos anos, porém, essa excitação tinha sido substituída por uma profunda sensação de traição. Apesar do seu paletó de *tweed*, Robert terminou se revelando um verdadeiro devasso. Era imensamente popular com as jovens universitárias, adulava-as, dava-lhes conselhos, ria com elas. Amanda, do segundo ano de Inglês, foi a gota d'água para Anne. Chegou cedo em casa um dia, depois de sua aula de cerâmica, e encontrou os dois na sua banheira.

Em vez de confrontar o marido, Anne recuou. Afastou-se tanto física (pois saiu correndo para outra parte da casa) como emocionalmente. Mas a cena da banheira não saía com tanta facilidade de sua cabeça. O som da risada do casal ecoava em seus ouvidos e a perseguia por toda parte.

Para Anne, a solução mais "civilizada" para o seu problema consistiu em se entregar a discretas fantasias de vingança. Primeiro, ela tentou imaginar que também tinha um amante. Mas não conhecia ninguém que fosse realmente desejável.

Depois, acabou tendo a idéia de uma vingança teatral. O *Inferno* de Dante serviu de pano de fundo, e o tema de Gilbert e Sullivan, *Mikado,* foi a inspiração musical. Como "o mais sublime de todos os objetos", ela concebeu a notável imagem de Robert e Amanda fervendo num tonel de óleo. Essa "banheira" estava cercada por diabos brandindo seus tridentes. Se Robert tentava escapar, era cutucado até voltar para dentro da tina.

Como em geral acontece, essa fantasia não conseguiu diminuir sua raiva; na realidade, serviu para atiçá-la ainda mais. Toda vez que Anne ouvia a risada do marido, a cena da banheira voltava à sua mente. Esta era imediatamente substituída pela visão do demoníaco tonel de óleo fervente, imagem que tinha o poder de também lhe esquentar o sangue. Em certa manhã de domingo, Robert estava lendo os quadrinhos no jornal e rindo quando "acidentalmente" Anne derrubou café no colo dele. Uma semana depois, numa festa com jantar, a risada de Robert foi bruscamente atalhada quando Anne "tropeçou" e derrubou uma terrina cheia de sopa bem quente na nuca e nas costas do marido.

Chuck, funcionário de um comércio atacadista da região leste de Nova York, tinha levado uma vida relativamente feliz até cerca de dez meses antes. Nessa época, enquanto dirigia um pequeno guindaste até o caminhão estacionado, Chuck aparentemente encostou num pedestre. O homem caiu e começou a gritar. Diz Chuck que ele nem ralou no sujeito. Aquela gritaria toda era mais capaz de ganhar algum Oscar. Vieram a ambulância e a polícia. O sujeito continuava berrando e apontando para Chuck: "Ele me derrubou, passou por cima de mim...".

Agora está correndo um processo contra Chuck, o patrão dele e a empresa atacadista (cuja força econômica parece ser o alvo principal). Chuck detesta o advogado que tomou seu depoimento. Ele imagina como vai lidar com aquele espertalhão no dia da audiência. Imagina-se fazendo ameaças anônimas de atentado à vida do sujeito. Imagina-se visitando a "vítima" e forçando-a sob a mira de uma arma a andar sem a bengala e o aparelho ortopédico. Imagina-se gravando em vídeo a vítima andando e brincando, para soltar a gravação na sala do júri. Imagina-se atirando nos joelhos do advogado com sua espingarda. Primeiro no esquerdo, depois no direito.

Toda noite, Chuck repassa suas cenas favoritas: a sala do júri, a arma em riste. E noite após noite, passo a passo, ele fica cada vez mais enraivecido. Depois de algum tempo, as imagens de raiva começaram a afrouxar o controle de Chuck sobre seus impulsos. Comprou uma filmadora, com a intenção de flagrar a vítima andando sem a bengala. Chuck ficou na tocaia nas imediações da casa do homem e esperou. Agora suas fantasias estavam a todo vapor. Ele pretendia confrontar o sujeito e lhe diria que espécie de "artista de merda farsante" ele era.

Quando a vítima saiu de sua casa, Chuck se esqueceu de sua missão fotográfica. Correu até o homem e começou a jurar em altos brados que iria acertá-lo de jeito. Agora o advogado acrescentou à ação indenizatória mais 100 mil dólares por ataque e agressão. A raiva de Chuck parece ter estranhamente desaparecido. Ele está fazendo uma coisa que nunca pensou que faria: tem consultas com um psicoterapeuta para tratar de depressão.

Assumindo o controle

Você *não* tem de ficar à mercê de imagens desgovernadas que se imiscuem em sua vida e a transformam num caos. Você *não* tem de ser vítima de fantasias fugidias que ameaçam arrastá-lo e subjugá-lo. Você tem escolha. E a escolha é assumir o controle.

Interrompendo as imagens

Talvez o recurso mais útil de todos para lidar com as imagens de raiva seja uma variação da interrupção de pensamentos. Essa idéia foi originalmente apresentada por Bain, em 1928, e adaptada na década de 1950 por Joseph Wolpe e outros terapeutas comportamentais. Mais recentemente, Donald Meichenbaum (1977) desenvolveu uma técnica de substituição das *asserções veladas* (pensamentos e imagens de relaxamento) em lugar das que disparam a raiva.

Você pode usar essa tática para distrair ou "desviar" o trem dos pensamentos e das imagens, antes que atinja uma velocidade e um ímpeto incapazes de ser detidos. De certa maneira, a interrupção do pensamento funciona como um freio que diminui a chance de o mesmo pensamento ou imagem vir à tona novamente. As imagens negativas são bloqueadas antes mesmo que tenham a chance de causar grandes danos. Em lugar delas, colocam-se imagens de perdão e descontração que ajudam a criar um circuito de *feedback* positivo que diminui a raiva.

O primeiro passo rumo a assumir o controle é providenciar uma *interrupção programada*. Arrume um despertador de cozinha ou de quarto e coloque-o perto de uma cadeira confortável. Sente-se nela e deixe sua mente divagar. Quando se perceber começando a alimentar imagens ou fantasias negativas, abra os olhos e ajuste o despertador para dois minutos. Depois feche os olhos de novo e deixe que as imagens continuem. Quando soar o alarme, grite: "Pare!" em voz alta. Para reforçar a experiência, estale os dedos ou fique logo em pé.

Provavelmente você irá perceber que as imagens param e são substituídas por pensamentos neutros. Se as fantasias voltarem num intervalo de trinta segundos, grite "Pare!" de novo.

Após ter alcançado o controle da interrupção das imagens usando um alarme, você está pronto para começar a usar o gravador de fitas cassete. Primeiro, grave sua voz gritando "Pare!" em intervalos variados. Por exemplo: você pode deixar intervalos de trinta segundos, dois minutos, um minuto e meio, três minutos, e assim por diante, entre os gritos. Se teve dificuldade em interromper as imagens no exercício anterior, grave então sua voz gritando "Pare!" várias vezes seguidas, a cada intervalo. Agora use o gravador em lugar do alarme, enquanto está entregue a alimentar mentalmente imagens negativas.

O passo seguinte é praticar a *interrupção não assistida dos pensamentos*. Deixe suas imagens e fantasias seguir mais um pouco e depois grite "Pare!". Continue fazendo isso de acordo com seu próprio esquema de intervalos, até conseguir interromper as fantasias várias vezes seguidas.

Quando for capaz de interromper completamente uma cadeia de imagens por meio de seu grito, você pode começar a abaixar o seu tom de voz até alcançar seu timbre normal. Quando sua voz normal mostrar-se eficiente, continue abaixando o volume até chegar ao sussurro. O último passo neste processo é "subvocalizar", ou seja, imaginar-se ouvindo a palavra "Pare!" gritada. Você ainda vai estar mexendo a língua e a garganta, como se estivesse dizendo as palavras, mas sem emitir o som de verdade.

Usando esta técnica você agora pode interromper fantasias ou imagens invasoras, em qualquer lugar e a qualquer hora (sem atrair olhares de estranhamento das pessoas à sua volta quando você grita "Pare!").

Se perceber que esta técnica não é de todo bem-sucedida, pode tentar duas outras estratégias. A primeira é levar na carteira um desenho feito a mão de um sinal de pare, como as placas octogonais de trânsito. Você pode pegá-lo sempre que quiser, toda vez que as imagens invasoras surgirem. Com o tempo, você aprenderá a visualizar mentalmente esse sinal toda vez que quiser assumir o controle. Uma segunda técnica é colocar uma tira grossa de borracha discretamente no punho. Quando as imagens perturbadoras lhe vierem de novo à mente, um puxão rapidamente o trará de volta à realidade. Lembre-se de subvocalizar "Pare!" toda vez que puxar o elástico.

O sinal de pare e o elástico podem parecer truques bizarros. Mas são estratégias comprovadamente úteis para deter pensamentos e imagens indesejados. Eles funcionam – e isso é o que realmente importa na busca do controle da raiva.

Não desanime se, a princípio, as imagens retornarem muito rápido. Se você usar a técnica de interromper os pensamentos *toda vez* que ocorrer a imagem que produz raiva, em um dia ou dois sua freqüência diminuirá de modo acentuado. A fórmula secreta para o sucesso é a consistência. O uso consistente da técnica de interrupção dos pensamentos impedirá as imagens de se enraizarem.

Substituição de imagens

Raramente basta apenas *parar* com as imagens inoportunas. A natureza tem horror a vácuo, e algo deve existir para preencher o espaço vazio. A melhor estratégia é planejar com antecedência e ter algumas *imagens positivas* preparadas e prontas para serem postas em ação.

Uma das imagens mais reparadoras de todas é a de uma praia ensolarada na sua região preferida do mundo. Seja um recanto sossegado em Kauai, a baía de Corinto, Stinson Beach ou até mesmo Coney Island, o efeito é o mesmo. O sol quente faz seu corpo todo se sentir calmo e profundamente relaxado. Você aspira o odor do oceano e ouve o som das ondas, que vêm e vão. E sabe que o mar, desde o início dos tempos, tem suas marés altas e baixas.

Deitado ali, totalmente em paz com o universo, você pode imaginar que todos os seus problemas são levados pelo mar. Sally imaginou que seu patrão era levado para cada vez mais longe, pelas ondas. Sua voz estridente começou a ficar cada vez mais distante até não sobrar mais nada para ouvir, exceto o quebrar das ondas, o mar e o guincho de uma ou outra gaivota.

Ou você pode imaginar que está escalando uma montanha para chegar a uma nova perspectiva de sua situação. Olhe para baixo e veja as pessoas de sua vida como pequenos pontinhos. Michael viu sua filha e a si mesmo andando de um aposento a outro, dentro da casa, enquanto executavam sua dança enraivecida. Do alto da montanha, sua guerra parecia muito distante e sem sentido.

Outra opção para Sally é uma técnica que a ajuda a atravessar o dia. Quando o patrão começa a fazer seus comentários críticos e desabonadores, ela fantasia uma luz branca. Essa é a famosa luz branca da aceitação, que permite às pessoas ouvir coisas desagradáveis sem as acatar nem entrar numa postura defensiva. Ela se imagina banhada por essa luz. Segura. Protegida. Além do alcance dos dolorosos golpes de seu patrão. Sob essa luz, ela pode finalmente enxergar a dor dele, sua humanidade, sua evidente fragilidade. Além disso, imaginando um simples botão, Sally pode acionar um dispositivo branco ruidoso. Esse ruído consegue mascarar ou minimizar com eficiência o som ou impacto do *feedback* negativo, criando um ambiente pacífico à sua volta.

Para algumas pessoas, uma luz azul fria funciona melhor. O terapeuta de Chuck ensinou-o a interromper os pensamentos fervilhantes imaginando uma gélida luz azul que é filtrada pelo teto. Esse frio para Chuck tem um efeito relaxante, e dessa maneira ele consegue se desvencilhar com mais facilidade das imagens de raiva.

Um tipo diferente de substituição de pensamentos implica a criação de imagens que o ajudem a enxergar a pessoa enraivecida e provocadora sob uma nova perspectiva. Por exemplo, Sally às vezes imagina o patrão de uma maneira humilhante, e o enxerga despido ou vestido de palhaço, com um grande nariz vermelho. Chuck imagina que o advogado que tomou seu depoimento ficou aleijado ou de alguma maneira comprometido pela cobiça. Olhando bem de perto, ele pode ver que dentro do seu adversário agressivo existe uma criança pequena assustada. Anne, a esposa do professor, consegue certa dose de alívio ao enxergar, internamente, o lado positivo da personalidade de seu marido. Lembrar que ele é educado, inteligente e uma alma generosa ajuda-a a impedir que a raiva se intensifique e lhe dá coragem para enfrentá-lo diretamente. Michael realizou um progresso notável na reconstrução de seu relacionamento com a filha ao levar em conta o quanto ela se sentia solitária e atemorizada. Ele a vê pequena e assoberbada pela vida, buscando apoio em todo homem que conhece.

Cenários alternativos

Talvez uma das estratégias mais fortalecedoras para lidar com fantasias fugidias seja exercitar a opção de criar cenários alternativos. Esta técnica é uma adaptação do processo de "reentrar no sonho", prática conhecida dos semais, tribo malásia famosa por sua forma pacífica de viver.

Para começar este processo, será útil rever em detalhes a sua fantasia. Anote-a numa folha de fichário, pois isso facilitará seu trabalho de revê-la quando bem o desejar. Ao reexaminar sua fantasia, você será capaz de isolar os *pontos de escolha*, aqueles lugares em que a fantasia pode mais facilmente assumir um "desfecho" diferente. Um desfecho para melhor em geral envolve a possibilidade de uma reconciliação ou leva à compreensão e à aceitação das diferenças.

Planeje com antecedência! Esboce cenários alternativos. Imagine as possibilidades de mudança do ponto de vista de seu adversário. Comece imaginando a menor mudança possível e aos poucos vá expandindo-a. Quando estiver preparado para a nova aventura, está na hora de começar.

Encontre um lugar e um momento sossegados. Isso pode ser difícil, mas é essencial pois interrupções não serão bem-vindas. Releia o Capítulo 8 sobre a aquisição do controle passo a passo, até a seção em que estão esboçados os estágios do processo sistemático de relaxar o corpo todo. Comece com as mãos e os antebraços, passando aos poucos por todos os grupos musculares de seu corpo, e continue a relaxar.

Quando seu corpo estiver, enfim, totalmente descontraído e sua mente se encontrar em repouso, você pode começar a se imaginar andando por um caminho suave que serpenteia entre árvores. Você segue o trilho até uma clareira, que é uma ravina protegida no meio da mata. Esse é o seu lugar especial. Sinta por um momento o sol aquecendo seu corpo. Sinta o aroma da grama verde e veja uma ou outra borboleta.

Na extremidade oposta da clareira existe um buraco com uma escada. Dez degraus descidos devagar conduzem ao seu santuário interior: um aposento protegido por uma porta de carvalho maciço. Você é quem tem a única chave. Assim que entra, você goza de absoluta privacidade e de completo controle. O mundo invasivo e ruidoso está fechado do lado de fora com total segurança. Entre as muitas amenidades desse maravilhoso espaço à sua disposição está o aparelho de vídeo e toda a videoteca.

Relaxe na confortável poltrona supermacia. Recline-se e ligue o monitor da TV (com sua tela de 48" e som Dolby). As fitas de vídeo são automaticamente instaladas e acionadas no aparelho (equipado com um dispositivo de *zoom* de última geração, *replay* instantâneo, imagem congelada, câmera lenta e edição). Na ponta dos dedos, instalado no braço da poltrona, o mais recente modelo de controle remoto. Agora você pode escolher rever a fantasia de sua preferência.

Anne escolheu assistir, desde o começo, às seqüências da "banheira" e da "tina de óleo". Como você deve se lembrar, esse par de imagens dava-lhe muitos problemas, para não mencionar uma ida até a sala de emergência em busca de Robert. Na relativa calma e segurança desse lugar, ela testa novos desfechos. Às vezes, edita o videoteipe e se vê entrando na banheira, deslumbrante. Robert a vê e manda embora a garota. Em outra versão, Robert enxerga o erro de sua conduta (depois de alguns instantes no óleo fervente). Então pede clemência a Anne e renova seus votos de fidelidade.

Quando se encontrou no ambiente seguro de seu santuário, Michael reeditou muito a sua fita. Ele se viu perguntando à filha o que a magoava, do que ela precisava. Ele se viu falando sobre sua necessidade de vê-la a salvo e em paz. Às vezes, via-se dando um abraço afetuoso na filha.

Outra possibilidade é inventar um desenho animado. Sally criou uma imagem animada de seu patrão que expressa a dor dele como pessoa. A dor tem forma e cor próprias. A dor de Sally também tem cor e forma próprias. Ela assiste a essas duas criações, lado a lado, interagindo, e percebe que novas soluções lhe ocorrem a partir desse filminho aparentemente bobo.

Sua imaginação é como uma espada de dois gumes. Com um você pode criar uma dor enorme e um estado crônico de excitação. Com o outro, usado como um bisturi cirúrgico, você cura e retifica. Claro que esse processo não modificará a realidade objetiva. No entanto, pode permitir-lhe ir adiante com sua vida sem continuar atolado nas imagens de raiva habituais. O ponto importante a ser lembrado é que você tem escolha. Empunhe a espada com as duas mãos e use-a com a finalidade que melhor lhe convém.

14
Raiva como defesa

Dois meninos engalfinham-se no pátio da escola. Um é maior e fala mais alto; ele sacode o menino menor. Foi um erro de avaliação porque o menor explode como uma granada. E começa a esmurrar o estômago, as virilhas, o peito. E quando o grandalhão está estendido por terra, ele lhe chuta o rosto e as costelas. Em menos de um minuto está tudo terminado. Um professor arrasta o menor até um banco, onde ele fica sentado esperando o diretor. O menino revive a cena vezes e vezes seguidas. E se pergunta o que lhe deu a velocidade, a força e a mais espantosa coragem para dar cabo do valentão.

A resposta, sem dúvida, é a raiva. As mudanças hormonais disparadas pela raiva fazem cinco coisas importantes em termos de protegê-lo de ataques. A raiva garante:

- Sensação de ganhar força. De repente, você não tem dúvidas a seu respeito. Você pode fazer tudo o que precisa ser feito.
- Energia para enfrentar o momento. Não só você ganha confiança como a raiva lhe dá a força de se mobilizar para entrar em ação.
- Um mecanismo de bloqueio de sentimentos inconvenientes ao momento, como medo e culpa. A raiva desvia ou obscurece quaisquer sentimentos que possam inibir atos de autoproteção. O vetor da raiva é sempre para fora, atacar e

afastar a fonte da dor. Não há espaço para sentimentos que o deixem mais lento no momento do combate.
- Egocentrismo adaptativo. A raiva lhe permite esquecer as necessidades da outra pessoa. A dor dela não vem ao caso. Só importam sua dor pessoal e as suas necessidades presentes.
- A convicção de estar certo. A raiva fortalece a sensação de que você está certo e de que tudo o que faz é justificável. Há uma temporária suspensão de qualquer percepção do próprio erro ou da própria maldade, para maximizar o compromisso de se proteger.

Proteção *versus* defesa psicológica

As mesmas cinco propriedades da raiva que o ajudam a reagir de maneira adaptativa a ataques tornam essa emoção um recurso útil de defesa psicológica. Defesa psicológica é algo que você faz visando obscurecer ou encobrir uma experiência interior importante. A raiva é freqüentemente usada como defesa porque pode bloquear sentimentos dolorosos como ansiedade, medo, mágoa, culpa, vergonha, constrangimento, a sensação de estar errado, ser mau ou não ter valor, o sentimento de perda, vazio, desejo frustrado, impotência, entre muitos outros. A raiva pode servir de amortecedor para sentimentos que você prefere não vivenciar. As propriedades da raiva que cerceiam o medo e a culpa, que o tornam autocentrado e o preenchem com uma sensação temporária de estar coberto de razão, podem também ajudá-lo a afastar literalmente todo sentimento ou toda vivência que o ameace.

Usando a raiva como defesa

O modo mais fácil de entender como a raiva funciona quando é usada como defesa é vendo-a em ação. Considere os seguintes exemplos:

Defendendo-se da culpa. Uma mulher diz para o marido que ele gasta muito tempo no trabalho e nas reuniões do Rotary Club, a ponto de ter-se tornado um estranho para os próprios filhos. Ele se defende dessa culpa com o pensamento-gatilho de que sua esposa transformou os filhos em pessoas mimadas e "folgadas". "A casa toda virou um parquinho", ele retruca. "Você deixa que eles estraguem tudo, agora viva com isso." Depois vem uma explosão.

Defendendo-se da mágoa. Marjorie conseguiu seu primeiro emprego sério numa agência de publicidade. Quando traz para casa um texto de mala direta que redigiu para um cliente importante, seu pai faz numerosas observações do tipo "procurar pêlo em casca de ovo". Marjorie se defende de sua mágoa com um pensamento-gatilho: "Ele não muda mesmo. O mesmo perfeccionista de merda". Repentinamente se levanta. "Muito obrigada pelo apoio", ela diz num tom de voz letal.

Defendendo-se da perda. A melhor amiga de Sheila, Anne, está se casando e mudando para o Canadá. Anne está preocupada em dar um encerramento ao seu trabalho, fazer as malas, recepcionar visitas de fora, providenciar detalhes de último minuto. Sheila defende-se do sentimento de perda com um pensamento-gatilho, no qual Anne é uma idiota e uma escrava porque está sacrificando sua carreira e seus amigos em nome de um único relacionamento. Sheila realmente tem de acender toda a sua raiva para encobrir a enormidade de sua perda. Dois dias antes do casamento ela ataca Anne por "se livrar de todos que se importavam com ela". Na festa da recepção, mal se falaram e Anne saiu da cidade antes que esse desentendimento fosse reparado.

Defendendo-se da sensação de impotência ou cerceamento. No ano passado, Mateo teve um ataque do coração. Por vinte anos trabalhou como o único tipógrafo de um pequeno jornal semanal. Era esperado dele que ficasse à disposição muitas horas, por tempo indeterminado, para corresponder aos prazos da produção. Ele tem duas filhas universitárias e a sensação de que sua idade e seu histórico de saúde dificultariam procurar um novo emprego. O jornal lhe dá a sensação de um ambiente seguro e conhecido, mas os prazos criam um estresse insuportável. Mateo se defende da sensação de impotência com o pensamento-gatilho de que suas filhas querem freqüentar "escolas particulares caras", mesmo que ele morresse para pagar tais estudos. Toda vez que as filhas vêm para casa em visita ele briga com elas.

Defendendo-se da ansiedade ou do medo. Tony grita e depois espanca o filho de dois anos por ter ido sozinho até a esquina. A raiva bloqueia a onda de medo, que o inunda, de que um carro pudesse ter atropelado o menino.

Rebecca receia que Jim esteja fugindo dela. Ele lhe telefona menos e seus encontros estão cada vez mais espaçados. Ela se defende com o pensamento-gatilho de que Jim abusa das mulheres. Ele a faz ficar esperando como parte de seu jogo de crueldade mental deliberada. E Rebecca, a cada encontro, mostra-se cada vez mais distante.

Andy é o secretário do sindicato local. Recentes contrariedades em algumas negociações fazem-no crer que votarão por sua demissão. Ele bloqueia sua ansiedade com este pensamento-gatilho: "Eles querem tudo, mas são 'moles' demais para conseguir". Cada vez ele se torna mais cáustico com os companheiros.

Defendendo-se da sensação de ser ruim, estar errado ou não ter valor. Um motorista aguarda num cruzamento enquanto um pedestre muito lentamente atravessa à sua frente. Ele se encoleriza. A mensagem do pedestre parece ser "Você não conta, não é ninguém". Essa mensagem liga-se diretamente ao sentimento que ele traz desde a infância, de ser ignorado e desconsiderado. Sua raiva o defende de todas essas sensações quando ele toca furiosamente a buzina e grita através do vidro.

O namorado de certa moça recusa seu convite sexual. Imediatamente ela é tomada pela sensação de ser ruim e não ter valor. Defende-se com o pensamento-gatilho de que "ele é controlador, só se interessa por sexo se a iniciativa for dele". E o faz virar para ela para ouvir isso.

A filha de um casal é flagrada furtando na escola. A caminho de uma conversa com o diretor, os pais sentem-se incompetentes como educadores. Conspiram para brigar visando saber quem deveria levar o carro ao mecânico a fim de verificar o ponto do motor, como fuga desse sentimento.

Defendendo-se da sensação de vazio. Dois formandos da universidade estão tentando ter um relacionamento. Conforme o semestre progride, Arthur se percebe cada vez mais em contato com Jean. Suas noites são dedicadas a leituras e trabalho nos artigos que devem redigir. Um vazio, muito parecido com a ânsia que sentia de receber atenção e carinho, na infância, começa a aumentar em Arthur. Ele se afasta sexualmente. Começa a fazer compulsivamente palavras cruzadas. Compra um telescópio para observar pela janela dos vizinhos. Quando essas medidas mais simples não seguram mais a sensação de vazio, Arthur a encobre com o pensamento-gatilho de que Jean não se importa com ele e simplesmente o utiliza como medida de segurança, para viver os anos de faculdade. Certa noite ele explode todas as suas acusações e então têm uma relação sexual. Mas no meio da semana seguinte as coisas voltam ao mesmo estado de antes.

Defendendo-se do desejo frustrado (uvas verdes). Um pai divorciado passa os sábados com o filho. Durante a semana sente falta da criança e aluga os desenhos favoritos do menino – Piu-piu e Frajola – para quando ele vier visitá-lo. Enquanto passa a fita, ele quer que o filho se sente perto dele, fique próximo. Mas o menino fica pulando o tempo todo para brincar e fazendo barulho. Para bloquear a dor desse desejo frustrado, o pai pensa: "Ele parece maluco". Então grita: "Você não consegue se controlar. Sente-se agora ou nunca mais eu alugo fitas para você".

Praticamente todo o mundo já usou alguma vez a raiva para se defender de sentimentos dolorosos. O problema surge quando você se habitua a isso, quando a freqüência e a intensidade de sua defesa por meio da raiva começam a afetar sua saúde e seus relacionamentos. Algumas pessoas tornam-se viciadas em raiva como método de se esquivar de experiências ameaçadoras ou dolorosas. A pessoa que, no íntimo, se acha má ou sem valor aprende a explodir ao menor resquício de crítica em vez de agüentar um momento que seja de dúvidas a seu próprio respeito. A pessoa que receia sentir medo aprende a atacar e culpar em vez de tolerar um pouco de ansiedade.

A natureza viciante da defesa

É difícil abrir mão da raiva depois de se ter aprendido a usá-la como meio de defesa. Sempre parece que a raiva é mais fácil de sentir que o medo, a mágoa, a culpa ou o vazio. Claro que é. *Naquele momento*. Todos os vícios dão uma sensação boa no momento, todos os vícios servem para bloquear a dor, e todos oferecem a curto prazo a sensação de bem-estar e de controle.

O problema do vício nunca aparece na hora, só depois. Os efeitos a longo prazo da raiva crônica sobre a saúde e os relacionamentos foram discutidos nos capítulos anteriores. Existe um terceiro efeito igualmente comprometedor decorrente da raiva viciante. *Em todas as situações, exceto quando diante de uma ameaça direta, a raiva tende a afastar da ação apropriada.* Quando você utiliza a raiva para bloquear sentimentos dolorosos, nunca chega a enfrentar diretamente esses sentimentos. E por isso nunca chega a resolver o problema que deu origem a eles, antes de mais nada.

A raiva o impede de enfrentar a fonte do medo. O medo deriva de uma ou outra fonte: equívocos (percepção exagerada e distorcida de um perigo) ou perigo real. Considere o caso de Irma como um exemplo de equívoco. Ela estava convicta de que seu filho de 16 anos era um usuário contumaz de drogas. Ela enterrava seu medo embaixo de brigas constantes por causa do vestuário, da escolha dos amigos, da vida sexual e, claro, do provável uso de drogas. O rapaz, cuja droga consistia em fumar maconha uma vez por semana, desprezava-a dizendo que ela era uma "pessoa cujo QI se aproxima do zero absoluto". A raiva a impedia de obter informações precisas acerca de seus temores. Ela não tinha como corrigir seu equívoco porque suas comunicações tinham um tom recriminatório e não o intuito de buscar fatos.

A raiva não só impede de corrigir distorções que causam medo como o detém quando se trata de lidar com ameaças reais. Um homem que tinha sido assaltado na rua num bairro perigoso processou sua empresa por tê-lo mandado trabalhar numa região da cidade em que se mata por causa de centavos. Durante meses ele falou nos detalhes do assalto e reclamou do péssimo tratamento que tinha recebido dos policiais. Fazia discursos racistas e depois começou a se referir a todo rapaz que passava na rua como o "maldito ladrão". Sua raiva estava impedindo-o de lidar eficazmente com o perigo. Havia escolhas que ele podia fazer: podia comprar um carro, parar de trabalhar até tarde, arranjar uma carona para casa, ou até mesmo conseguir um emprego numa zona mais segura da cidade. Ele não tentou nenhuma dessas opções porque não se sentia motivado a isso. Sua raiva estava mascarando a maior parte de seu medo; ele simplesmente não estava assustado o suficiente para tomar uma decisão adaptativa.

A raiva o impede de enfrentar seu crítico patológico. Essa é a voz que fala dentro de você, atiçada pela mágoa, pelo abandono, pelas críticas dos seus pais, que o atacam a cada falha ou imperfeição. É o crítico patológico que o faz sentir-se errado, ruim e sem valor quando comete um erro ou é criticado. É esse crítico que internamente abusa de você quando você não pode corresponder a seus elevadíssimos padrões. Algumas pessoas sofrem tanto por causa de seu crítico interior que aprendem a lhe dar rédea solta contra o mundo, em vez de vivenciar a sensação de ser ruim e não ter valor. Se elas simplesmente conseguirem fazer com que o erro vire a falha de mais alguém, se apenas puderem achar algum motivo para atacar e recriminar, então poderão calar a cantilena interior que fica o tempo todo dizendo: "mau, mau, errado".

O problema de usar a raiva para acalmar o crítico interior é que você nunca aprende a retrucar quando ele abusa. Você nunca lida diretamente com as coisas paralisantes que ele está lhe dizendo. Harold era trombonista de uma grande orquestra sinfônica e perfeccionista quanto à sua forma de executar as músicas. Às vezes seu crítico patológico menosprezava uma apresentação inteira se em algumas notas ele não tivesse sido satisfatório. Mas ele aprendeu a calar essas reclamações prestando atenção no desempenho dos outros músicos do naipe de sopros. Enfurecia-se com a imprecisão da atuação deles, com sua falta de preparo e dizia que "sua incompetência musical deveria ter sido percebida na audição". Esperar o pior dos outros tornou-se sua marca registrada psicológica. O seu verdadeiro problema nunca foi tratado: a baixa auto-estima e um crítico mortífero.

A raiva o impede de examinar os valores que geram a culpa. A culpa decorre de uma colisão entre necessidades e valores. Às vezes, os valores são saudáveis e apropriados; às vezes, não. Arlene trabalhava para um advogado que freqüentemente preparava-se mal para as audiências. Ela o ajudava redigindo resumos de uma a duas páginas com os itens mais importantes de cada caso, antes de ele ir ao tribunal. Sempre que ele se atrapalhava ou perdia um caso, ela se culpava e depois defendia da culpa criticando o trabalho escolar da própria filha quando esta voltava para casa. A raiva impedia Arlene de questionar seus valores. Seria ela realmente responsável pela incompetência de seu patrão? Seria mesmo seu trabalho antecipar todas as armadilhas do caso?

O outro lado da moeda também é verdadeiro. Muitas pessoas fogem da culpa gerada por valores apropriados e sadios. Um homem que tinha a custódia de sua filha de 15 anos raramente estava em casa para supervisioná-la. Ele lidava com a própria culpa criticando-a como "indisciplinada e irresponsável, o pesadelo da rua 12". Aqui a raiva o estava impedindo de reexaminar seu comportamento e de enxergar com objetividade como sua vida noturna era incompatível com a prática de uma boa paternidade.

A raiva o impede de encarar as perdas. A raiva crônica o impede de entrar em luto, de se despedir. Você simplesmente fica revendo todos os pecados e transgressões da pessoa que o abandonou. O efeito a curto prazo é que você não precisa ficar triste. As conseqüências a longo prazo são os sintomas de um luto não resolvido e a incapacidade de confiar nos outros e de formar novos vínculos. Serena era uma modelo muito requisitada que, num acidente de automóvel, tinha sofrido um pequeno arranhão facial. Processou o cirurgião plástico por incompetência e rompeu com o namorado que estava dirigindo e tinha causado o acidente. A raiva ajudava a manter o pesar a distância. Ela pensava muito pouco sobre uma nova carreira, sobre as decisões que a aguardavam. Mas era palpável a sua amargura quando ia a entrevistas de empregos como recepcionista ou vendedora.

A raiva o impede de dizer o que dói. As pessoas enraivecidas não falam de sua dor. Falam das deficiências dos outros. Ninguém sabe o quanto estão sofrendo, o quanto são feridas por um comentário ou por um gesto. Embora o efeito a curto prazo da raiva seja bloquear os sentimentos de dor, as conseqüências a longo prazo são que ninguém jamais aprende a reconhecer ou assimilar sua vulnerabilidade.

Arnie fica sentido toda vez que sua esposa menciona seu recente período de seis meses desempregado. Ele se considera um provedor incompetente, e com isso revida brigando com ela por causa dos hábitos esbanjadores ou da sua incapacidade para economizar. A esposa de Arnie nunca ouve diretamente a dor que ele sente, e o cerne do problema não é comunicado. A verdade é que ela ficaria feliz em mudar de conduta se apenas soubesse que isso era um problema.

A raiva o mantém impotente ao interromper a solução do problema. Quando se está com raiva é difícil consertar as coisas. Você se acha uma vítima; a vida parece que está fora de controle. Embora a profunda frustração de se sentir empacado possa até certo ponto ser mascarada pela raiva, o impulso de atacar e recriminar o impede de realmente solucionar o problema. Como no caso do homem que foi assaltado ou da modelo que teve o rosto marcado, a raiva trabalha, a curto prazo, para manter a distância a sensação da própria impotência. A conseqüência a longo prazo é que decisões importantes nunca chegam a ser tomadas. E seu comportamento autoderrotista continua não sendo revisto.

A raiva o mantém vazio. A raiva prejudica o próprio relacionamento, que é sua fonte de energia. O marido de Laurie é um viciado em esporte; ela odeia o som do jogo de rúgbi porque o associa com solidão e isolamento. Porém, quanto mais ela se queixa, mais o marido foge para o esporte. A raiva impede que Laurie tome medidas mais eficazes para aumentar o nível de intimidade em seu relacionamento.

Lidando com o sentimento latente

É difícil de encarar, mas sua defesa enraivecida é mais prejudicial do que a dor que essa raiva pretende obscurecer. Para compreender o papel que sua raiva desempenha como recurso defensivo, retome seu Diário da Raiva. Reveja todos os incidentes de raiva que ocorreram nas últimas três semanas. Analise esses eventos; pergunte a si mesmo que sentimento a raiva estaria encobrindo. Anote esse sentimento em tinta vermelha ao lado de cada anotação de raiva.

Agora você tem alguns dados consistentes. Pode observar se há predominância de algum sentimento. Ou se os sentimentos latentes diferem conforme as pessoas. Certo homem descobriu que freqüentemente se sentia culpado por causa da filha e do desamparo em relação à esposa. Outro relatou que percebia a presença sub-reptícia do medo em praticamente todos os episódios de raiva.

Se para você é difícil entrar em contato com o sentimento latente, pergunte a si mesmo, em cada episódio de raiva: "O que eu precisaria sentir se eu *não* sentisse raiva nesta cena?". Imagine que a cena continua e o diálogo e a ação prosseguem sem a proteção de sua raiva. Use sua capacidade de visualização para experimentar plenamente os sons, as imagens e as sensações do evento. Sem a raiva, o que lhe resta como experiência emocional?

O trabalho que se estende à sua frente agora pode ser difícil e certamente exigirá um verdadeiro ato de compromisso. Está na hora de encarar frente a frente e sentir as emoções que sua raiva bloqueou até aqui. O que vem a seguir são passos específicos que você pode dar ao enfrentar esses sentimentos latentes.

Enfrentando o medo. O primeiro passo consiste em identificar os pensamentos catastróficos. Examine as cenas de raiva nas quais o sentimento latente é o medo ou a ansiedade. O medo sempre é gerado por uma imagem ou crença catastrófica. Que coisa perigosa ou dolorosa você está esperando que aconteça? Que visão do futuro o seu medo configura para você? Qual é o pesadelo, o pior de todos os quadros? Ao rever as situações nas quais você recobriu o medo com raiva, faça uma lista de suas expectativas catastróficas. Para algumas pessoas, será o sempre o mesmo medo – por exemplo, o medo de ser rejeitado ou humilhado. Outras apresentam maior variedade em suas projeções catastróficas.

Agora, para cada medo catastrófico que você localizar, tente reenquadrar a sua preocupação usando três diretrizes:

- Busque alcançar a exatidão em lugar do exagero.
- Seja específico em vez de generalizar.
- Recorra aos seus processos de enfrentamento se acontecer o pior.

O medo catastrófico de Raymond era de que seu supervisor não aprovasse seu trabalho e planejasse despedi-lo e, por causa disso, ele terminasse perdendo sua casa recém-adquirida. Ele percebeu que uma colocação mais precisa acerca de seu medo relacionado com o trabalho era que não tinha idéia de qual era a opinião do supervisor a seu respeito. Este lhe pedira que fosse mais rápido com os relatórios das vendas mas não tinha feito mais nenhum comentário. Raymond decidiu que precisava de duas coisas para ser capaz de lidar com essa situação. Primeiro, precisava pedir ao seu supervisor algum *feedback* informal sobre seu nível de desempenho. Segundo, precisava de um plano de emergência para enfrentar o pior desfecho possível, que era perder o emprego.

Eis como Raymond reenquadrou seu medo catastrófico: "Não tenho idéia de qual é a opinião do meu supervisor a respeito do trabalho que eu faço. O único *feedback* que tenho é que ele quer os relatórios de vendas mais depressa. Vou elaborar um plano emergencial para enfrentar o pior, combinando com os meus pais para que me façam um empréstimo, caso eu não consiga pagar as prestações da casa. E depois vou perguntar ao meu supervisor como estou me saindo".

No seu diário, Maria encontrou várias vezes o medo de estar sendo citada como incompetente. Ficava enfurecida quando seu namorado fazia algum comentário sobre a comida que preparava, seu modo de guiar o carro, como se maquiava, ou a maneira como criava sua filha de seis anos. Seu medo catastrófico era "Todo o mundo vai ver o quanto eu sou incompetente". Em seu intuito de ser mais precisa, Maria se lembrou de que em geral o namorado gostava dos pratos que fazia, que como motorista tinha um bom prontuário, que os homens evidentemente a consideravam atraente e sua filha parecia basicamente afetuosa e feliz. Em nenhuma dessas áreas ela havia sido citada expressamente como incompetente aos olhos do mundo. As únicas evidências contra ela eram os comentários em particular que seu namorado fazia. Ela decidiu enfrentar essa situação forçando-se a ouvir as críticas que ele fizesse, reconhecendo os pontos em que tinha razão e oferecendo fatos para corrigir eventuais distorções. Maria reenquadrou seu medo catastrófico da seguinte maneira: "Sou uma boa cozinheira, sou atraente, dirijo bem e minha filha é uma criança evidentemente feliz. As críticas do meu namorado ocorrem só entre nós, e ninguém precisa ficar sabendo disso. Posso ouvir o que ele diz, mas também tenho fatos para citar e contrabalançar as distorções".

Quando estiver claro para você que sua percepção do perigo é muito real e precisa, coloque sua energia a serviço de uma "tempestade de idéias" para gerar novas maneiras de lidar com seu temores. Veja o resumo seguinte das estratégias para solução de problemas apresentadas no Capítulo 8:

- Faça uma lista de todas as soluções alternativas que você puder. Quantidade é melhor que qualidade. Não avalie suas idéias, apenas deixe que elas continuem vindo. Quanto mais incomuns, inéditas ou bizarras, melhor.

- Quando tiver uma lista de dez a vinte soluções, comece a riscar as que evidentemente não são exeqüíveis. Com as soluções que restarem, relacione as conseqüências positivas e negativas de cada uma. Cuide para que as conseqüências incluam as de curto e longo prazo.
- Agora, escolha uma ou mais soluções alternativas que você gostaria de experimentar. Decida o primeiro passo que precisa ser dado para implementá-la(s).

A chave para lidar com um perigo real é a ação eficaz. Você precisa tomar uma decisão e colocá-la em prática.

Enfrentando o medo de não ter valor. Essa provavelmente é a maior dor psicológica que um ser humano pode suportar: a sensação de não ser bom, de não ser adequado. Embora suas raízes venham desde sua relação com seus pais, a sensação de não ter valor é promovida todos os dias de sua vida pelos constantes ataques desfechados por seu crítico interior patológico. O primeiro passo para lidar com o sentimento de desvalia é realmente ouvir o que esse crítico está lhe dizendo. Volte àquelas situações de raiva em que o sentimento latente era o de ser errado ou ruim. O que você estava dizendo para si mesmo? De que maneira o crítico o está desvalorizando?

Está na hora de reenquadrar o que o crítico está dizendo. Use as quatro regras seguintes:

1. Faça um comentário exato em vez de exagerado.
2. Seja específico em vez de generalizar.
3. Use linguagem não-pejorativa.
4. Inclua fatos que corrijam as distorções.

O crítico sempre exagera, sempre generaliza, e freqüentemente usa uma linguagem com conotações depreciativas. Do outro lado da balança, o crítico nunca coloca no prato suas capacidades, seus pontos fortes, positivos. O crítico de Jane estava sempre de plantão recriminando-a por ser "feia". A irmã de Jane e uma amiga freqüentemente falavam sobre seu peso e os regimes intermináveis que vivia fazendo. Algumas vezes elas brincavam e às vezes faziam perguntas sérias a respeito de seus hábitos alimentares. Nessas ocasiões, Jane fervia por dentro. Seus pensamentos-gatilho de raiva ajudavam a manter o crítico quieto quando ele começava a gritar: "Você é gorda, você é gorda". Jane decidiu recolocar em linguagem precisa, específica e não-pejorativa os comentários do crítico: "Eu peso 75 quilos. Gostaria de perder 15". Como fato corretor de distorções, ela se lembrou de que em dois anos não tinha aumentado de peso, tinha adquirido roupas atraentes em vez de esperar perder peso e apreciava determinadas partes de seu corpo (as pernas, os olhos e os seios). Jane resolveu usar essas novas sentenças como revide aos comentários depreciativos de seu crítico. Para ela era de especial importância citar os fatos que corrigiam as distorções a respeito das coisas que valorizava em si mesma.

Nota especial. Uma crença muito firme em sua ruindade pode ser resultado de um trauma do início da vida. As pessoas que foram abandonadas, negligenciadas, ou vitimadas por abusos graves costumam sentir que o trauma aconteceu porque são ruins ou porque convidaram o trauma. Se você achar que isso faz sentido no seu caso, seria extremamente útil consultar um psicoterapeuta experiente.

Enfrentando a culpa. Ao rever em seu diário os momentos nos quais a raiva encobre uma experiência latente de culpa, faça-se a seguinte pergunta: "Que regra eu violei nesta situação a respeito de como eu deveria ser ou me comportar?". Pode ser que constate uma regra que você infringe várias vezes, ou pode existir uma grande variedade delas que influenciam poderosamente o seu comportamento. Quer exista uma ou muitas, essas regras têm uma qualidade rígida, absoluta. Quebrá-las é ser mau. Tais regras também se opõem a alguma importante necessidade que você tem. Se não fosse por isso, você não as estaria violando.

Assim que você tiver identificado uma regra que cria culpa, pode começar a examiná-la. Essa regra é sua? Ela se origina em sua experiência pessoal? Ou é de seu pai, sua mãe, ou alguma figura de autoridade que você aceitou sem questionar? É uma regra flexível? Comporta circunstâncias atenuantes ou incomuns? Ou é talhada em pedra e não admite exceções? É uma regra realista? Baseia-se em conseqüências reais e prováveis de seus atos? Ou em conceitos estritos e inflexíveis do que é certo e errado? Essa regra promove a vida? Promove o cuidar de si mesmo de maneira sadia para você e para todos que você ama? Ou sufoca a vida e lhe impede o acesso a fontes importantes de satisfação e afeto?

Você está se sentindo culpado porque suas necessidades estão em conflito com uma regra ou valor. Agora faça-se a seguinte pergunta: "Sua necessidade é mais importante nesta situação do que a sua regra? A regra deveria ser mais flexível ou lhe dar mais apoio?" Você talvez queira reescrevê-la para poder atender a determinadas necessidades em certas situações específicas.

Se você se sente bem a respeito de sua regra, se para você esse valor faz sentido, então sua culpa é uma resposta saudável a um comportamento que você quer interromper. Seu maior inimigo agora é a negação, a reação de fuga de um sentimento que assinala a necessidade de uma mudança. A culpa é sua aliada, uma fonte necessária de dor que pode empurrá-lo em direção a uma escolha forte entre sua regra e o comportamento que está em conflito com ela.

Se a culpa em si não é suficiente para motivar uma mudança, isso só pode significar que você não tem apoio suficiente para deter o comportamento prejudicial ou impróprio. Talvez você precise entrar num programa de 12 passos ou num grupo de auto-ajuda para parar com a violência, para melhorar sua comunicação, ou lidar com comportamentos sexuais impulsivos. Talvez precise de um grupo de treinamento como os oferecidos pelos programas para eficácia dos pais. Muitas pessoas sentem-se apoiadas quando falam com os amigos sobre os problemas e fazem contratos para mudanças específicas. Momentos regulares de avaliação devem fazer parte do contrato e os amigos concordam em monitorar seu progresso.

Cheryl sentia culpa por explodir com os filhos. Ela encobria sua culpa com mais raiva por causa da bagunça em seu quarto, da lentidão com que se aprontavam, do fato de não comerem direito, e assim por diante. Cheryl se perguntou que regra estava violando, gerando tanta culpa. Reconheceu que havia nela uma proibição muito forte contra gritar com os filhos. Essa regra parecia ser sua mesmo, em vez de alguma velha idéia assimilada dos pais. Parecia-lhe uma regra flexível (para ela estava certo gritar às vezes). Parecia-lhe uma regra realista, pois Cheryl achava que poderia acarretar conseqüências muito negativas para a auto-estima das crianças se fizesse despencar sobre elas toda a avalanche de suas críticas enraivecidas. Também era uma regra que promovia a vida incentivando o crescimento de seus filhos e permitindo-lhe expressar suas necessidades e críticas de maneira não-pejorativa.

Cheryl decidiu que sua raiva tinha cabimento e a culpa era apropriada. Era o seu comportamento que tinha de mudar. Decidiu entrar num programa de treinamento para pais e descobriu modos mais eficazes de estipular limites do que sua antiga gritaria.

Enfrentando a dor da perda. Quando você toma consciência de que a raiva está encobrindo um pesar, pode se proteger com o seguinte mantra: "Ele(a) se foi. Estou com tanta raiva que nem sentirei essa perda". Se você disser isso cada vez que a raiva aparecer, aos poucos aumentará o contato com seus sentimentos básicos de luto. Seja qual for a natureza da perda, agora o seu trabalho é começar a se despedir. Dedique pelo menos meia hora por dia para entrar no luto (mais tempo se a perda é recente ou se foi muito grave). Entrar no luto significa rememorar, valorizar, lamentar e, acima de todos os sentimentos, entregar-se à tristeza de abdicar da pessoa ou do objeto perdido.

É importante confiar no processo de chorar a perda. As pessoas fogem do luto porque (1) resistem à dor; e (2) sentem medo de ser arrastadas por sentimentos intensos que as inundem. A verdade é que a psique humana está configurada para experienciar o luto (e qualquer outra dor) numa seqüência de ondas. A conscientização de uma dor golpeia a pessoa com uma intensidade esmagadora. Essa dor prossegue até que você atinja um processo natural de distanciamento. No meio da dor ocorre um intervalo, um sossego, talvez até uma sonolência. Depois do descanso, da sonolência, vem outra onda, e assim por diante. O luto pode ser imenso. Mas quando atinge proporções avassaladoras o processo natural de distanciamento lhe dá aquele tempo necessário para que você recupere o fôlego. Você pode "elaborar" o luto deixando que essas ondas aconteçam e lembrando que elas passarão antes que sua intensidade aniquile sua capacidade de enfrentar a situação.

Há dois anos, a namorada de Harold foi embora. Ele ainda está com raiva e ainda fala dela com os amigos. Ele concentrou a atenção no afastamento dela e no fato de ela não ter falado nada, além de estar convicto de que, por meses, ela havia secretamente planejado ir embora. Ele fica listando os pecados e as transgressões dela como contas num rosário de culpas. Mas a verdadeira função da raiva de Harry é bloquear de maneira eficiente seu sentimento de luto. Enquanto ele ficar apegado à imagem dela por meio da raiva, nunca precisará encarar essa perda.

Harold começou seu processo de resgate usando o mantra: "Ela se foi e eu fico com raiva para parar de me sentir triste". Ele repetia internamente essa sentença toda vez que se percebia entrando de novo na sua conhecida obsessão. Decidiu separar meia hora todo dia (das 6 às 7h) para lamentar a perda do relacionamento. Reuniu algumas fotos e recordações. Harold focalizou o que havia de bom e tinha sido perdido e deixou que a vivência do luto o tomasse por dentro. Com o tempo, passou a perceber que mal conseguia sustentar o sentimento de luto por mais de cinco ou dez minutos. Entendeu que isso era o limite natural das ondas do processo de luto e reduziu suas sessões de lamentação para intervalos menores.

Enfrentando a mágoa. A mágoa varia desde a sensação de ser ligeiramente ignorado ou desconsiderado até a mais absoluta sensação de abandono. Se você encontrar no seu diário uma propensão a encobrir a mágoa com raiva, então esta deve ser um sinal a você de que cabe a pergunta: "O que me magoa?".

A mágoa pode ser realista ou não. A mágoa irreal ocorre quando uma crítica pequena ou leve dispara uma profunda sensação de desvalia baseada no seu relacionamento primal com seus pais. Se você acha que esta descrição se aplica ao seu caso, releia a seção deste capítulo que trata de como enfrentar o medo da desvalia. A mágoa também pode ser uma resposta realista a uma rejeição, crítica ou a um desentendimento recentes. A mágoa realista em geral é muito menos doída. Você ainda continua se sentindo basicamente bem a seu respeito, mesmo que alguma coisa esteja errada em seu relacionamento atual. Às vezes, a mágoa tem componentes realistas ou não-realistas. A mágoa que você sente quando um amigo chega atrasado pode também acionar ecos de experiências pregressas de abandono.

O trabalho ativo com a mágoa consiste em admiti-la, aberta e diretamente. A raiva sempre recrimina e acusa. Focaliza-se na outra pessoa. Para comunicar a mágoa, você deve encontrar uma maneira de transmitir o que o magoa sem com isso insinuar que a outra pessoa é má ou está errada em ter causado essa dor.

Ariel era uma cozinheira de pratos rápidos que se sentia amiga de quase todas as garçonetes do estabelecimento. Susan tinha um humor ácido e cortante, que Ariel em geral apreciava, embora às vezes também achasse causticante. Quando um cliente devolvia a comida, Susan brincava com a incompetência de Ariel: "Os ovos estão um pouco gosmentos, querida, não é mesmo?". Esses comentários magoavam-na. Ariel percebeu-se reagindo com pensamentos-gatilho do tipo: "Você quer fazer, maldita?". E cada vez ficava mais distante de Susan.

Depois que Ariel começou a reconhecer que usava a raiva para cobrir a mágoa, perguntava a si mesma: "O que está me magoando?", sempre que o comportamento de Susan acionasse a sua raiva. Ela decidiu expressar para Susan o que sentia e terminou formulando a seguinte sentença: "Toda vez que você brinca desse jeito, me faz sentir que eu cozinho mal". Era importante não transmitir a mensagem de que Susan estivesse fazendo alguma coisa errada. Só que Ariel estava se sentindo magoada e esperava que Susan parasse de fazer piadas sobre seu jeito de cozinhar.

Enfrentando a impotência. A raiva obscurece de duas maneiras o sentimento da impotência. Primeiro, ela não deixa que você vivencie o quanto está paralisado ao concentrar toda a sua atenção nas falhas dos outros. Você está tão aborrecido com o egoísmo deles, com seus erros e sua estupidez, que sua própria sensação de impotência nunca é plenamente percebida. Segundo, quando se dedica a recriminar as pessoas, você não tem de assumir a responsabilidade por suas próprias decisões ou incapacidade de agir, que terminaram por deixá-lo paralisado.

Encarar a própria impotência requer que você desista da muleta das recriminações. A raiva não muda nada. As pessoas continuarão fazendo o que *elas* precisam fazer e não o que *você* precisa que elas façam. O primeiro passo para enfrentar a impotência é assumir plena responsabilidade pelo estado paralisado em que agora se encontra. Reconsidere as escolhas específicas que você fez e o levaram a agir e a não agir, redundando nas suas atuais circunstâncias. Neste exato momento, você precisa aceitar que as maneiras que preferiu adotar para enfrentar as situações, assim como seu plano de ação, sua estratégia para atender às suas necessidades, foram insuficientes.

O segundo passo para lidar com a sensação de impotência é gerar um novo conjunto de opções de ação. Se você começou a aceitar sua responsabilidade por ter-se "atolado", então está pronto para encarar o fato de que *é a única pessoa capaz de resolver o seu problema*. É você que está sofrendo, são suas as necessidades que continuam não atendidas. E também é aquele que mais sabe o que é preciso para se sentir melhor.

Para criar novas alternativas de ação você deve estipular uma meta claramente definida. O que é preciso que você alcance para se sentir solto, para suspender o peso da sensação de impotência? Certifique-se de que essa meta seja concreta e específica. Anote-a num papel. Se tiver dificuldade em formular uma meta, pergunte-se qual a coisa específica que você quer e não tem, ou que fonte de dor você quer eliminar. Agora produza todas as soluções alternativas que você puder e vá em frente com as estratégias de solução de problema descritas na seção dedicada a enfrentar o medo. Se nenhuma dessas soluções parecer garantir alguma melhoria para a situação atual, está na hora de mais uma "tempestade de idéias". Desta vez, porém, convide os amigos, a família e qualquer conselheiro de confiança para que participem do processo de gerar novas idéias. Diga-lhes que você não espera que eles lhe dêem a resposta certa, mas só quer ouvir deles as novas idéias ou perspectivas que puderem apresentar. Não se esqueça de lembrá-los de que idéias malucas e bizarras também são bem-vindas.

O terceiro passo para enfrentar a sensação de impotência é agir. Você decidiu adotar uma nova abordagem estratégica. Precisa dar o passo inicial para colocá-la em prática. Decida, agora, quais são esses passos e quando exatamente você irá começar a agir.

Joe nos três últimos anos tinha trabalhado como faz-tudo em um grande jornal. Estava empacado no degrau mais baixo e reclamava do patrão pela sua situação. "Ele não me dá nenhuma responsabilidade. Não confia em mim para nada. É um homenzinho com cara de rato que se acha muito importante." A primeira tarefa de Joe era começar a assumir a responsabilidade por sua própria experiência de impotência. Reavaliou as coisas que tinha feito e deixado de fazer, nos últimos anos. Tinha decidido pegar um emprego muito bem remunerado num armazém, quando tinha 18 anos, em vez de ir para a faculdade. Ao discutir com o patrão, certa vez, perdeu esse emprego. Nos seis meses seguintes gozara férias, pagas com o seguro-desemprego; depois aceitou o trabalho atual num momento de desespero, quando o dinheiro acabou. Tinha desejado voltar para a escola, mas se sentia intimidado pelo esforço que precisaria fazer para trabalhar das 9 às 5h e estudar à noite. Também pensara em se candidatar a outros serviços dentro do jornal, mas na realidade nunca se mobilizara nesse sentido. Sabia que precisava preparar um currículo, mas nunca escrevera uma linha.

Ao assumir a responsabilidade por seu atual dilema, Joe identificou um objetivo específico. "Quero ser repórter. Quero ver o meu crédito na tela." Produziu quase trinta soluções alternativas. Joe decidiu começar a estudar à noite, num curso de jornalismo oferecido pela faculdade local. Planejou montar um currículo que pudesse usar depois, em solicitações de emprego. O primeiro passo de sua ação era pedir na faculdade os formulários de inscrição.

Enfrentando o sentimento de vazio. Os sentimentos de vazio e de solidão são tão dolorosos que algumas pessoas fazem qualquer coisa para se impedir de tomar consciência deles. Aqui, como em todos os outros sentimentos difíceis, a chave está em separar a recriminação e a dor. Você precisa sentir diretamente a sua solidão sem ligá-la a falhas ou defeitos dos outros. Para consegui-lo, você deverá literalmente encorajar esse sentimento.

Como a solidão é extremamente dolorosa, você terá de conseguir que ela venha em doses breves capazes de ser administradas. Estipule uma duração definida para que esse sentimento não o sufoque:

- Dê uma caminhada de dez minutos numa parte isolada da praia.
- Sente-se sozinho por dez minutos, concentrando a atenção apenas em suas respirações.
- Passe 15 minutos num lugar onde antes se sentiu feliz e próximo de alguém.
- Concentre sua atenção nos sentimentos de tédio e de solidão, por dez minutos, imediatamente antes de se dedicar a alguma atividade que o distraia.
- Desligue o rádio e a TV e fique apenas sentado em silêncio por vinte minutos, em sua sala de estar.
- Resista ao impulso de telefonar para alguém. Observe qual é a sensação que lhe dá adiar por mais ou menos dez minutos esse contato.
- Coloque uma cadeira no meio do quintal e sente-se ali por 15 minutos.

Alguns desses exercícios irão torná-lo mais consciente de sua solidão. Paradoxalmente, alguns deles poderão gerar uma estranha sensação de calma. O que importa é reparar na sensação que lhe dá ao não fugir das próprias vivências sentindo raiva. Quando você puder simplesmente sentir sua solidão sem recriminar ninguém, estará dando um grande passo para melhorar seu relacionamento com os outros. Neste ponto, você tem dois caminhos. Um é aprender mais a respeito de si mesmo, aumentando os períodos em que entra em contato com a sua solidão. Você pode perceber que a solidão desperta outros sentimentos incômodos: culpa, luto ou o sentimento de desvalia. Esses sentimentos latentes podem exigir uma atenção especial e uma elaboração pormenorizada (como descrevemos em seções anteriores deste capítulo). Ou você pode aprender que o seu vazio inclui lembranças do passado. (Você talvez considere produtivo contar com ajuda profissional se essas recordações forem perturbadoras ou difíceis de assimilar.)

Sua solidão pode não passar de uma ânsia, do anseio de se vincular a uma pessoa. Pode ser um sonho há muito acalentado de viver determinado tipo de proximidade e parceria. É aqui que entra a segunda parte para lidar com a solidão. Se a sua solidão parecer mais focalizada na necessidade de intimidade, então uma ação direta pode realmente ajudar. Talvez esteja na hora de tomar a nítida decisão (por mais que pareça ameaçadora) de entrar para um grupo que faz trilha, que sai para dançar ou tem uma participação política ativa. Se você já tem relacionamentos de intimidade, e ainda assim é acossado pelo sentimento de insatisfação, pode agir iniciando atividades que promovam a proximidade e a intimidade. Crie uma noite de massagem à luz de velas, um fim de semana no campo, uma variação sexual interessante, uma saída solene para jantar, e assim por diante. Simplesmente desligar a televisão para que possam conversar já pode ser uma decisão importante. O que quer que decida fazer, certifique-se de que você assume responsabilidade integral pela produção da experiência que deseja. Você vai ter de começar e liderar; esperemos que o parceiro ou amigo o acompanhe em sua iniciativa. Anos e anos recriminando o outro podem tornar a coisa mais difícil do mundo iniciar uma nova maneira de se relacionar. Por que você deveria sugerir alguma coisa nova quando é sempre a vez do outro de fazer alguma coisa, ou responsabilidade dele consertar o que está errado? Na realidade, a única pessoa capaz de fazer diferença é você. Você precisa da proximidade e terá de encontrar uma maneira de pedir isso, ou criar experiências em comum que satisfaçam essa sua necessidade fundamental.

O namorado de Maria é aficcionado por tênis e joga duas noites por semana e nas manhãs de sábado e domingo. Para Maria, a solidão e a raiva estavam sempre entremeadas. Ela achava o tênis uma atividade tanto egoísta como compulsiva.

Nos estágios iniciais do confronto de sua sensação de vazio, Maria começou com rápidas caminhadas pela orla enquanto o namorado jogava, nos fins de semana. Ela apenas decidiu sentir sua solidão sem torná-lo responsável por seu sofrimento. De alguma maneira, ao remover a raiva, várias soluções tornaram-se claras. Ela resolveu continuar com as caminhadas aos domingos e começar um curso de pintura aos sábados. Pediu ao namorado que passasse uma tarde do fim de semana fazendo um passeio de bicicleta com ela pelo campo. Nessa nova atividade em comum ela percebeu que era possível sentir a proximidade que a semana inteira desejara experimentar. O vazio ainda continuava lá, às vezes, mas Maria sentia-se mais confiante em sua capacidade de enfrentá-lo.

Fazendo os próprios planos

Assim que você começa a abrir mão da raiva como defesa, consegue experimentar novas sugestões, como as oferecidas neste capítulo. Algumas servirão e outras não. Com o tempo, você pode desenvolver estratégias próprias para lidar com os sentimentos latentes. O importante é que você cumpra o seu compromisso de enxergar pela raiva os sentimentos latentes e descubra novas maneiras de reagir a partes de si mesmo que até então se mantiveram enterradas sob várias camadas de recriminações e contrariedades.

III

Raiva em Casa

15
Raiva e crianças

Vicki, grávida de sete meses, estava numa lanchonete tomando capuccino e conversando com sua amiga Bonnie. Estava com elas a filha de Bonnie de um ano e meio, que se mostrava infeliz, choramingando e se contorcendo. As duas adultas tentavam em vão conversar. Bonnie estava tão desatenta, tentando manter a filha sentada no cadeirão, que logo Vicki desistiu de conversar com ela. Estava sentindo o bebê se mexendo dentro de sua barriga, e imaginava como seria maravilhoso quando ele finalmente nascesse. Seu bebê iria ser calmo, e não choroso e agitado o tempo todo, como o de Bonnie. Neste momento de simbiose perfeita, Vicki achava que ele estava próximo, era sossegado, perfeito.

Antes de termos filhos, fazemos fantasias a respeito de como nos sentiremos e agiremos quando formos pais. Você vai se empenhar em ser amoroso e paciente. Vai explicar em vez de mandar. Vai conversar, e não impingir. E deve ter criticado outros pais que se mostraram impacientes, inconsistentes, muito liberais ou muito rígidos. E sem dúvida você jamais sentirá raiva.

Agora você sabe como é difícil atingir esses ideais. Não é necessariamente verdadeiro que quando se amam os filhos, sendo consciencioso e consciente, você está imune à raiva. Você não pode automaticamente presumir que sempre superará as pequenas contrariedades de ser pai, lidando com todos os conflitos de modo inteligente e bem-humorado. Ser pai testa sua paciência, sua flexibilidade, sua sabedoria e capacidade de resistência, como nenhum outro relacionamento ou atividade profissional.

Num levantamento feito com pais canadenses (Minden, 1982), 41% dos entrevistados classificaram como negativa e frustradora sua experiência como pais. Mais da metade dos pais numa pesquisa realizada por Frude e Goss (1979) tinha perdido a cabeça e atacado fisicamente "com muita força" o filho. Outros 40% temiam perder a cabeça e realmente machucar o filho em algum momento futuro. Essas não eram famílias conturbadas com filhos difíceis. Os sujeitos pesquisados que relataram esses sentimentos eram pais "normais" com filhos "normais".

Quando você analisa as condições operacionais de seu trabalho como pai, pode constatar por que muitos se sentem exaustos e estressados.

1. Turnos longos. Você está "de serviço" todas as horas de todos os dias (incluindo fins de semana, férias e feriados). Se você trabalha fora de casa, sua ocupação como pai começa bem antes de você sair de casa, pela manhã, e recomeça no mesmo instante em que volta para casa. E não termina na hora em que você se deita para dormir. Bebês e crianças pequenas podem acordar freqüentemente à noite e seu sono pode ser interrompido por uma criança enferma ou que tenha tido um pesadelo.

2. As crianças são incrivelmente bagunceiras. Uma grande parte do tempo e da energia é dedicada a recolher objetos, limpar lugares, limpar as crianças. Comida, brinquedos, roupas, a sujeira espalhada pela casa. Até mesmo os pais de crianças responsáveis pela manutenção de suas coisas em ordem terminam se envolvendo em encorajar, supervisionar, treinar, organizar e apoiar a iniciativa das crianças.

3. As crianças são barulhentas. Uma casa com crianças é cheia de risos, gritaria e choros. As crianças estão constantemente fazendo perguntas. Toda atividade que requeira sossego, como a leitura, falar ao telefone, conversar, sempre é uma luta.

4. Cuidar das crianças requer que você faça muitas tarefas repetitivas e demoradas. Lavar roupas, fazer compras e cozinhar não acaba nunca. As crianças precisam que você as transporte a todo lugar: às competições esportivas, às aulas de dança, ao dentista.

5. As crianças são autocentradas. Em geral, elas não percebem que você está esgotado, quase perdendo a paciência ou muito estressado. Habilidades sociais como a empatia ou a sensibilidade para com os outros são aprendidas no decorrer de um longo período de tempo.

6. As crianças forçam os limites. As crianças normais estão sempre buscando autonomia. Elas querem e precisam agir por si mesmas, e questionam seu julgamento e sua autoridade. Da criança de dois anos que aprendeu a dizer "não" até o adolescente rebelde, os filhos desafiam as regras e forçam os limites para crescer.

7. As crianças precisam de imensas quantidades de atenção e aprovação. Elas competem com qualquer coisa ou pessoa que tire você delas. Suas estratégias para conseguir atenção podem ser óbvias e evidentes ("olhe para mim, veja-me, observe-me"), até encobertas e indiretas (rivalidade entre irmãos, comportamentos destrutivos, baixo rendimento escolar).

8. As crianças precisam ser vigiadas. Elas precisam ser protegidas de perigos imediatos e potenciais. Os pais de filhos pequenos devem observar constantemente a criança, permanecendo atentos a qualquer coisa que possa quebrar, que esteja quente, seja pontiaguda ou pequena o suficiente para ser engolida. Os pais de crianças maiores que brincam e se afastam de casa sempre estão preocupados com acidentes de bicicleta ou de carro, com os perigos de um parquinho de diversões, com o perigo que estranhos representam, e assim por diante. Por mais que você seja vigilante, nunca acha que seus filhos estão completamente a salvo.

As lições da raiva

Marny sentou-se com os dois filhos no parquinho. Joey, de quatro anos, parecia entediado e inquieto. Construiu uma pilha de areia e chamou a mãe para que ela visse o "vulcão" dele. Marny deu uma olhada rápida e depois continuou conversando com a amiga. Os chamados de atenção de Joey passaram a ocorrer a cada dois minutos. Finalmente ele se levantou, foi até onde estava o irmão de dois anos, Tony, que estava enchendo canequinhas com areia, e arrancou-as das mãos dele. Voou areia das canecas, entrando na boca e nos olhos de Tony. Ele deu um grito de surpresa e de dor. Marny ficou enfurecida.

"Mas como você ousa pegar o brinquedo dele? Pare de ser egoísta. Devolva-lhe a caneca, agora mesmo." "Não", Joey berrou com as mãos fechadas com força.

"Ah, você vai devolver, sim." Então Marny arrebatou as canecas da mão dele e depois de virá-lo de costas deu-lhe uns tapas no bumbum.

Joey gritou. Marny reparou que as outras pessoas do parquinho estavam ouvindo a briga e ficou constrangida porque Joey continuava chorando. Ela o segurou com força pelo braço enquanto ele tentava se desvencilhar e ameaçou: "Pare com a choradeira. Se não parar de se comportar como um bebê, eu vou lhe dar uma coisa que realmente o fará chorar de verdade". Joey abafou seu choro e se sentou sozinho, longe de sua mãe. E resmungava baixinho, para ninguém ouvir: "Não gosto do meu irmão. Nunca serei amigo dele, nunca, nunca, nunca". O que Joey aprendeu com essa situação? Certamente não o repartir, não a delicadeza com um bebê. Ao arrancar-lhe os brinquedos de sua mão e dar-lhe uma surra, Marny estava demonstrando que as pessoas grandes fazem coisas que machucam os pequenos e a agressão física é uma opção quando você quer alguma coisa ou está com raiva.

Joey também aprendeu algo a seu próprio respeito. Está desenvolvendo uma auto-imagem que inclui o fato de ele ser egoísta, mau e arrogante. Ele é capaz de deixar sua mãe com tanta raiva, que ela age de modo a rejeitá-lo. Como ele não a vê tratando o bebê dessa mesma maneira, está aprendendo a desgostar do irmão e a se sentir menos valioso que ele. Está aprendendo também a nutrir sentimentos de mágoa e tristeza, e a expressá-los chorando, o que não pode ser feito e, inclusive, é capaz de metê-lo em ainda mais confusões.

Um estudo de caso com mães adolescentes (Crockenberg, 1987) demonstrou que mães enraivecidas e punitivas tinham filhos enraivecidos e desobedientes. Essas crianças também distanciavam-se de suas mães. Em sua pesquisa de 1985 com crianças de dois a quatro anos, Crockenberg constatou que quando eram submetidas a demonstrações de raiva (mas não a outras emoções negativas) reagiam com uma conduta de desafio enraivecido e de preocupação consigo mesmas. Também exibiam *menos* preocupação pelos outros e se mostravam *menos* envolvidas quando presenciavam os outros em apuros.

Para que as crianças aprendam a ser delicadas, elas devem ser tratadas com delicadeza. Para que as crianças descubram alternativas para a raiva e a agressão, elas têm de assistir a demonstrações dessas alternativas. Para que as crianças tenham consideração pelos outros, seus sentimentos e suas necessidades têm de ser tratados com consideração.

Efeitos da raiva nas crianças

Como a raiva é praticamente universal nos relacionamentos entre pais e filhos, pode-se alimentar a ilusão de que seja inócua. A verdade é que o efeito da raiva nas crianças é devastador, pois distorce sua noção de quem são. ("Eu tenho de ser muito ruim para que a mamãe fique tão louca de raiva.") A raiva faz as crianças ficar com medo de não estarem seguras. Faz com que sintam que suas vidas estão fora de controle. ("Quem vai cuidar de mim? Quem irá me proteger?") Faz com que se sintam abandonadas. O sentimento de abandono pode ser em particular doloroso para as crianças porque elas literalmente dependem do amor e da proteção dos pais.

Toda criança aprende a se ver da maneira como é vista pelos pais. As que são constantemente insultadas, rebaixadas ou ameaçadas tendem a se considerar más, egoístas, estúpidas, sem valor. Também têm mais tolerância diante dos comportamentos de abuso que as atingem e são mais suscetíveis a pressões dos colegas.

As crianças têm uma imensa necessidade de ver os pais como seres onipotentes e oniscientes. Isso as ajuda a se sentir seguras. Em virtude desse pensamento mágico, quando os pais as rejeitam, estão enraivecidos ou abusam delas, as crianças sentirão que a culpa é *delas* em vez de ver que os pais estão errados, ou são maldosos e mesquinhos. Até mesmo as crianças vitimadas por abusos graves defendem e protegem freqüentemente o pai agressor. Robert Firestone (1985) descreve isso como o "elo de fantasia", ou seja, a ilusão de que o elo com a pessoa que cuida protegerá a criança. Essa ilusão da proteção surte um efeito irônico. Quanto mais a criança se sente abandonada, mais provável que idealize o pai e se sinta apegada a ele.

Bradshaw (1988) descreve da seguinte maneira o elo com o pai que comete abusos. As crianças amam seus pais e têm com eles uma forte ligação emocional, mas as que são vítimas de abuso têm uma ligação *ainda mais forte* porque sentem que não têm valor.

Dessa maneira, elas idealizam as regras e as opiniões dos pais para não se separarem deles. As crianças que acabam tendo uma auto-estima precária, para manter uma visão idealizada de seus pais, continuam se recriminando muito tempo depois de terem se tornado adultos. Continuam se tratando da mesma forma como foram tratadas pelos pais, segundo Bradshaw. E terão as mesmas atitudes com os seus filhos. Em virtude desse processo, os efeitos tóxicos do abuso serão transmitidos à geração seguinte.

As funções da raiva

Conforme apontamos antes, a raiva ajuda a bloquear ou descarregar níveis dolorosos de estresse. Ela permite que você se defenda dos aflitivos sentimentos de ansiedade, mágoa, culpa, preocupação ou perda.

A filha de 14 anos de Meg, Kim, deveria chegar em casa às 10 da noite. Quando Meg ouviu Kim abrindo a porta à meia-noite, sua raiva descarregou a dor de duas horas solitárias de preocupação.

Bobby, de oito anos, estava demonstrando para o pai a nova manobra que tinha aprendido em seu *skate*. Um carro dobrou a esquina e por um triz não pegou o menino. A raiva do pai de Bobby ajudou a descarregar toda a dor de sua ansiedade.

A mãe de Matt vinha passando bem, no hospital. Mas às 7 da manhã a enfermeira telefonou para lhe dizer que ela havia sido removida para a UTI. A dor dessa ansiedade desencadeou um ataque de impaciência contra a filha de quatro anos, que estava se vestindo e preparando para ir à escola em seu modo habitualmente "lento como uma lesma".

A raiva ajuda também a bloquear o estresse de sensações físicas dolorosas.

Depois de uma hora brincando com os filhos num jogo barulhento e pesado, os nervos de Martin estavam em pandarecos. Um de seus filhos chutou-o acidentalmente na canela; ele explodiu e mandou-os todos para a cama.

Peggy estava ajudando a filha a estudar para um importante exame de francês. Às 10 da noite, Peggy estava exausta e percebeu que estava se mostrando irritada e sendo sarcástica com a filha.

A raiva também bloqueia o estresse que surge quando você é

frustrado em sua tentativa de fazer algo que precisa ou quer fazer. Na pesquisa de Heusser (1986) com pais de crianças pequenas, foi constatado que a frustração decorrente de interrupções era uma das fontes mais comuns de raiva.

Nancy queixa-se de que não consegue nem ir ao banheiro sozinha. Seus filhos pequenos vão atrás dela. Se ela fecha a porta, eles gritam, choram e batem até ela abrir. No meio da tarde, quando os dois deveriam estar tirando um cochilo, ela finalmente se sentou com a revista favorita e uma xícara de chá. Quando o de três anos acordou o bebê de dez meses, ela ficou uma fera. Deu-lhe uns tapas e enfiou-o de volta na cama. Agora, ouvindo o choro dos dois, sentia mais raiva ainda.

As crianças sofrem o medo do abandono, mas os pais também são ameaçados pelo medo de ser abandonados pelos filhos. E isso costuma gerar raiva.

Sue e os pais estavam em eterno conflito no seu último ano do colegial. Ela queria trabalhar e dividir um apartamento com o namorado, após se formar, em vez de ir para a Faculdade e continuar morando em casa. A ameaça de perdê-la alimentava brigas e discussões constantes com os pais.

Justin esperava o fim de semana para ver seu pai. Ao ver toda a excitação com que o filho arrumava suas coisas, sua mãe sentia-se rejeitada. Ela suprimia esse sentimento com uma fileira de comentários mal-humorados.

Pensamentos-gatilho e a escalada

Não há nada de automático a respeito da raiva. A dor não o faz sentir raiva dos filhos. Pensamentos, crenças e suposições fazem com que você sinta raiva. Esses pensamentos-gatilho, como você já sabe, caem em duas categorias: "deverias" e recriminações. Eis como as duas espécies disparam a raiva contra seus filhos.

Os pais geralmente têm crenças específicas a respeito de como *deveria* ser sua vida com os filhos. Por exemplo, "as crianças *precisam* ir para a cama num horário definido para que possam descansar o suficiente". "As crianças *devem* ser capazes de ajudar nos afazeres domésticos." "A família *deveria* jantar reunida todas as noites." "As crianças *deveriam* sempre limpar e pôr em ordem a sua bagunça." "Não *deveríamos* ter portas fechadas nesta família." "Depois de certa hora à noite, as crianças não *deveriam* mais ser ouvidas, só vistas." "A família *deveria* ficar unida em momentos de estresse."

Quando suas regras e expectativas (explícitas ou implícitas) são violadas, parece que alguém fez uma *ruptura deliberada* em relação ao que é certo, seguro ou moral. O que deixa os pais com raiva é perceberem que essa ruptura foi deliberada. Lembram-se da raiva de Marny no parquinho? Não foi só porque Joey tomou as canecas do irmão. Marny acende sua raiva ao pensar: "Ele quer machucar o bebê, ele fez de propósito!".

As recriminações disparam a raiva ao tornar a criança responsável por sua dor. Recriminar também contribui para a ilusão de que as crianças fazem coisas "más" de propósito para deixá-lo com raiva, frustrá-lo ou derrotá-lo. Mas os seus filhos não são responsáveis pela dor que você sente. Eles não fazem coisas para ser maus. As crianças têm uma única motivação para seus comportamentos: satisfazer necessidades básicas. Suas metas principais são ser alimentadas, pertencer, sentir-se seguras, ser significativas, e assim por diante. Todos os seus comportamentos são dirigidos para alguma meta. Embora às vezes seja difícil identificar a meta de determinado comportamento, você pode supor que ele existe para satisfazer alguma necessidade.

Dreikers (1987) caracteriza as crianças que têm "mau comportamento" como crianças desencorajadas que podem estar alimentando crenças equivocadas a respeito de como atender às suas necessidades. Podem estar desanimadas, não se sentindo aceitas nem significativas. Podem alimentar a opinião equivocada de que só conseguem se sentir importantes se receberem sua atenção total, ou de que só vão se sentir fortes se mandarem e conseguirem tudo o que quiserem. Recriminá-las não as ajuda a se comportar de maneira mais apropriada. Simplesmente as rotula de "más" por terem tentado, da melhor maneira que conhecem, cuidar de si mesmas.

Os pensamentos-gatilho acontecem tão depressa que você talvez não tenha consciência de como eles alimentam sua raiva. Mas se você passar em revista alguma situação que provoque sua raiva perceberá que (1) você tinha expectativas que não se cumpriram; e (2) acreditava que seu filho se comportou mal de propósito (inclusive com a intenção de aborrecer).

Lembra-se de Matt, cuja mãe foi removida para a UTI? Seu estresse originava-se do medo de perdê-la. Mas sua raiva da filha foi disparada pelo que estava dizendo a si mesmo: "Ela sabe que eu tenho de sair agora e está se demorando para me irritar".

Quando você perceber que está ficando irritado, preste especial atenção aos cinco auto-enganos que desencadeiam a raiva por causa dos filhos:

1. Falácia do "ter direito". "Eu quero uma coisa, por isso devo tê-la." Peter queria que tudo fosse perfeito quando ele e a esposa estivessem recepcionando seus sócios. A raiva que teve dos filhos durante o jantar quando foram barulhentos e desordeiros veio da crença de que as crianças deveriam estar cientes da sua necessidade e cooperar. Na realidade, as crianças não têm nenhum interesse em impressionar adultos estranhos e provavelmente não saberiam nem como fazê-lo, de todo modo. O comportamento das crianças é *sempre* motivado por suas próprias necessidades, não pelas dos outros. Poderiam ter cooperado mais se soubessem com mais detalhes o que era esperado que fizessem e se fossem reforçadas a se comportar dessa maneira.

2. Falácia da justiça. "As crianças devem reconhecer os direitos dos outros. Não é nada mais que justo que às vezes as necessidades alheias venham em primeiro lugar." Nancy acreditava que ela *merecia* um intervalo para relaxar e as crianças não estavam sendo justas ao lhe negar essa legítima necessidade. Na realidade, as crianças (especialmente as pequenas) têm uma capacidade muito limitada para sentir empatia em relação a outras necessidades além das próprias, ou até mesmo para percebê-las. Por definição, a relação pais–filhos é desequilibrada e injusta. Nancy certamente precisava de uma folga em relação aos filhos, mas esperar que crianças pequenas sejam justas é uma causa perdida.

3. Falácia da mudança. "Você consegue mudar os filhos; basta aplicar pressão suficiente." Os pais de Sue acreditavam que ao desaprovarem-na seriam capazes de fazê-la mudar de idéia a respeito de ir morar num apartamento com o namorado, depois que terminasse o colegial. Essa pressão, no entanto, só obteve o resultado oposto. Sue ressentiu-se com a manipulação deles e ficou ainda mais decidida a afirmar sua autonomia, saindo da casa dos pais. As discussões constantes fizeram-na sentir-se ainda mais distante deles, numa época em que poderia ter contado com o apoio e a compreensão deles. Da mesma forma que os adultos, os filhos ressentem-se de ser pressionados, resistem à pressão, mesmo que seja "para seu próprio bem".

4. Suposições condicionais. "Se você realmente me amasse, faria o que eu quero." A mãe de Martin sentiu-se rejeitada e enraivecida quando ele externalizou toda a excitação que sentia ao se preparar para ir para a casa do pai naquele fim de semana. Ela disse para si mesma: "Se ele me amasse, odiaria aquele egoísta maldito por nos haver abandonado". A verdade é que é possível amar alguém e se importar com essa pessoa e ainda assim não atender às suas necessidades. A necessidade de Justin de manter seu relacionamento com o pai era imensamente importante para ele. Tão importante que até arriscava desapontar sua mãe.

5. A falácia do extravasar. A criança que fere você deve ser punida. Meg certamente se sentia assim quando a filha chegou em casa com duas horas de atraso, pois lhe parecia que ela merecia cada pedacinho da raiva e da cólera que sentia vontade de extravasar. Essa é uma comum e perigosa crença geradora de raiva, que freqüentemente leva a reações exageradas, agressões físicas e à sensação de ter perdido o controle. O pressuposto subjacente é "eu vou fazer você se sentir tão mal quanto eu". Mas expressar essa espécie de raiva é, para a criança, uma experiência aterrorizante e perigosa. Ela pode destruir sua relação com seus filhos, pois eles criarão barreiras psicológicas para se proteger de sua raiva. O desejo de "extravasar" é muito atraente, mas os pais que têm demonstrações intensas de raiva não obtêm o que realmente querem: filhos que cooperam, são responsáveis e demonstram consideração.

Uma palavra sobre a punição física. Além de perigosa e devastadora para a criança, simplesmente não funciona. Hoffman (1970) estudou o desenvolvimento moral das crianças e descobriu que aquelas que temiam a punição física eram propensas a sentir menos culpa, a não aceitar responsabilidades, resistiam menos a tentações e tinham menos controles comportamentais internos do que as crianças que não eram fisicamente castigadas. O castigo corporal pode até impedir o desenvolvimento de controles internos. A criança pode achar que não tem problema se comportar mal desde que aceite agüentar as conseqüências (levar uma surra). As crianças que não são punidas fisicamente devem entender primeiro por que seu comportamento é errado e depois renunciar a ele.

Outro problema de controlar o comportamento por meio de castigos físicos é que a lição aprendida é específica àquela situação. Por exemplo, o menino que é espancado por roubar só resistirá ao impulso de roubar se tiver muita certeza de que será novamente apanhado e punido. O comportamento que é controlado pelo medo em lugar de por controles internos deve também ser mantido pelo medo.

O castigo físico freqüente leva a sérias perturbações comportamentais e emocionais. Herman (1985) cita pesquisas em que existe uma correlação entre castigos corporais e roubo, furto, agressão, hostilidade, mentira, depressão e baixa auto-estima. Tem de haver um jeito melhor.

Suas expectativas

O que você espera de seus filhos tem um impacto enorme sobre a sua raiva. Não aquela expectativa a respeito de quem e do que eles serão quando forem adultos, mas o seu conjunto pessoal de valores e necessidades, pois estes afetam as atividades diárias da vida familiar. O que você espera que ocorra nas refeições familiares, na hora de ir dormir, quanto aos deveres escolares, à higiene e ao vestuário. O que você espera a respeito da limpeza e da organização da casa, dos amigos, afazeres e do tempo de lazer de cada um.

Por que certas expectativas causam tanto estresse e raiva? Às vezes, você espera que seus filhos façam certas coisas que apenas não são razoáveis. Pode estar esperando duas coisas mutuamente exclusivas ou contraditórias. Seu filho pode não ser capaz de corresponder a suas expectativas, ou você pode ter expectativas que não são mais condizentes com a idade dessa criança. Para começar a compreender como suas expectativas afetam cada aspecto de sua vida em família, faça o seguinte exercício:

Exercício 1. Faça uma lista das atividades e dos comportamentos de seus filhos. Ela deve incluir itens como hora das refeições, de ir dormir, rotinas de asseio, hora de brincar, tempo passado a sós, barulho, obedecer a instruções, mesada, obrigações, brigas, lição de casa, desempenho escolar, assistir à TV, atividades esportivas, e assim por diante. Para as crianças menores, você pode incluir também treino de uso do penico, dormir na sua cama, dormir a noite toda, amamentação, repartir as coisas, interromper os adultos, e assim por diante. A lista para as mais velhas deverá incluir visitas a outras crianças, receber outras crianças em sua casa, festas que acabam tarde, ficar só na casa, namorar, dirigir, trabalhar, usar maquiagem, ouvir música, comportamento sexual.

Ao lado das atividades anote a sua opinião, o seu valor, ou a necessidade que você associa a cada uma delas. Suas opiniões e necessidades constituem juntas suas expectativas a respeito de seu filho em cada uma dessas situações. Coloque na lista tantas quantas puder.

Eis alguns itens da lista que Rochelle preparou, para lhe dar uma idéia de como a sua poderia ser elaborada:

Hora das refeições: A família deve comer reunida. Uma pessoa deve falar por vez. Não é para brincar com a comida.

Hora de ir dormir: Preciso que as crianças vão para a cama numa hora razoável, que seja a mesma todo dia, para eu poder relaxar e ficar um tempo com o meu marido.

Lição de casa: As crianças devem assumir responsabilidade por fazer seus deveres. Tento estar disponível quando precisam de ajuda, mas não vou ficar de guarda até que terminem.

Televisão: As crianças não devem poder assistir à TV sem limites. Eu deixo os meus filhos ver uma hora de TV todas as noites, e podem assistir ao que quiserem nesse horário.

Se você tem parceiro(a), peça-lhe que também faça esse exercício. Você ficou surpresa(o) com as respostas que ele(a) deu? Em que diferem das suas? Essas diferenças contribuem como fonte de estresse para o seu relacionamento?

Agora que já tem uma lista de todas as questões e expectativas que são relevantes para você, faça um sinal ao lado dos itens que causam estresse e conflito em sua família. Quais expectativas são uma fonte de brigas? Sobre esses itens vale a pena trabalhar mais, depois. Por enquanto você precisa de mais informações.

Olhando para seu filho

Às vezes, é difícil enxergar como os filhos são realmente. Eles o lembram de quem você é, ou de alguma outra pessoa. Às vezes recebem um apelido que descreve um aspecto da personalidade deles ou de seu estágio de desenvolvimento. Esse tipo de generalização pode ficar com eles pela vida inteira. Meg é a "princesa". Bill é o "rebelde". Cheryl tem "16 mas parece 50". Até rótulos positivos descrevem apenas um aspecto da criança. Mike é "o inteligente". Gary é "um anjo".

Essas descrições são uma espécie de taquigrafia que limita o modo como você vê seu filho. O que é pior ainda, elas podem detonar raiva. Você começa com uma generalização. "Ele é preguiçoso." "Ela não é de confiança." "Ele é um mandão." Depois, você fica hipervigilante a respeito de qualquer comportamento que exemplifique essa generalização. Você diz para si mesmo: "Outra vez a mesma história. Não tenho mais de suportar isso", e assim por diante. Você não consegue ver nem uma só exceção ao comportamento esperado. Se seus filhos aceitam os rótulos negativos, eles podem corresponder às suas expectativas, persistindo nesse comportamento, e portanto deixando-o com ainda mais raiva.

Talvez a parte mais prejudicial de rotular e generalizar seja que você não vê seus filhos como eles são realmente. Você não enxerga o potencial deles, os talentos que eles têm. Você não fica sabendo as coisas que motivam sua filha, que a desafiam, que a interessam. Steve achava que seu filho de 12 anos estava ignorando-o. "Ele nunca me ouve quando eu falo com ele" (*generalização*). "Ele deliberadamente me ignora" (*pensamento-gatilho*). O que Steve não conseguia enxergar era que Joe tinha uma incrível capacidade de se concentrar. Ele adorava aprender matemática, especialmente álgebra. Gostava muito de trabalhar com aeromodelismo e chegou inclusive a construir sozinho um avião de controle remoto. Ele gostava de ler. Simplesmente não ouvia Steve (e mais nada) quando estava concentrado nessas coisas. Os rótulos estavam impedindo Steve de enxergar o quanto seu filho era realmente competente e capaz de focalizar a atenção.

Exercício 2. Uma maneira de conseguir ver os próprios filhos sob uma nova luz é descrevê-los para alguém que não os conhece absolutamente. O melhor modo de fazê-lo é escrevendo uma carta. Pense em alguém que você não vê desde que teve seu filho (como um amigo dos tempos de escola ou um parente que mora afastado). Em sua "carta", descreva seu filho tão completamente quanto puder. No que a sua filha é boa? O que é difícil para ela? Como ela se relaciona com você, com seus amigos? Como é seu filho? Qual a matéria na escola em que ele se sai melhor? Que necessidades ele tem de privacidade ou de contato social? De que maneira ele é criativo? Como a sua filha enfrenta uma frustração? Como ela expressa sua afetuosidade e sua raiva? Como obtém apoio? Quais as necessidades de seu filho em termos de ordem, limites e autonomia? Em que ele é diferente de você nessa mesma idade?

Faça com que esse exercício se transforme numa verdadeira caça ao tesouro. Obtenha mais informações e preencha sua descrição observando e ouvindo com cuidado. Pergunte aos que conhecem seus filhos – os professores, os pais dos amiguinhos, os irmãos. Talvez você perceba que está considerando seus filhos com mais atenção do que em qualquer outro momento anterior.

O objetivo desse exercício é enxergar seus filhos do jeito que eles realmente são e tornar-se consciente de suas feições especiais, seus talentos, limites e seu potencial. Se você começou com algumas amplas generalizações, procure exceções às "regras". Sua filha é desleixada? Ou só se distrai com facilidade? Ela é descuidada a respeito de tudo? Do que ela cuida? Leva vários dias para concluir a carta, acrescentando coisas, observando, reunindo mais informação. Quando vocês dois, como pais, tiverem completado esse exercício, comentem um com o outro as cartas que escreveram. Uma é muito diferente da outra?

O pai de Rachel achava que ela era totalmente voltada só para seus próprios interesses, não se importando com as necessidades dos outros membros da família. Queixava-se das poucas obrigações que tinha em relação à casa. Ficava praticamente a noite toda no telefone.

A porta do quarto de Rachel ficava geralmente fechada, e para o pai isso simbolizava o quanto ele estava obrigado a ficar de fora da vida dela. Toda vez que ele passava na frente dessa porta ficava com raiva. Dizia para si e para a esposa: "Ela não participa em nada desta família, e ainda assim quer que lhe demos mesada, emprestemos o carro e paguemos a faculdade. Mas quem ela acha que é?".

Como fonte de pesquisa para sua carta, o pai de Raquel começou a conversar com ela sobre o que estava acontecendo em sua vida. E passou a perceber algumas coisas. Ele notou que, embora

Rachel não quisesse acompanhar os pais em grandes reuniões de família, ela gostava muito de ir ao cinema com eles; que, embora reclamasse de suas obrigações dentro da casa, de vez em quando resolvia fazer alguma coisa sem que lhe pedissem. Ela decidiu plantar flores na entrada da casa. Também tinha ajudado a aplicar o papel de parede no banheiro.

Ele percebeu que os amigos dela freqüentemente a tomavam por confidente e ela parecia ter uma percepção muito nítida a respeito deles e de seus relacionamentos. Na realidade, parecia que ela era muito madura quando ajudava os outros a lidar com suas crises e tomar decisões. Quando o pai de Rachel foi capaz de enxergar mais além da limitada perspectiva que tinha dela, passou a se sentir menos magoado quando ela se recolhia. Ele também obteve mais informações a respeito de como criar e manter uma ligação com ela, durante sua adolescência.

Enxergar claramente

Assim que você tiver completado sua "carta", use as informações e sua nova percepção para fazer duas listas. A primeira é das características positivas de seu filho e do potencial que demonstra ter. Essas são as áreas que você precisa reconhecer, apoiar e encorajar. Quando você enxergar o melhor lado de seu filho, os talentos dele e suas habilidades emergentes, será menos provável que alimente a respeito dele as generalizações negativas que criam e intensificam a sua raiva.

Elabore uma segunda lista com todas as características negativas que o aborreçem, decepcionam e tendem a deixá-lo com raiva. Coloque um sinal ao lado dos itens da lista que têm o dom de irritá-lo de maneira especial. Comece com esses itens "quentes" e pergunte a si mesmo o que os torna tão irritantes. Eles transgridem algum valor importante para você? Esse comportamento o faz pensar em mais alguém? Lembra-o de si mesmo agora, ou de como você costumava ser? Esse comportamento acaba deixando você embaraçado, ou então você acha que os outros iriam desaprová-lo? É importante reconhecer como você contribui com sua própria história, seus valores e suas necessidades para uma situação de conflito. Você pode substituir seus pensamentos-gatilho ("Esse comportamento é intolerável") por outros menos capazes de provocar raiva e mais precisos ("Este comportamento me constrange, me decepciona, me leva a pensar que ele está fora de controle.")

Analise novamente os itens da lista negativa. Anote os itens que provavelmente você não conseguirá mudar. Eis algumas razões comuns pelas quais alguns comportamentos podem persistir apesar de todo o seu esforço para modificá-los.

1. A natureza básica de seu filho. As crianças têm suas próprias personalidades, predileções, preferências, sensibilidades e forças. Há pouca coisa que você pode fazer para tornar uma criança retraída em uma "borboleta social", recorrendo a rabugices, exortações e imposições. Quando a criança sente que essa pressão vai contra a sua natureza, ela pode se tornar mais retraída ou inautêntica.

2. Modas e modismos. Alguns comportamentos são quase inevitáveis em determinados estágios do desenvolvimento. As crianças típicas de dois anos podem ser muito negativas. Tornando-se capazes de usar a palavra "não", passam a poder afirmar sua autonomia e a se destacar do mundo à sua volta. As crianças atravessam estágios de amigos imaginários, de medo de ficar só, de se identificar com os super-heróis, de fascínio por ídolos do *rock* e astros de cinema. De forma previsível, os filhos rejeitam os valores dos pais e buscam os seus próprios. Sempre ajuda ler sobre desenvolvimento infantil, falar com outros pais, conversar com os professores de seus filhos. Informe-se sobre o que é o comportamento típico em certas idades, para que possa ver o comportamento de seu filho no contexto das normas de desenvolvimento.

Aceitar que você não mudará determinados comportamentos, que eles são básicos para aquela criança, ou aquele estágio do desenvolvimento, pode ajudá-lo a se livrar de pensamentos-gatilho recriminadores.

Pergunte por quê

Você precisa fazer uma coisa a mais com a sua lista de comportamentos negativos: perguntar *por que* esse comportamento persiste. Toda tentativa de erradicar um comportamento por meio de punições, restrições, distrações ou indulgência é inútil, a menos que você verifique que função esse comportamento tem na vida da criança. Todo comportamento tem um propósito. Pergunte a si mesmo: "Que necessidade está sendo expressa por meio deste comportamento?". Procure necessidades básicas como segurança, atenção, pertinência, aprovação. Depois indague: "De que modo posso ajudar minha filha a expressar essa necessidade de maneira mais bem-sucedida e aceitável?". Faça o mesmo raciocínio com todos os demais itens da lista negativa.

Essas questões saem do âmbito da raiva para entrar no campo da real solução de problemas. Em lugar de dizer "Como você ousa fazer isso comigo?" (pensamento-gatilho), você diz "Que necessidade esse comportamento tenta satisfazer?", e isso estabelece que seu filho agiu daquela maneira numa tentativa legítima de cuidar de seus interesses pessoais. É sua tarefa ajudá-lo a encontrar modos mais sadios ou eficazes de satisfazer as mesmas necessidades.

Situações de alto risco

Reveja sua relação com seus filhos. Tente identificar algum padrão. Há um momento do dia, ou dia da semana, em particular, para que o conflito ocorra? Existe alguma atividade ou questão específica que dispara a sua raiva? Há algum evento ou sentimento antecipatório que possa criar interações com seu filho capazes de gerar raiva?

Um fator predisponente muito comum é a *fadiga*. Os pais que chegam em casa cansados após trabalhar e ficar no trânsito várias horas não têm tempo para se reanimar. Seus filhos também podem estar cansados, famintos, carentes de atenção. As horas seguintes ao término do expediente de trabalho, portanto, podem ser uma zona de perigo.

Outro fator predisponente é se sentir *apressado*. O desafio do início da manhã de conseguir que todos saiam a tempo de casa é uma fonte comum de conflito crônico.

Sentir-se *desapontado* com o filho ou sentir que, em comparação com outras crianças, ele leva a pior pode ser uma fonte de raiva crônica.

O conflito também pode se tornar um hábito no que tange a questões de *controle*. As regras a respeito de alimentação, hora de ir dormir, amigos, vestuário, linguagem, hora de voltar para casa são uma fonte de conflito para você?

Uma fonte comum de raiva são as *interrupções*. É muito frustrante ser interrompido quando você está empenhado em concluir uma tarefa, concentrado, falando ao telefone, ou conversando com outro adulto.

Outros fatores que contribuem são preocupação, sintomas de doença, conflitos interpessoais e literalmente qualquer fonte significativa de estresse.

Depois que você houver identificado que está em situação de alto risco, que tradicionalmente provoca raiva de seu filho, você está prevenido. Pode planejar com antecedência quais estratégias de enfrentamento serão eventualmente acionadas. Pode antecipar o impulso para recriminar e atacar, preparando uma resposta menos destrutiva.

Reforço

Todo comportamento persiste porque é reforçado. Você só pode mudar o comportamento de seus filhos mudando os reforçadores dessas condutas.

Reforçadores positivos

O reforço positivo é um poderoso instrumento para obter das crianças uma mudança de comportamento. O mais poderoso de todos os reforçadores é sua aprovação e atenção. Essa verdade nunca é demais. O propósito da criança é ser aceita e pertencer ao núcleo familiar. Você é a única pessoa que, por meio de apoio e elogios, pode fornecer a motivação para praticamente qualquer comportamento positivo.

Você pode modelar o comportamento reforçando positivamente cada passo na direção certa. Digamos que quer que seu filho limpe e arrume o próprio quarto. No momento em que ele estiver se dirigindo para lá, você poderia dizer: "Ótimo, Jack, vejo que você está entendendo direito. Gosto muito quando não tenho de lembrá-lo de fazer isso". Ele recolhe as roupas sujas e coloca no cesto e você diz: "Já está com uma aparência bem melhor. Você está fazendo muito bem-feito". E assim por diante. Se ele parar ou começar a delongar, você pode encorajá-lo incentivando-o com mais elogios e aprovação: "Você está indo muito bem. Só mais umas coisinhas e terá terminado". Quando o serviço estiver concluído, você pode tornar a arrumação ainda mais reforçadora elogiando-o para os outros: "Jack fez um trabalho incrível no quarto dele, e fez tudo sozinho, menos guardar os quebra-cabeças. Estou muito orgulhosa dele". Outros reforçadores podem ser tão simples quanto uma estrela dourada para uma tarefa concluída ou uma coisa especial, como ficar acordado até mais tarde, ler uma história, saborear uma das delícias favoritas.

Os filhos mais velhos também reagem a reforçadores positivos. Os adolescentes, talvez em conflito com os pais por causa de várias idéias, geralmente se queixam de que sua cooperação nunca é sequer percebida. O elogio incentiva a cooperação. Apenas dizer "Obrigado por chegar na hora em casa; fico contente que você esteja aqui" faz com que o adolescente queira agradá-lo de novo.

Quando você elogia e recompensa um comportamento, constrói a auto-estima da criança. Ela pode sentir que é uma pessoa boa, cooperativa, capaz, inteligente, importante e, por isso, há mais probabilidade de que continue se comportando de maneira que conquiste sua aprovação.

Disciplina e conseqüências

A disciplina é um recurso importante para ajudar as crianças a aprender. Não precisa ser imposta pela raiva, nem envolver vingança, ameaças ou agressão. A disciplina razoável, consistente e que dá apoio permite que as crianças aprendam e cresçam com sua auto-estima intacta.

Alguns pais, porém, só pensam em disciplina quando já estão com raiva. Ela freqüentemente é imposta sem reflexão ou planejamento. "Quantas vezes eu já lhe disse para não fazer isso? Agora você vai se lamentar." O passo seguinte é algum castigo berrado com força, que pode distanciar a criança e, na realidade, torná-la *mais* propensa a se comportar mal no futuro.

Lembre-se de que existe um desequilíbrio de poder no relacionamento com seu filho. Você é muito mais forte e sabe se expressar muito melhor. Você faz as regras, controla os recursos, está no comando. Tem o poder de impor qualquer punição ou restrição que queira e a criança não tem recursos diretos. Esse desequilíbrio de poder torna ainda mais importante a punição, quando necessária, seja aplicada sem muita raiva. Quando você está com raiva, é mais provável que tome decisões rudes, extremas e inapropriadas. É mais provável que você faça ameaças e use violência, que bata, aperte, empurre ou sacuda a criança. Seu corpo está tremendo de adrenalina, sua capacidade de julgamento encontra-se comprometida e suas reações provavelmente serão perigosas, tanto física quanto psicologicamente. "Se você ousar encostar um dedo no bebê, quebro as suas mãos." "Se você não chegar em casa no horário, nunca mais verá esse rapaz."

Impor conseqüências negativas sem raiva é possível. Eis algumas sugestões.

1. Conseqüências naturais. Toda ação tem conseqüências. É um fato da vida. Se você não puser combustível no carro, ele não anda. Se não comer, sentirá fome. Se não puser casaco, vai sentir frio. As conseqüências naturais não são impostas por autoridade alguma; elas decorrem inevitavelmente da situação. Deixar que as conseqüências naturais ocorram com as crianças pode ser a forma mais fácil e menos provocadora de raiva de praticar a disciplina. Se você não se envolver na tentativa de poupá-las das conseqüências naturais, elas aprenderão as lições sem se sentirem criticadas ou manipuladas por você. Você pode inclusive ser solidário com os problemas delas e incentivá-las a agir melhor da próxima vez. "É difícil quando você tem de sair de casa de pijama e se vestir no carro porque não fez as coisas a tempo, em casa." "Você deve estar muito decepcionado porque a escola não o deixou entrar para o time por causa de suas notas." "Que pena que você esqueceu a lancheira. Deve ter ficado com fome."

Não há necessidade de ameaçar nem de "jogar na cara". As crianças são capazes de deduzir como devem mudar seu comportamento para que as conseqüências não ocorram de novo. Mesmo que você possa ficar incomodada ao pensar que sua filha vai sentir fome ou está indo despreparada para a escola, mesmo que se sinta tentada a "salvá-la", lembre-se de que, quando você impede que as conseqüências naturais ocorram, está *reforçando* o comportamento problemático. Se você mandar entregar a lancheira na escola, da próxima vez ela se sentirá menos motivada a se lembrar. Se você assumir a responsabilidade pela finalização dos deveres escolares, eles se tornam a *sua* lição de casa. Quando você deixa que as conseqüências naturais aconteçam, ensina aos seus filhos os fatos reais da vida, e eles aprendem a enfrentar e solucionar os seus próprios problemas.

2. Conseqüências razoáveis. Às vezes, claro, deixar que as conseqüências naturais ocorram não é nem razoável, nem seguro. Você não pode deixar uma criança pequena brincando na rua para aprender como os carros são perigosos. Não deve deixar a criança perder o dia de escola porque dormiu além do horário. Nesses casos, você tem de criar conseqüências negativas para o comportamento. As conseqüências negativas devem ser razoáveis, apropriadas, oportunas e aplicadas de maneira consistente. Eis algumas orientações para criar conseqüências razoáveis.

(a) As conseqüências devem levar em conta a idade e a habilidade da criança. Se você não deixar que seu filho de cinco anos assista televisão por um dia porque ele bateu em outro menino, talvez ele aprenda alguma coisa a respeito de controle de impulsos. Punições maiores criam uma privação desnecessária para uma criança desse tamanho.

(b) Sempre que possível, as conseqüências devem se relacionar com a ofensa. Se seu filho perdeu ou quebrou alguma coisa, a conseqüência deve envolver poupar ou ganhar o dinheiro necessário à substituição daquele item. Se as crianças estão se engalfinhando no banco de trás, a conseqüência pode ser parar de dirigir até que tenham se acalmado. Se estão brigando por causa de um brinquedo, a conseqüência pode ser não terem o brinquedo até que descubram uma forma de reparti-lo. Se seu filho não completa uma tarefa que você lhe passou para ajudar em casa, em um tempo estipulado, a conseqüência pode ser a perda de uma parte da mesada ou o atraso do início de uma outra atividade, até que a obrigação esteja concluída.

3. "Dar um tempo." Essa pode ser uma estratégia eficiente para lidar com crianças pequenas que não estão obedecendo, que estão tendo um acesso de birra ou se comportando de maneira anti-social. Um curto intervalo de tempo (cinco minutos, por exemplo), num ambiente monótono e seguro (o quarto onde não há TV nem brinquedos), permite que as crianças reavaliem seu comportamento e escolham uma outra espécie de conduta para poderem voltar ao ambiente social. Dessa maneira, você recupera o controle da situação sem perder a cabeça. Explique para a criança que determinados comportamentos resultam em cinco minutos "fora do campo" e que ela pode escolher mudar ou não o seu comportamento. Coloque um relógio com alarme do lado de fora da porta para poder acompanhar os minutos, para que seja o som do despertador e não você que determina quando ela pode sair. Ela pode sair depois desse período se estiver disposta a seguir as regras (não bater, ajudar na limpeza e organização da casa, dispor-se a repartir, brincar em silêncio, e assim por diante).

4. Evite punições prolongadas ou retardadas. As restrições prolongadas indicam que você está empenhado em alimentar as conseqüências por muito tempo depois de as crianças terem-se esquecido do motivo pelo qual estão sendo punidas.

5. Certifique-se de que seus filhos saibam exatamente o que é esperado deles. Defina o que você quer dizer com "no restaurante, quero que você se comporte". Certifique-se também de que seus filhos são capazes daquilo que você quer. Sua filha de cinco anos é realmente capaz de "sentar-se quieta" por meia hora? Se você espera que seu filho limpe a cozinha, ele sabe como usar a lavadora de louça corretamente? Ele sabe que você também espera que ele varra o chão?

6. Diga com antecedência para as crianças quais serão as conseqüências de elas não se comportarem devidamente. Dessa maneira, elas poderão tomar uma decisão razoável a respeito de como agir. Então, quando for o momento de impor as conseqüências, elas terão menos motivos para protestar ou tentar convencê-lo a mudar de idéia. Você não tem de ficar com raiva, nem provar que elas estão erradas. Conseqüências razoáveis, comunicadas com clareza, diminuem o nível do estresse em sua família.

7. Assim que houver esclarecido quais serão as conseqüências razoáveis, não fique mais fazendo sermão a esse respeito. Evite ficar atiçando, lembrando ou esfregando "na cara". Nora sabia que a conseqüência de qualquer violação ao volante seria ficar sem usar o carro da família por um mês. John sabia que se ele batesse na irmã com o braço do robô seria posto de castigo por uma hora. Sue e Millie sabiam que se não terminassem a lição de casa até às 8 da noite não iriam assistir a seu programa de TV favorito. A beleza das conseqüências razoáveis é que se trata de *uma escolha de seu filho*: comportamento adequado ou um desfecho desagradável.

8. As conseqüências devem ser aplicadas de maneira consistente. Faça o que disse que faria, todas as vezes. Se você não for consistente, então as crianças o testarão continuamente. E terão pouco interesse em mudar de comportamento. Numa vez são punidas por fazer alguma coisa; noutra, o mesmo comportamento é ignorado. Quando você é inconsistente, é forçado a "ficar realmente com raiva" para poder ser levado a sério.

Não ameace com uma conseqüência que você não está preparado para colocar em prática. Se você disser "Basta de briga no carro, senão dou meia-volta e levo vocês de volta para casa", esteja preparado para fazer isso mesmo, mesmo que pessoalmente também fique frustrado. Se disser "Vista-se para podermos sair às 8h15, senão você vai acabar de se vestir no carro", esteja preparado para pôr em prática essa conseqüência, mesmo que esteja chovendo. Provavelmente, você não terá de impor à força a conseqüência razoável mais do que uma ou duas vezes antes que a criança entenda que você não vai amolecer. É a consistência e não a rigidez ou a severidade da conseqüência que a torna eficiente.

Reunindo todos os elementos: a solução dos problemas

Exercício 3. Volte agora aos problemas recorrentes que tendem a causar estresse e brigas em sua família. Ao adotar os seis passos a seguir relacionados, você pode começar a trabalhar para obter uma solução que mude os antigos padrões de conflito. Faça esse exercício quando não estiver sentindo raiva ou frustração, para poder ser criativo e otimista a respeito da solução dos problemas.

1. *O problema.* Apresente o problema em termos comportamentais. Seja muito específico a respeito do comportamento exato que causa o conflito.
2. *Apresente a necessidade que a seu ver a criança está expressando ao se comportar daquela maneira.* A criança está tentando satisfazer sua necessidade de atenção, segurança, aprovação ou autonomia? Está frustrada, entediada ou estressada? Talvez você não saiba ao certo que necessidade está sendo expressa, mas tente descobrir usando todo o seu conhecimento da personalidade da criança, suas necessida-

des, seus interesses e suas motivações. Talvez você precise de mais informações sobre seu filho; então fale com os professores e outras pessoas que o conhecem. Há leituras que você pode fazer sobre os níveis do desenvolvimento infantil, que o ajudam a situar o seu filho.
3. *Qual de suas expectativas ou seus valores está sendo desrespeitado?* Você já anotou no caderno sua lista de crenças, valores e expectativas com relação ao comportamento de seu filho. Aplique o que já sabe a esta situação em particular.
4. *De que maneira você pode ajudar seu filho a expressar sua necessidade de maneira mais aceitável?* Tente ser criativo e aberto. Não é preciso haver um ganhador e um perdedor. Você pode ser capaz de achar uma forma alternativa de cuidar das necessidades de todos. Isso pode significar que você entre em acordos, mude suas prioridades ou faça as coisas de maneira diferente. Pode significar que você deva desistir de alguma expectativa que causa ou aumenta o estresse.
5. *Reforçamento positivo.* De que forma você pode motivar seus filhos para que queiram mudar de comportamento? O que os faria querer cooperar?
6. *Conseqüências negativas.* Quais conseqüências seus filhos desejariam evitar, mudando de comportamento? Funcionaria com eles deixar que sentissem os efeitos das conseqüências naturais? Você poderia criar uma conseqüência razoável que permitisse a seus filhos mudar de comportamento?

Eis dois exemplos de como esses seis passos podem servir para resolver problemas.

A hora do jantar era um desastre para Caroline, Fred e seus dois filhos pequenos, de quatro e seis anos. Os pais preferiam que a família jantasse toda reunida, mas essa preferência não era uma alta prioridade. Fred não chegava em casa antes das 18h30 quase todas as noites. Quando se sentavam à mesa era por volta das 19 horas e os dois meninos já estavam irritados de tanta fome e cansaço. Caroline e Fred também estavam cansados e tinham pouca paciência com a bagunça, o barulho e as brigas que aconteciam. Nenhuma das crianças tinha habilidade com os utensílios e costumavam derrubar a comida na mesa e no chão. Caroline e Fred descobriam-se corrigindo, advertindo, ameaçando e finalmente mandando uma ou ambas para fora da mesa. Eis como usaram os seis passos para avaliar seu problema e chegar a uma solução:

1. *O problema*: As crianças são bagunceiras, barulhentas e brigam quando estão à mesa.
2. *A necessidade que estão expressando com esse comportamento*: As crianças estão famintas e cansadas. Não sabem usar adequadamente os utensílios. Brigam porque competem para ganhar a atenção dos pais.
3. *Valores e expectativas violados*: A família toda deve se reunir para fazer uma refeição sem brigar. As crianças devem ser capazes de usar os utensílios e não fazer sujeira.
4. *Como as crianças podem expressar suas necessidades de maneira mais apropriada*:
   - Alimentar as crianças mais cedo, durante a semana, e deixar que comam a sobremesa com os adultos. A família toda se reúne para jantar nos finais de semana.
   - Deixar as crianças falarem uma por vez, quando estiverem à mesa, e não permitir interrupções.
5. *Reforçadores positivos*:
   - Fazer as crianças usarem os utensílios de maneira divertida. Por exemplo: podem treinar o uso da colher de sopa tomando "sopa" de sorvete. Podem treinar o uso de faca e garfo para comer bolo de chocolate.
   - Tornar a conversa interessante e divertida para elas durante o jantar e deixar que cada uma delas fale por vez, sem ser interrompida.
   - Reconhecer explicitamente e elogiar os progressos nos modos que têm à mesa.
6. *Conseqüências negativas*:
   - Exigir que as crianças limpem e varram toda a comida que tiver sobrado no chão, após a refeição.
   - Se houver brigas, terão de sair da mesa.

Zack, de dez anos, sempre foi tímido e pequeno para sua idade, mas era ágil e muito coordenado. No verão anterior tinha aprendido a andar de *skate*. Dedicava muito tempo a esse treino e acabou se tornando o melhor skatista de sua classe. Junto com essa competência no *skate* vieram autoconfiança e novas amizades com meninos que também eram adeptos desse esporte. O pai de Zack, Jerry, ficava preocupado com a idéia de que seu filho se machucasse muito se caísse; então comprou um capacete e protetores de joelho e cotovelo para o filho. Zack prometeu ao pai que não andaria nas ruas e que sempre usaria o equipamento de proteção.

Num dia chuvoso, Jerry viu o filho andando de *skate* no meio do trânsito, sem o capacete e as proteções. Seu primeiro impulso foi queimar o *skate*. Mas esse esporte representava muito para Zack: desafio, autoconfiança, o respeito dos outros meninos. Foi assim que Jerry usou os seis passos para avaliar o problema e chegar a uma solução:

1. *O problema*: Zack está andando de *skate* na rua, sem o equipamento de proteção; além disso, enganou o pai a esse respeito.
2. *A necessidade que estava expressando por meio desse comportamento*: A necessidade de Zack de ser aceito no grupo dos meninos (andando sem proteção) é maior do que sua necessidade de ser honesto com o pai, ou do que a sua necessidade de segurança.
3. *Valores e expectativas violados*:
   - As crianças devem ser honestas com os pais.
   - As crianças não devem andar de *skate* sem equipamento de proteção nem no meio dos carros. (Essas duas expectativas tinham alta prioridade para Jerry.)
4. *Como ele poderia expressar sua necessidade de maneira mais apropriada?*
   - Jerry tentaria fazer com que os meninos do grupo de Zack usassem capacete e protetores. Ele poderia telefonar para os pais dos outros meninos e encorajá-los a comprar o mesmo equipamento para seus filhos.
   - Incentivar Zack a participar de outros esportes nos quais ele provavelmente se sairia muito bem (luta romana, ginástica) e ganharia mais confiança e prestígio.
5. *Reforçadores positivos*:
   - Se Zack usar o capacete e os protetores para andar de *skate*, Jerry o levará com um amigo ao parque de skatistas onde eles poderão praticar nas rampas e trilhas. (Nesses locais o equipamento de segurança é obrigatório.)

- Se Zack usar o capacete e os protetores, Jerry lhe oferecerá a assinatura de uma revista de *skate* para ele se informar mais sobre os esportistas profissionais.
6. *Reforçador negativo*:
   - Se Zack for flagrado andando na rua, entre os carros, ou sem o equipamento de proteção, perderá o direito de uso do *skate* por uma semana.

Prescrição anti-raiva

1. Seu relacionamento. O primeiro passo, e o mais importante, no trabalho de evitar a raiva por seus filhos é estabelecer e preservar um sentimento bom entre vocês. Se as crianças sentem-se seguras e aceitas em casa, é menos provável que se comportem mal e façam escândalos. Elas preferem manter o sentimento afetuoso e o respeito que existem entre vocês.

Você comunica a sua aceitação ouvindo, passando tempo com elas, fazendo em conjunto coisas agradáveis. Fale de você também. Filhos de todas as idades gostam muito de escutar histórias sobre a própria infância e a dos pais. Passar um tempo a sós com o filho ajuda a cultivar sentimentos positivos entre vocês. Todo filho precisa de um espaço em que não tenha de competir com os irmãos ou em meio a atividades em que os pais estão envolvidos, para conseguir atenção. Quando você cria tempo para ficar com sua filha, está lhe dizendo: "Você é importante para mim. Quero saber o que você pensa e sente". Quando escuta, fica conhecendo as percepções de seu filho, os medos dele, suas motivações e seus limites. Você pode prever, com mais exatidão, as situações que trarão problemas e evitá-las. Poderá reconhecer mais freqüentemente as pressões que seu filho está sofrendo em sua tentativa de administrar a própria vida. Quando ele efetivamente se comportar mal, é mais provável que você entenda por que e se entregue menos a pensamentos-gatilho.

2. Tome consciência de seu estresse. Preste especial atenção nos momentos de perigo, nos quais você está estressado e mais provavelmente aborrecido com as frustrações comuns de ter filhos. Após voltar do trabalho, ou quando você está cansado, são momentos típicos em que você deve ficar atento. Outras oportunidades nas quais tomar cuidado extra são quando estiver com alguma dor ou não estiver se sentindo bem, quando estiver afobado ou com raiva de alguém. Infelizmente, as crianças são alvos fáceis de sua raiva, nesses momentos.

Alguns pais chegam do trabalho em estado de excitação física, buscando uma briga para descarregar o estresse. Se isso acontece com você, evite ao máximo situações difíceis ou de conflito com os filhos, nesses períodos de perigo. Se a hora do banho é uma luta, pule o banho. Não aumente o seu estresse incumbindo-se de mais obrigações ou começando projetos novos, mesmo que ache que deveria. Adie, evite, cancele tudo aquilo que não é estritamente necessário.

3. Comunique aos filhos que está se sentindo estressado (aborrecido, frustrado, infeliz). Até crianças muito pequenas podem entender que você está aborrecido e elas precisam tomar cuidado com você. Você também pode comunicar-lhes o que elas podem fazer para ajudar ou, pelo menos, não aumentar o problema:

"Preciso de meia hora de sossego agora."

"Estou preocupada com a vovó porque ela está doente. Preciso que você fique quietinho e não me interrompa enquanto eu estiver no telefone falando com o atendente do hospital."

"Aquele homem, na garagem, realmente me deixou furioso. Estou com muita raiva agora. Daqui a pouco, passa."

Comunicar claramente o estado emocional em que você se encontra ajuda as crianças a conhecer como você funciona, quais são seus limites e suas necessidades. Isso também as ensina a expressar suas próprias necessidades e seus limites de maneira apropriada. Se elas estão frustradas ou estressadas, aprenderão a pedir o que precisam sem ficar com raiva ou recorrer à agressividade.

4. Cuide de si mesmo imediatamente, se possível. Faça alguma coisa que diminua o nível do seu estresse. Um banho quente, um telefonema para alguém que lhe possa dar apoio, ou simplesmente o ato de tirar as roupas de trabalho e se sentar para descansar tomando algo refrescante, ouvindo música, pode fazer com que você descanse e se tranquilize e vai ajudá-lo a se sentir mais capaz de continuar com o dia.

5. Esteja preparado para um desastre e evite-o quando possível. Se você der um copo de leite para uma criança de três anos, há alguma chance de que ela o derrame. Se ela estiver sentada no sofá velho, você vai ficar chateada. Se ela o derramar no sofá novo, como você vai se sentir? Se sabe que vai "ficar maluca", então *não deixe que beba o leite se estiver sentada no sofá novo.* Como você se sentiria se seu filho perdesse o casaco num baile na escola? Ficaria um pouco desapontada? E como se sentiria se ele perdesse seu velho, mais querido, insubstituível, adorado, casaco *jeans* que tem desde a faculdade? Se acha que "perderia a cabeça", então *não lhe empreste sua jaqueta.* Conheça seus limites e evite a sensação de ser forçado para além do que lhe é tolerável. Agindo assim, você evita se colocar em situações de dor e estresse que "acendem" a raiva.

6. Planeje com antecedência. Você pode provavelmente prever e prevenir alguns problemas se planejar com antecedência. Isso inclui informar as crianças exatamente do que é esperado delas. O que você quer exatamente dizer com "Não me aborreça agora"? ou "Não dê trabalho para a babá"? Planejar com antecedência envolve ajudar as crianças a lidarem com a situação. Viagens demoradas, por exemplo, são estressantes para todos. Lanchinhos, jogos para brincar em silêncio, fitas de música e história de que gostem, paradas – tudo ajuda a tornar a viagem mais agradável.

Você está ciente das forças e dos limites particulares de seu filho. Evite colocá-lo numa situação na qual, previsivelmente, ele se sentirá forçado mais além de seus limites ou suas capacidades, o que o torna, então, propenso a se comportar mal. Deixe que ele se sinta preparado, explicando-lhe e ensaiando o que irá acontecer numa nova situação (o primeiro dia na escola, a primeira visita ao dentista). Algumas crianças precisam de mais atividade física. Outras, de menos estimulação. Há crianças que evidentemente precisam de limites e estão sempre testando você. Alguns garotos ficam extremamente irritados quando estão com fome ou cansados. Cabe a você descobrir o que tira cada criança do seu normal, quais situações lhe são mais difíceis, e como você pode ajudar seu filho ou sua filha a administrar sua vida e ser mais bem-sucedido(a). Não só cada criança é diferente como as suas necessidades mudam conforme vai ficando mais velha. Planejar com antecedência significa permanecer em sintonia com as necessidades únicas e cambiantes de seus filhos.

Enxergando vermelho

As sugestões apresentadas, na prescrição anti-raiva, ajudarão você a controlar e limitar a raiva que sentir de seus filhos. Mas, quando você realmente ficar com raiva, precisará de algumas diretrizes que o ajudem a lidar com a situação, evitando o perigo da escalada, e o tragam de volta à normalidade.

1. Não toque em seu filho quando estiver com raiva. A carga de adrenalina em seu corpo torna difícil mensurar a quantidade de força que você está usando, e sua excitação física pode facilmente transformar-se em agressão. Aí não é hora de dar uma surra! Quando você está com raiva, o mais seguro é mandar a criança ir para o seu quarto, ou afastá-lo de você de alguma outra maneira. Se isso não for possível, você deve sair. Se as crianças não forem grandes o bastante para saírem sozinhas, dê uma volta no quarteirão. Se você não puder deixá-las sozinhas, sente do lado de fora da casa ou dentro do carro (mas não dirija!), num ponto onde lhe seja fácil ouvi-las ou vê-las. Se for preciso pegar a criança para colocá-la no berço ou restringi-la dentro de um ambiente seguro, faça-o de modo calmo e controlado. Movimente-se em câmera lenta e cuide para não ter reações intensas. Não grite nem bata a porta com força. Esses atos aumentam a carga de adrenalina e arriscam a perda do controle.

2. Combata seus pensamentos-gatilho. Substitua-os por coisas que você se diz para acalmar-se e confortar-se: "Eu posso me controlar". "Estou muito cansado e preciso de um tempo parado." "Não tenho de tomar nenhuma decisão agora. Vou pensar numa solução quando estiver mais calmo." "Posso dar um jeito de entender isso tudo mais tarde." Veja o Capítulo 10 na seção sobre mantras saudáveis contra a raiva, em que você pode obter mais sugestões a respeito de como se controlar quando estiver com raiva.

3. Obtenha apoio. Pode ser proveitoso conversar com outra pessoa, mas evite queixar-se a respeito de seu filho para alguém que seja capaz de inflamar sua raiva. Não ajuda em nada dizer "Você tem razão, mas que animalzinho. Eu nunca toleraria esse tipo de comportamento". Pode fazer um acordo com um amigo ou parente para poder telefonar-lhe quando você se sentir deveras estressado. Escolha uma pessoa que lhe permita extravasar a raiva e só irá ouvi-lo ou ajudá-lo a se acalmar *sem* concordar com você, discutir ou dar-lhe conselhos.

4. Quando necessário, "dê um tempo". (Veja o Capítulo 9.) Quando estiver com raiva, você pode ter receio do que vier a dizer ou fazer, pois podem ser coisas que machuquem seu filho. Você precisa de tempo para esfriar a cabeça, reorganizar seus recursos, olhar as coisas de um ponto de vista mais calmo e novo. Se a criança tiver tamanho para tanto, explique-lhe o conceito e as regras de "dar um tempo", quando *não* estiverem em conflito. Combine que sinal usarão para pedir "tempo", quanto tempo você ficará ausente, quando voltará, e o que espera dela. Enquanto estiver distante, use esse tempo para se acalmar ou para gastar a energia física gerada pela raiva. Uma caminhada acelerada, socos numa almofada, exercícios aeróbicos e chorar são todas boas maneiras de descarregar a energia acumulada, concomitante à raiva. Alguns afazeres domésticos são muito propícios a descarregar a raiva: passar aspirador de pó nos tapetes, polir metais, martelar e cortar grama. Uma xícara de chá, ouvir o disco favorito, passar algum tempo lendo são atividades que ajudam a recuperar a calma. Não tente resolver o problema. Sua meta é recobrar-se da raiva, não achar soluções.

5. Atenha-se a sentenças que começam com "eu" e evite jogar a culpa, usar de sarcasmo, insultos ou generalizações. Sentenças de ataque intensificam o sentimento da raiva. Ataques enraivecidos desfechados contra as crianças arrasam com a auto-estima delas e não inspiram remorso nem cooperação. Muito tempo depois de a discussão ter terminado, os insultos que as crianças ouviram continuam ecoando em sua memória e comprometem a imagem que fazem de si mesmas. Atenha-se ao ponto. Se está repreendendo seu filho porque ele provoca o irmão, não cite as dificuldades que ele está tendo na escola ou sua incapacidade de dar comida para o cachorro, de manhã.

6. Ouça. Repita o que ouviu seu filho dizendo para ter certeza de que foi isso mesmo que você escutou. Pergunte se você entendeu direito. Caso não tenha entendido, peça-lhe que explique de novo a parte que não está clara. Ouvir o que a sua filha tem a dizer não significa que você concorde com ela. Quando as pessoas se sentem ouvidas, são menos resistentes e provocadoras.

Fazendo acontecer

Seu relacionamento com seu filho é diferente de todos os outros vínculos em sua vida. Na qualidade de pai, você é responsável por ensinar seus filhos, socializá-los, prepará-los para serem capazes de viver no mundo, sem você, de maneira bem-sucedida. Em nenhuma outra relação você é 100% responsável pelo estabelecimento dos limites e pelo fornecimento tanto de disciplina quanto de amor. Em nenhuma outra relação os efeitos da raiva são tão devastadores e a importância de encontrar outros caminhos para resolver os problemas, sem raiva, tão grande. O fato de você estar lendo este livro indica que está ciente da importância de achar uma forma de viver com seus filhos sem sentir tanta raiva, tantas vezes.

Operar mudanças em qualquer relacionamento requer paciência e perseverança. As crianças esperam que seus pais ajam de determinada maneira. Quando você muda o seu estilo de comunicação e reage ao conflito ou ao estresse sem chicotadas, elas podem se surpreender e até mesmo ficar confusas.

As mudanças que você fez talvez lhe pareçam estranhas ou artificiais no começo. Pode levar algum tempo até se acostumar com as conseqüências naturais que ocorrem, em vez de se empenhar em resgatar sua criança o tempo todo. Pode levar algum tempo para se acostumar com planejar conseqüências razoáveis em vez de explodir e depois se sentir culpado.

Os grupos de apoio e treinamento para pais, muitas vezes existentes em escolas ou núcleos comunitários, podem colocá-lo em contato com uma rede inteira de professores solidários e outros pais que estejam passando por experiências similares com seus filhos. Você não está sozinho. Quando ouvir como os outros pais lidam com problemas parecidos, pode obter uma melhor perspectiva sobre o seu próprio caso.

Terapia familiar é um recurso interessante para ajudar a identificar os problemas e os padrões que acionam a raiva. Esse trabalho pode ser a chance para todos os membros da família participarem da busca de soluções e alternativas.

Haverá momentos em que você conseguirá fazer mudanças bem-sucedidas em suas reações habituais ao estresse, evitando a raiva. Haverá outros momentos em que cairá de novo nos velhos hábitos de raiva (adivinhando os pensamentos, alimentando pensamentos-gatilho, vendo o lado negativo das coisas). Nessas situações, você pode se questionar se não está muito tarde para mudar padrões antigos. Mas até mesmo padrões negativos que já existem há muito tempo podem mudar. Às vezes, até uma pequena modificação na linguagem que você usa ou nas coisas que diz para si mesmo quando fica aborrecido podem surtir uma tremenda diferença no modo como se sente e enfrenta as situações. O esforço que você faz ajuda a proteger aquilo que há de mais importante em sua vida: seus filhos.

16

Maus-tratos entre cônjuges

*Kim Paleg**

Jim não conseguia localizar sua camisa azul listada. "Droga! Outra vez não!" Em seguida irrompeu cozinha adentro, onde a esposa, Allison, estava preparando o café da manhã para ele. "Ontem não tive tempo de passar roupas", ela começou. Jim agarrou a frigideira com a omelete que estava na mão dela e atirou-a, fazendo com que voasse pela cozinha. "Preste atenção quando eu lhe disser uma coisa!", ele gritou. E vê-la encolhendo-se enfureceu-o ainda mais. A esposa se encostou-se na geladeira e escorregou para fora, pela porta da cozinha. Ele ficou enlouquecido. Bateu nela como um selvagem, depois agarrou-a e jogou-a longe, antes de voltar pisando duro para o quarto, onde terminou de se vestir. Saiu, batendo a porta.

Vicki contou ao marido que a mãe pretendia visitá-la. Joe odiava as visitas da sogra; sempre se sentia excluído pelas duas, quando conversavam e riam – dele, era o que mais pensava. E Vicki sabia que ele se sentia assim, então por que estava fazendo isso com ele? Ele estava lívido. A discussão piorava a cada minuto até Joe gritar: "Se ela puser um pé que seja na minha casa, não sei o

---

* Kim Paleg é psicóloga supervisora no Haight Ashbury Psychological Services, em São Francisco. Atende em seu consultório casais e famílias. A dra. Paleg é co-autora de *Focal group psychotherapy* (New Harbinger Publications). Doutorou-se na California Graduate School of Marital and Family Therapy.

que sou capaz de fazer". Saiu, batendo a porta e, alguns minutos depois, voltou com o revólver. Vicki assistia a tudo aterrorizada e Joe, sentado, limpava a arma, com os olhos nela, branco como cera.

Julie estava cansada, depois de uma longa semana em que tinha trabalhado muito. Seu namorado, David, devia chegar a qualquer minuto. Julie esperava que ele topasse a idéia de pedirem uma pizza e ficarem em casa assistindo à TV. Mas ele não topou. "Você nunca mais tem vontade de fazer nada", ele se queixou. "Não seja bobo", ela retrucou. "Geralmente sou eu quem faz as sugestões para os nossos programas, não é verdade?" David sabia que isso era verdade, que estava se fazendo de bobo, mas odiou ouvir aquilo de Julie. Ele já se sentia inferior em comparação a ela; ela sabia falar melhor e tinha melhor memória. Quando eles discutiam, ele sempre perdia. De repente ele ficou furioso: "Por que você sempre tem de argumentar?", ele berrou. "Por que apenas não faz o que eu quero, para variar?" Estava em pé, abrindo e cerrando os punhos. Subitamente ele se atirou para a frente e esmurrou a parede a meio metro da cabeça dela, machucando os dedos e fazendo um buraco no estuque. Depois, deu meia-volta e saiu.

Quando a raiva "sobe" e sai do controle, a violência e os maus-tratos podem facilmente ocorrer. A linha entre o que é abusivo e o que não é costuma ser difícil de determinar. Às vezes, a linha é trespassada sem que nenhum dos envolvidos tenha total clareza dessa transição. Parece claro que Allison estava sendo vítima de abuso quando o marido a socou e jogou contra a parede. Mas e quanto a Vicki? Estava o seu marido sendo abusivo enquanto limpava o revólver, sentado, com expressão ameaçadora, lívido? E quanto ao namorado de Julie, que quebrou a parede em vez do rosto dela? Na realidade, todos esses são casos de abuso. O abuso ocorre toda vez que alguém é induzido a agir de uma maneira que não escolheria para se comportar, por força de violência, ameaças ou intimidação. O abuso inclui não só espancamentos habituais, mas tapas eventuais, chacoalhões e até a mera ameaça desses comportamentos.

Há estimativas de que uma em cada duas famílias americanas passa por alguma forma de violência doméstica todo ano. Uma família em cinco vive em estado de violência constante. Com muita freqüência, o agressor é o homem e a vítima é a mulher.

Pode ser que ocorra um incidente de abuso uma vez e nunca mais ele se repita. Jan descreveu uma discussão com o marido em que ela o acusou de não se importar com o que ela sentia. Ela havia tido uma discussão com o patrão naquele dia e queria receber conforto e apoio de Tony. Cansado com o seu próprio dia de trabalho, Tony primeiro recolheu-se por trás de seu jornal. Depois de certo tempo, ele se tornou defensivo e contra-atacou. Conforme a frustração de Jan aumentava, ela não só atacou o marido verbalmente como também chegou às vias de fato. Tony agarrou o punho da esposa no meio do movimento e jogou-a para trás. Ela caiu com tudo e bateu a cabeça na mesinha de centro. Ambos ficaram horrorizados e abalados. Agora, oito anos depois, Jan relata que o choque desse incidente deixou um sinal indelével em seu relacionamento e ambos providenciaram as restrições indispensáveis a assegurar que nenhuma outra demonstração de violência viesse futuramente a ocorrer.

Na outra ponta da escala, Sarah descreveu, em seu leito no hospital, o pesadelo de cinco anos de espancamentos diários. Ela e Peter vinham tendo discussões acaloradas desde o ano anterior ao seu casamento. Já haviam passado por algumas cenas de violência – alguns tapas, um ou outro chacoalhão –, mas ela nunca havia pensado nisso como abuso. O primeiro grande espancamento ocorreu quando voltavam para casa depois de uma festa na qual, segundo Peter, Sarah tinha flertado com "todos os que usavam calças". Depois disso, a escalada foi rápida. Toda discussão e toda discórdia levavam a espancamentos e em breve Sarah começou a sentir horror cada vez que ouvia o som do carro de Peter entrando na garagem. O último episódio deixou Sarah no hospital com ruptura de baço e a constatação de que, se algo não mudasse depressa, ela em breve estaria morta. O caso de Sarah demonstra um fato im-portante com respeito ao abuso: se tiver rédea solta, o abuso ten-de a aumentar de intensidade, tornando-se progressivamente mais violento.

A primeira vez em que ocorre um episódio de violência geralmente os dois envolvidos ficam chocados. A vítima está petrificada: como é que alguém que supostamente a ama pode tratá-la dessa maneira? Ela racionaliza, dizendo para si mesma que deve ter sido um incidente isolado e excepcional, durante o qual ele teve uma reação exacerbada. O agressor valida essa interpretação, prometendo que nunca acontecerá de novo. Desejando acreditar nele, a vítima busca o que ela poderia ter feito de errado para causar essa reação no parceiro; com isso, ela pode evitar desencadear outra vez a mesma conduta. Dessa forma, os dois, convencidos de que não há problema, minimizam a seriedade do episódio.

Padrões de abuso

Várias teorias descrevem o ciclo da violência. O modelo de três passos de Walker (1984) inclui (1) a fase do aumento da tensão; (2) a explosão ou o episódio agudo de violência; e (3) a fase do remorso. Na fase do aumento da tensão, as frustrações vão crescendo gradualmente. Os cônjuges costumam dizer que as coisas levam ao momento da explosão. Há ocasiões em que a tensão torna-se tão intolerável que a violência eventual é um alívio. Quando ocorre a explosão ou o episódio agudo de violência, a vítima pode ser empurrada, agarrada, contida, estapeada, sacudida, chutada, mordida, esganada, socada, atingida com algum objeto, ameaçada ou atacada com faca ou arma. A fase do remorso ocorre no período posterior à violência, quando o agressor em geral se sente constrangido ou humilhado com sua perda de controle. Ele jura que nunca mais isso irá acontecer e encontra maneiras de reassegurar para a parceira sua devoção. Essa fase também tem sido apelidada de "fase da lua-de-mel". Jim trazia flores e presentes para Allison; Joe levava Vicki para jantar fora, em algum lugar romântico e caro. Com o tempo, as demonstrações de remorso tornam-se menos freqüentes e a tensão aumenta, tornando mais regulares as demonstrações de violência.

O modelo de Deschner (1984) é mais complexo e consiste em sete fases. A primeira é a da dependência mútua. Nos relacionamentos em que há abuso, os parceiros costumam contar um com o outro para satisfazerem todas as suas necessidades, tanto as emocionais quanto as de outras espécies. Quando não existem fontes externas de gratificação, ter uma necessidade frustrada pelo cônjuge torna-se muito mais pesado. Um evento irritante (a segunda fase), como o jantar não estar pronto a tempo, ou uma camisa não ter sido passada, pode rapidamente abrir caminho para a terceira fase, em que cada um dos parceiros tenta forçar o outro a satisfazer o que sua necessidade pede, valendo-se da coerção. A "última gota" (fase quatro) ocorre no ponto em que o agressor acha que a situação estressante não é mais suportável. Ele acha que esgotou suas alternativas e tem de dar vazão a sua raiva e frustração por meio da violência. Nesse ponto, ele se entrega à ira primitiva, que é a marca registrada da fase cinco. A fase seis proporciona ao agressor alguma forma de recompensa por sua violência. Como o abuso resulta numa imediata cessação da fonte do estresse, qualquer que ela tenha sido, a violência é reforçada como maneira eficaz de lidar com a frustração e a dor. Para a vítima, o final da violência física oferece um reforço negativo. A fase sete é a do arrependimento. Os dois envolvidos inicialmente ficam chocados com a explosão da violência e o agressor jura, com toda a honestidade, que isso nunca mais acontecerá. Ele tenta provar seu amor e sua devoção. A vítima não quer mais acreditar nele. Para a vítima, essa fase da lua-de-mel pode reforçar o ciclo da violência. Essa fase pode ser o único momento em que ela chega a se sentir próxima, no relacionamento, e a sentir o parceiro como um homem afetuoso e amoroso. Também é uma fase em que o poder, dentro do relacionamento, muda temporariamente para a vítima; essa inversão de papéis também é muito reforçadora. Depois de repetidos episódios de espancamento, os sete passos costumam ser abreviados em ciclos que se completam mais depressa e resumem ao acúmulo (fase três) e ao ataque (fase cinco).

Por que ocorre o abuso?

Fatores sociais

Respostas complexas à questão da violência incluem tanto fatores externos à família quanto internos. Em nossa sociedade, a violência faz parte da vida diária. As crianças assistem na TV a desenhos animados em que há demonstrações de violência brutal entre as personagens; violência que não parece causar danos permanentes. O Coyote é morto e renasce em média cinco vezes por desenho. Os adultos vêem na mídia exemplos de violência e lêem nos jornais matérias que descrevem incontáveis incidentes violentos em toda parte do mundo.

Nos Estados Unidos, à exceção de nove estados, em todos os demais as escolas permitem o uso da palmatória. Esse método pode ser usado com força e a punição é infligida tanto aos adolescentes quanto às crianças pequenas. Novamente, a mensagem enviada pela sociedade é que a violência resolve problemas.

O processo de socialização também aumenta a propensão à violência nos homens. Os homens são ensinados a se considerar "homens de verdade" desde que sejam fortes, duros e prontos para defender sua masculinidade a qualquer momento. São desencorajados a falar de seus sentimentos, que possam ser considerados "fraquezas" tais como a tristeza, a carência, a mágoa. Para lidar com a vulnerabilidade e a dor, alguns homens usam álcool e drogas; outros simplesmente enterram seus sentimentos em episódios de ira explosiva (ver o Capítulo 14, sobre a raiva usada como defesa).

As mulheres recebem um conjunto diferente de instruções. Para elas é certo expressar vulnerabilidade, mas são incentivadas a permanecer passivas e a se portar "como damas" perante os homens. Demonstrações diretas de raiva são desencorajadas. Assim, em qualquer interação violenta, as mulheres mais provavelmente serão vítimas e os homens, agressores.

A sociedade também reforça a dominação ostensiva das mulheres pelos homens de maneiras mais sutis. A doutrina religiosa enfatiza a superioridade dos homens e destina às mulheres um papel secundário. A lei familiar, até recentemente, dava aos homens direitos sobre as esposas, como se elas fossem seus pertences (incluindo o direito de bater nelas, se fosse necessário). Em apenas poucos estados americanos existem hoje leis que proíbem o estupro dentro do casamento. Muitas pessoas que atualmente trabalham com a aplicação das leis não reconhecem como crimes o uso abusivo da força entre cônjuges ou o estupro marital. Um sistema econômico em que as mulheres recebem menos de 65 centavos de dólar para cada dólar pago aos homens torna-as financeiramente dependentes de seus maridos. Essas características sociais, que, em geral, não são questionadas, contribuem para a desigualdade de um relacionamento que outorga a um dos sexos poder sobre o outro, possibilitando o abuso da violência conjugal.

Fatores familiares

Uma peça importante do quebra-cabeça da violência doméstica é o abuso que cada cônjuge pode ter sofrido na infância, em sua própria família de origem. Nessa época os primeiros modelos de papel são, evidentemente, os pais. Se você assistiu a seus pais alimentando um relacionamento de abuso pode ter assimilado um gabarito para seus futuros relacionamentos. Como menino, pode ter aprendido que a raiva é expressa com máxima eficiência por meio da violência, e esse é um meio útil de influenciar ou controlar os outros. Como menina, você pode ter aprendido que seu papel na vida é sujeitar-se a essas demonstrações de violência. Pesquisas recentes (Strauss, Gelles e Steimetz, 1981) indicam que os homens que cresceram em lares em que os pais eram violentos têm dez vezes mais probabilidade de espancar as próprias esposas do que os homens que não foram expostos a essas formas de violência em suas famílias de origem. Além disso, os homens que receberam pesadas punições físicas tornam-se espancadores numa taxa quatro vezes maior do que os homens que não receberam punições físicas.

Se, na infância, você foi vítima de abuso, é provável que a violência tenha afetado sua imagem de si mesmo. A maioria das crianças acredita que merece o que lhes acontece; assim, você pode ter sido levado a acreditar profundamente que não é uma pessoa de valor. Os sentimentos de menos-valia podem contribuir para uma baixa auto-estima e dependência da validação por parte dos outros. Esses dois fatores podem produzir uma intensa vulnerabilidade a frustrações e críticas.

Características dos espancadores

Os homens que espancam representam um amplo espectro em termos de idade, raça, religião, *status* socioeconômico, educação e profissão. No entanto, algumas características estão presentes em todos os casos. Em sua maioria, o agressor é um homem que não se sente bem consigo mesmo, que acredita que não tem muito valor e busca aprovação dos outros. Alimenta opiniões tradicionais a respeito dos papéis sexuais e depende da parceira para praticamente todo o seu apoio e toda a satisfação emocional. Se não se sente bem consigo, é provável que suspeite que os outros possam sentir o mesmo. Assim, antecipa a rejeição e pode perceber quase tudo como uma mostra de rejeição. Como acha difícil expressar sentimentos de mágoa e desapontamento, é mais provável que reaja com raiva. Ao reagir aos insultos percebidos com violência, está aumentando sua sensação negativa a seu próprio respeito e, assim, torna muito mais provável a recorrência do ciclo todo. Sua limitada capacidade de empatizar torna-lhe difícil entender os sentimentos da esposa. Não tem quase nenhuma percepção do quanto ela pode estar sofrendo ou com medo e, assim, suas explosões violentas têm rédea solta.

Ciúme patológico

Outra característica do homem que abusa da parceira é o ciúme patológico. Se ele depende dela para receber todas as guloseimas emocionais de que carece, então sente constantemente o terror de que ela o abandone por outro homem. Afinal de contas, se ela chegar a ver que ele é tão desprovido de valor, como ele mesmo se sente, então é natural que ela queira estar com outra pessoa. Subjacente ao medo de ser abandonado está o ciúme que desperta, de maneira típica, suspeitas irracionais e questionamentos e acusações freqüentes. O marido de Mary monitorava as suas atividades dentro e fora da casa. Insistia em levá-la de carro para o trabalho todos os dias e em buscá-la ao final da tarde. Investigava minuciosamente os contatos sociais que ela fazia no escritório. Nos finais de semana recusava-se a deixar que ela visitasse os amigos e limitava estritamente o uso do telefone.

O ciúme patológico também pode levar à violência sexual. O estupro é uma ocorrência freqüente nos relacionamentos em que a mulher é espancada. Alguns homens forçam a esposa a fazer sexo com eles para que se sintam reassegurados de sua própria identidade sexual. Outros relacionam o abuso físico e psicológico com a excitação e o desejo sexual que aparecem após uma surra.

Isolamento

Uma das características mais importantes dos relacionamentos abusivos é o quanto são isolados. Quanto mais o homem fica ansioso e necessitado de tranqüilização, mais provável que se vincule à parceira com muito apego. Pessoas de fora são vistas como ameaças ao controle que ele exerce e ao próprio relacionamento.

Ele pode até proibi-la de sair sem ele, de exercitar-se, de encontrar suas amigas, de ir ao supermercado semanalmente. Pode restringir o dinheiro e seus contatos por telefone, com familiares e amigos. Com o tempo, pode até chegar a investigar a correspondência que ela recebe. Aos poucos, esse casal vai se tornando mais e mais isolado, o que por sua vez aumenta neles a dependência para a satisfação de suas necessidades emocionais e práticas. Uma dependência maior costuma levar a menos flexibilidade nos recursos acionados para a realização das atividades da vida diária. Isso significa mais estresse. E, quanto maior o estresse, maiores as chances de conflito e, finalmente, de violência.

O agressor tende a não apresentar as habilidades nem de pedir o que quer nem de dizer "não" à parceira. Adota o estereótipo social do que significa ser homem, e isso inclui a capacidade de controlar a esposa e não ser manipulado. É assim que sua auto-estima é reiteradamente abalada, pois não consegue corresponder a todos os seus padrões. O resultado dessa insatisfação é um acúmulo de ressentimentos e uma propensão cada vez mais acentuada a usar de violência para conseguir satisfazer suas necessidades. A violência torna-se uma forma de controlar e incapacitar a parceira. Ele se sente então menos ameaçado pela independência dela e pela possibilidade de ela o deixar. Sente-se mais poderoso e com mais controle. Dessa maneira, a violência é reforçada positivamente, aumentando a probabilidade de vir a ser outra vez empregada.

Agressão instrumental

Um dos tipos mais assustadores e perigosos de abuso, usualmente presente em relacionamentos nos quais as surras já duram há muito tempo, é chamado de "agressão instrumental". Na maioria dos casos de abuso, cada episódio de violência é acompanhado de um surto de ira primitiva durante o qual o agressor sente que está fora de controle. Depois, ele se sentirá envergonhado e cheio de remorsos, ficando temporariamente abalado pelo comportamento que demonstrou, e determinado a prevenir sua recorrência. Mas, às vezes, a violência é tão recompensadora que se torna uma maneira habitual de conseguir o que se quer. Não é mais uma resposta descontrolada de raiva, mas sim uma maneira calculada de alcançar a desejada recompensa. A violência torna-se "instrumental" para a obtenção da recompensa.

Esse agressor não parece demonstrar emoção alguma durante o episódio de violência nem remorsos depois. Esse é o homem que pode espancar diariamente a esposa sem nenhum motivo aparente e não parece mais estar reagindo a sentimentos de raiva ou cólera. É improvável que pare de bater, mesmo que se coloque em tratamento, pois considera esse método uma tática útil para conseguir a satisfação de suas necessidades.

Drogas e álcool

As drogas e o álcool estão envolvidos em mais de 80% dos episódios de violência (Sonkin, Martin & Walker, 1985). O álcool atenua as inibições contra a violência, ao passo que o uso pesado de drogas como a cocaína aumenta a paranóia e, assim, a probabilidade da violência. Alguns homens atribuem sua violência às drogas ou ao álcool, alegando que ficam fora de controle quando se encontram sob o efeito dessas substâncias. Na maioria dos casos, porém, o homem já vem praticando abusos antes que elas se tornassem um problema. E, como ele costuma atacar pontos que não são facilmente visíveis – como seios, estômago, base da coluna e partes da cabeça cobertas por cabelo –, ele aparentemente sabe o que está fazendo. Uma capacidade considerável de controle está envolvida em ferir só onde o machucado não é visível.

Militares

Os militares têm ainda fatores adicionais que contribuem para os problemas da raiva e da violência. Eles são treinados especificamente para usar a violência e técnicas de combate, e esses recursos passam a fazer parte de suas vidas cotidianas. Quando ocorre um conflito em casa, em vez de no campo de batalha, não surpreende que possam se tornar violentos. Além do próprio processo de doutrinação, os militares e suas famílias também estão submetidos a numerosos outros fatores de estresse. A maioria deles tende a defender papéis sexuais tradicionais segundo os quais o homem deve ser forte, competente e manter o comando. Mas o trabalho é duro, demorado e mal pago, envolvendo em geral experiências que humilham ou causam um sentimento de impotência. Todos esses fatores podem aumentar a necessidade de, em casa, se sentir no controle. As famílias podem passar por separações extensas enquanto os homens estão em missão. A ausência de um contato regular torna mais difícil manter os relacionamentos conjugal e parental. Além disso, o padrão de mudanças, de um posto para outro, dificulta o estabelecimento e a manutenção das amizades, para todos os membros da família. Isso, por sua vez, intensifica o isolamento, que é um dos fatores mais importantes para a existência da violência física nos lares.

Estimativas do porcentual de espancadores que passaram por treinamento militar vão de 58% (Walker, 1983) a 90% (Eisenberg e Micklow, 1979).

A mulher espancada

Há muitos mitos sobre a mulher que permanece numa relação em que é espancada. Algumas pessoas sugerem que ela não é tanto a vítima, mas mais a masoquista que gosta de apanhar. Ou que ela é quem leva o homem a tornar-se violento. A mulher espancada tem sido descrita como passiva, manipuladora e cordata. Essas noções são confirmadas, em parte, pelo fato de as mulheres geralmente voltarem para casa, para a condição de abuso, depois de um rápido período de refúgio em abrigos para mulheres espancadas.

A verdade é que a mulher que permanece numa relação violenta age assim porque não enxerga outra saída. Freqüentemente é dependente do marido na questão financeira. Não tem treinamento profissional e é incapaz de sustentar-se e aos filhos. É comum que o homem ameace matá-la, ou matar as crianças, familiares ou amigos se ela o deixar. E, se as surras tiverem sido violentas, ela pode ter bons motivos para acreditar nele.

O potencial para a violência força a mulher a aceitar a rígida visão que o marido tem do papel que ela ocupa, pois essa postura é evidentemente mais segura para ela do que provocar a cólera dele agindo de qualquer outra maneira. Por isso não é difícil entender por que ela, tantas vezes, é considerada mais tradicional em suas atitudes e mais propensa a aceitar um papel "feminino" passivo, obediente. Em pesquisa recente (Walker, 1984), foi constatado que muitas mulheres espancadas são efetivamente mais liberais do que a norma em suas atitudes quanto aos papéis sexuais. Mas, ao se defrontar com um homem enraivecido e potencialmente violento, a mulher tentará apaziguá-lo e acalmar sua raiva. Com o tempo, esse comportamento torna-se uma resposta automática diante da raiva – seja ela demonstrada por quem for.

Como qualquer expressão direta de sua própria raiva provavelmente resulta em violência, a mulher espancada deve recorrer a meios mais indiretos de extravasar seus sentimentos. Ela pode dizer "sim" às exigências do marido mas descobrir maneiras de sabotar os planos dele, sem qualquer indício de premeditação. Embora esse comportamento possa ser rotulado de manipulador ou de passivo-agressivo, ele claramente a ajuda a suprir necessidades que lhe são importantes, ao mesmo tempo em que as protegem de mais abusos.

Abuso e auto-estima

De longe, o efeito mais devastador do abuso físico ou psicológico é o impacto que exerce sobre a auto-estima da vítima. Quando a mulher constata que perdeu sua capacidade de se proteger, passa a sentir um medo constante e a ter a sensação constante de estar fora do seu eixo. Ela se torna hipervigilante, atenta para registrar qualquer sinal do marido, de raiva ou surra iminente.

Depois de um primeiro episódio de violência, a mulher pode se convencer de que foi um equívoco e de que isso nunca mais irá acontecer. Então acontece de novo... e de novo. Ela não consegue mais escapar da sensação de que seu amor e sua confiança foram traídos, nem do terror de ser incapaz de confiar em suas próprias percepções. Afinal de contas, se esse homem era capaz de abusos, antes de ela o conhecer, como ela pôde não perceber isso? E, se ele não era, o que isso significa sobre ela? Existe nela algo que provoca, ou pior, merece a violência?

Sentindo-se incapaz de impedir o abuso, a vítima geralmente desenvolve uma "impotência aprendida". Vezes e vezes seguidas, as tentativas da mulher de deter o ciclo da violência mostram-se infrutíferas. Ela chega a acreditar que é incapaz de mudar o que for; assim, simplesmente pára de tentar. Em vez disso, aprende a se comportar de maneira que a ajude a evitar a violência. Ela oculta os seus sentimentos – às vezes até de si mesma – e assume um papel passivo e cordato.

O sentimento de impotência pode também levar à tendência de negar e minimizar a seriedade do abuso. Se o abuso não é tão grave nem tão freqüente, então não é tão terrível ficar presa nesse relacionamento. Uma racionalização como essa ajuda a reduzir o medo a níveis toleráveis. Às vezes, a mulher fala dos abusos que sofre para uma amiga ou conhecida, para o pastor ou o médico, e a reação dessas pessoas é minimizar as queixas dela ou não levá-las a sério. Ninguém gosta de admitir a violência num casal tão "evidentemente amoroso". Mas essa reação invalida a vivência da mulher, ao mesmo tempo que reforça sua negação do que de fato acontece. Doreen ouviu de seu pastor que seu marido era um "bom homem" e que ela deveria ser mais compreensiva com as pressões que ele sofria. O médico ofereceu-lhe uma receita de Valium.

Além de todos esses ataques à sua auto-estima, a mulher pode ser constantemente menosprezada pelo marido. Nas fases de acúmulo e abuso, ela pode ver-se submetida a sermões intermináveis sobre suas falhas e deficiências. Ele pode chegar inclusive a culpá-la pelos episódios de violência, dizendo-lhe que se ela fosse uma esposa melhor (melhor cozinheira, mãe, dona-de-casa e amante), o abuso nem teria ocorrido. Após algum tempo, não surpreende que muitas fiquem profundamente deprimidas mesmo que, externamente, mantenham uma fachada de alegria. Em geral, a depressão se manifesta por meio de sintomas físicos: dores nas costas, dores de cabeça, problemas de menstruação, falta de energia.

Quem é responsável?

Então, o que é que mantém em vigor o ciclo do abuso? Contrariamente aos mitos acima descritos, as mulheres NÃO causam nem provocam o abuso conjugal. Nunca é culpa da mulher ela ser vítima de violência. Não importa o que ela tenha feito: ela nunca "merece" ser espancada; aliás, ninguém merece. Não existe absolutamente nenhuma justificativa para a violência. Por mais furioso que o homem esteja, sempre existem alternativas para a violência. Ele escolher a violência é simplesmente isso: uma escolha. Mesmo que o homem ache que não tem outros recursos para lidar com sua raiva, não justifica o fato de ele recorrer à violência. Somente ele é responsável pelo abuso e, a menos que reconheça ter um problema de manifestação da sua raiva e queira interromper seu comportamento violento, serão sombrias as perspectivas futuras desse relacionamento.

Não obstante, ambos os parceiros *são* responsáveis pelo estresse e pelo conflito existentes numa relação. A mulher pode se comportar – como de fato o faz muitas vezes – de uma maneira que provoca frustração e ansiedade no seu parceiro. Todo relacionamento pode ser concebido como uma dança única em que cada par realiza passos complementares aos do outro para manter a natureza e a direção da dança. A mulher espancada não pode parar o abuso, e tentativas nesse sentido só reforçam a crença errônea de que, de alguma maneira, ela é a culpada pela violência. O seu homem deve admitir que se comporta de maneira violenta e aprender novas habilidades de manejo da sua raiva. Mas, se ela quiser continuar com esse relacionamento, também deve aprender novas formas de lidar com conflitos.

Como as coisas mudam?

A primeira questão que deve ser enfrentada é se existe ou não alguma esperança de instalar mudanças no relacionamento, ou se a única opção lógica que resta à mulher é ir embora. Se a história de violência no relacionamento é recente e a freqüência e severidade dos espancamentos é pequena, então as chances de sucesso são maiores. Se o abuso é mais habitual e intenso, torna-se mais resistente a mudanças.

Também deve existir uma motivação para a mudança. O agressor reconhece que tem um problema de violência, e de externalização da raiva? Depois de cada episódio de violência ele o lamenta e quer mudar? Demonstra sinceramente um desejo forte de desenvolver novos comportamentos? Está propenso a admitir seu problema para profissionais especializados e trabalhar com eles por um período de tempo suficiente à cessação dos ciclos de violência?

A presença do remorso é um importante indicador de motivação. Se o agressor não exibe remorso depois de um episódio de violência, então você pode estar diante de um caso de agressão instrumental. Sendo assim, a única opção razoável pode ser trabalhar a saída desse relacionamento. Finalmente, um abuso regular de substâncias químicas tem um peso considerável contra a possibilidade de interromper a violência.

Ir embora

Se seu par se recusa a admitir que tem um problema de externalização da raiva, ou com a violência, e se nega a trabalhar com profissionais a fim de resolvê-lo, talvez haja muito pouco que você possa fazer para mudar a situação – senão ir embora. Tomar a decisão de partir pode ser extremamente difícil. Se você se percebe girando em círculos em debate interno para se decidir, faça um exercício sugerido por Ginny NiCarthy, em seu livro *Getting free* (1982). Faça a lista dos seus piores receios se for embora. Seja específica. Você vai se sentir solitária e deprimida a ponto de tomar uma dose excessiva de soníferos? Será incapaz de sustentar e/ou disciplinar sozinha os filhos? Embaixo de cada medo, anote as razões que tornam *provável* que ele se concretize, e as razões que o tornam *improvável*. Então faça uma lista do que pode acontecer de pior se você continuar com o agressor. Considere as coisas ruins que mais provavelmente acontecerão se você ficar. Inclua os danos físicos e psicológicos a você e a seus filhos. Lembre-se da última vez em que apanhou e faça uma relação das coisas que você teve medo que acontecessem naquela ocasião. Talvez tenha tido medo de ser morta ou de matar o parceiro. Talvez tenha temido ficar com uma lesão corporal permanente. O relacionamento de vocês lhe oferece o suficiente para você arriscar-se a isso? Compare as listas e pese os diferentes itens em ambas; isso às vezes ajuda a tornar mais fácil a decisão.

Sem emprego ou outros meios de se sustentar, ir embora po-de ser uma perspectiva assustadora, em especial se há filhos envolvidos. Provavelmente existe em sua comunidade, ou nas imediações, um lugar para onde vão as esposas espancadas.* Os funcionários dessas instituições sempre estão disponíveis para con-

---

* No Brasil existe a Delegacia da Mulher, para onde as vítimas podem ir prestar depoimento, dar queixa, receber orientação, obter apoio e assistência legal.

versar. Telefone e pergunte a eles que recursos estão disponíveis a você e a seus filhos em termos de assistência financeira e legal, acomodações e treinamento profissional. Procure um advogado combativo especializado em casos de abuso contra esposas. Alguns oferecem seus serviços a preços acessíveis e há os que trabalham por remuneração futura. Consulte o catálogo telefônico ou peça sugestões aos amigos e familiares. Tente solicitar ajuda e apoio dos amigos e parentes. Embora talvez se sinta relutante em pedir ajuda aos outros, a maioria dos amigos vai ajudá-la a ir embora antes que você se machuque mais, em vez de ficarem assistindo ao pesadelo. Cuidado, porém, com essas outras pessoas que, com a melhor das intenções, tentam "salvar seu casamento" informando o parceiro de seus planos ou paradeiro.

Protegendo-se agora

Uma das primeiras e mais fundamentais considerações para você fazer, se é vítima da violência doméstica, é a questão da sua segurança pessoal e a de seus filhos. Quer você decida, em última instância, deixar o relacionamento, ainda pode estar correndo risco neste exato momento. Seu marido pode concordar que tem um problema de falta de controle sobre a raiva e estar decidido a mudar de comportamento. Mas ele não vai mudar do dia para a noite. É crucial que haja um lugar para onde você e seus filhos possam ir, quando sentir que estão correndo perigo. Os amigos e parentes são uma boa opção; mas, se o seu parceiro decidir procurar você, esses lugares serão os primeiros da lista. Abrigos para mulheres espancadas são outra alternativa. Eles oferecem aconselhamento nos momentos de crise e proporcionam segurança em relação à situação de abuso.

Faça planos para pôr essa opção em prática. Separe um pouco de dinheiro, um jogo extra de chaves para o carro e os documentos pessoais e profissionais que talvez venha a precisar no período breve ou longo em que vá ficar afastada. Pode ser útil ter uma maleta sempre preparada com os pertences necessários para uma noite fora de casa – de preferência guardada na casa de um amigo ou parente. Deve conter brinquedos, se houver filhos envolvidos. Quando sentir que está em perigo, saia depressa. Não fique andando de um lado para outro, perguntando-se se terá esquecido alguma coisa. Apesar de não confirmados, dados indicam que o período de risco máximo para homicídios contra mulheres coincide com o momento em que elas estão saindo. Sempre é possível voltar mais tarde, com um policial, para pegar o que for preciso.

Se possível, telefone para a polícia quando tiver ocorrido um episódio de violência. Em alguns lugares, os policiais são obrigados a atender esses chamados e a efetuar a prisão do agressor se tiver havido o delito da violência. Espancar uma pessoa, inclusive a própria esposa, é em geral considerado um delito. Ir preso costuma surtir no agressor o efeito de uma ducha gelada e ajuda a reduzir a taxa de reincidência, mesmo que o agressor seja solto em 24 horas. A denúncia ajuda ainda mais a baixar a taxa de reincidência, mesmo que não tenha havido uma condenação. O juiz pode exigir que o agressor freqüente sessões de aconselhamento para tratar do seu problema. Ele também pode emitir um mandado de restrição temporária, ou uma ordem de afastamento, que obriga o agressor a manter distância de você e de seus filhos. Essas ordens podem ser emitidas pelo juiz sem que tenha havido prisão ou o processo da denúncia e não requerem tampouco a participação de um advogado.

Descubra que tipo de estrutura policial de apoio existe em seu bairro ou imediações. Infelizmente, em alguns lugares os policiais relutam em atender chamados de violência doméstica e geralmente esperam diversos telefonemas antes de ir até o local. A equipe de seu serviço local de proteção à mulher deverá ser capaz de lhe dizer como é que isso funciona em sua delegacia distrital.

Quando os filhos estão envolvidos

Às vezes, a decisão de ficar ou sair envolve considerações sobre os filhos. Você pode se preocupar em desorganizar a vida de seus filhos ou em privá-los do pai. Pode ter receio de não conseguir sustentá-los no nível que gostaria. Algumas mulheres tentam adiar a partida até as crianças entrarem na escola, saberem usar o banheiro, estarem todas na faculdade, terem alcançado algum outro estágio. E às vezes essa é a melhor conduta. Mas permanecer numa situação assustadora e violenta pode, muitas vezes, ser mais prejudicial às crianças do que qualquer interrupção temporária de seu padrão de vida ou privação material.

Talvez tenha medo de que o parceiro obtenha a guarda dos filhos se você for embora, ou tente puni-la, ferindo-os. Infelizmente, esses receios são às vezes justificados, e as leis de custódia e visitação geralmente são injustas. Elabore seu plano de ação com a assistência de um bom advogado especialista em casos de violência doméstica.

Se os filhos estão sendo expostos a abuso, a decisão de ficar ou partir torna-se ainda mais crucial. O abuso de crianças pode ser tão sutil e difícil de identificar quanto o abuso conjugal. Pode incluir demonstrações contínuas de desprezo e ameaças de violência, além de surras corporais. Geralmente, todos os espancamentos de uma família são cometidos pelo mesmo agressor. E talvez você se sinta tão impotente para proteger seus filhos quanto para garantir sua própria segurança. Nesse caso, sair do relacionamento pode ser a única opção que oferece o ambiente seguro do qual as crianças precisam. Telefone para o serviço de proteção à infância e adolescência, pois essas agências podem ajudar a enxergar as opções e oferecem aconselhamento e encaminhamentos.

Se você está batendo nos seus filhos, reconhecer que tem um problema de falta de controle sobre a raiva é o primeiro passo. Você pode estar com raiva do pai deles porque abusa de você e por não estar conseguindo resolver isso diretamente com ele. Ou pode estar com inveja do fato de que ele só é violento com você e não com a família toda. Ou sua tolerância a conflitos pode ser muito baixa em virtude do constante estado de estresse e vigilância em que vive. De todo modo, mesmo que compreensível, sua violência é inaceitável. Assim que estiver fora da situação violenta, esse abuso pode se deter automaticamente. No ínterim, telefone para os serviços de ajuda que constam do catálogo e peça informações e opções de encaminhamento. Embora possa ser difícil fazer os telefonemas, provavelmente você se sentirá aliviada ao finalmente obter ajuda para lidar com os seus filhos de modo mais eficiente. Leia as próximas seções com sugestões para os agressores; você pode encontrar sugestões sobre como lidar com sua própria frustração e sua raiva. Os grupos de aconselhamento e auto-ajuda podem melhorar suas habilidades como pais e sua capacidade de estabelecer limites.

Se você ficar: enxergando o ciclo

Se você decidir ficar e trabalhar o relacionamento, há vários fatores a serem explorados. As sugestões seguintes presumem que o agressor já reconheceu que tem um problema com a falta de controle sobre a raiva e a violência e está ativamente trabalhando em prol da mudança de seu comportamento, com a ajuda de um profissional. Caso isso não esteja ocorrendo, as chances de a violência parar e de o relacionamento melhorar são mínimas.

Embora a decisão final de usar violência seja responsabilidade exclusiva do agressor, o conflito que a precede em geral envolve ambos os parceiros.

Pense no ciclo que geralmente ocorre no seu relacionamento. Quando você se torna consciente de que a violência é inevitável? Você consegue detectar sinais precoces de alerta? O homem por acaso bebe muito antes de uma interação violenta? Ele fica transtornado diante de eventos inócuos? Talvez caia em silêncio e se retraia. O que acontece imediatamente antes daquele "momento inevitável"? Releia o Capítulo 9 sobre como deter a escalada para entender como se desenvolve a cadeia aversiva. Ela pode ter início com uma interação relativamente trivial e rápida e previsivelmente piorar, até partir para a manifestação violenta da raiva. Quanto mais elos (ou interações) existirem numa cadeia, mais provável que haja violência como resultado. O último elo que em geral precede uma explosão violenta é chamado de "comportamento-gatilho"; normalmente, esse elo desperta no agressor o sentimento do abandono ou da rejeição.

Há muitos elos possíveis dentro de uma cadeia aversiva, incluindo uma variedade de comportamentos verbais (culpabilização, ameaças, queixumes), sons não-verbais (gemidos e suspiros), tons e qualidade de voz (zombeteira, fria, estridente), expressões faciais (de reprimenda ou afastamento), gestos (como sacudir punhos) e movimentos corporais (virar-se ou afastar-se, atirar coisas). Recorde os últimos vários incidentes que ocorreram em seu relacionamento. Tente identificar os diversos elos da cadeia e veja se consegue detectar algum padrão. Seu parceiro sempre fica furioso quando você tenta se defender das acusações dele? Ele sempre parece reagir de maneira negativa aos seus sinais visíveis de medo? As coisas pioram quando você tenta interromper a cena afastando-se dele? Há em geral (mas não todas as vezes) uma série de estágios progressivos que precedem explosões violentas.

Mudando o ciclo

Assim que você houver identificado os sinais precoces de alerta, que indicam violência em potencial, pode começar a usar o modelo "tempo!", descrito no Capítulo 9. (Se o parceiro está em tratamento, ele já pode ter sido apresentado a esse conceito.) No mesmo instante em que você localiza um sinal de aviso de que uma cadeia aversiva está iniciando, peça "tempo!" fazendo o sinal T com as mãos. É útil combinar o uso desse procedimento com antecedência, num momento de tensão em baixa, e chegar a um acordo sobre quem sairá primeiro do local, para onde irá essa pessoa, e por quanto tempo. Como a raiva é geralmente despertada por sentimentos de rejeição e abandono, seu parceiro pode preferir ser o primeiro a sair para evitar a experiência de ser "deixado". Como existe o risco de, no próximo episódio, seu parceiro talvez esquecer ou simplesmente não se importar com o acordo que fez com você, cabe-lhe ter um plano para garantir sua própria segurança. Volte e se apresente de novo, depois do intervalo especificado para esse "tempo". Certifique-se de não estar se colocando em risco quando voltar. Você pode combinar que o seu retorno comece com um telefonema para avaliar em que nível está a raiva dele.

Recanalização

Uma outra técnica descrita no Capítulo 9 chama-se recanalização. Esta técnica é mais sutil do que "dar um tempo" e implica redirecionar a seqüência, quando ela atingir uma encruzilhada crítica ou um "elo fraco", dentro da cadeia aversiva. Elo fraco é aquele ponto da cadeia em que um novo comportamento poderia muito facilmente ceder lugar ao antigo.

Examine os padrões que você conseguiu detectar no seu relacionamento. Em que pontos você conseguiria ser capaz de dizer ou fazer alguma coisa de forma diferente? Vicki sabia que seu marido, Joe, se sentia excluído toda vez que sua mãe vinha visitá-los. Sentia culpa de se divertir com a mãe sem a presença de Joe, mas sabia que não queria abrir mão desses momentos especiais com ela. Vicki identificou um elo fraco no ponto em que Joe disse: "Lindo! Era tudo de que eu precisava! Aquela velha enfiada aqui dentro, de novo!". Em vez de sua resposta defensiva habitual, Vicki se deu conta de que poderia ter reconhecido o quanto Joe se sentia excluído nesses momentos, e se oferecido para tentar incluí-lo em algumas das atividades das duas. Para Julie, o elo fraco existia naquele ponto em que ela dizia ao namorado: "Não seja bobo!", com voz de sermão. Essa cena poderia ser recanalizada por meio de um reconhecimento e de uma proposta de acordo: "Acho que você realmente estava esperando que nós saíssemos hoje à noite. Você concordaria em ver algum filme, um pouco mais cedo?".

A recanalização só pode funcionar se seu parceiro também estiver envolvido na substituição dos velhos padrões de violência por novos comportamentos. Embora identificar os elos fracos e tentar agir por meio de comportamentos alternativos possa freqüentemente mudar o padrão do conflito, a responsabilidade pela modificação da resposta violenta continua sendo de estrita competência do agressor. A menos que este esteja ativamente envolvido no trabalho de localização dos elos fracos em sua própria cadeia, os esforços da vítima serão fúteis. Se seu parceiro não se comprometeu a fazer as mudanças necessárias em seu comportamento, talvez seja o caso de você reconsiderar se, afinal de contas, a melhor decisão é mesmo ficar nessa relação.

Uma parte muito importante da mudança dos velhos padrões de isolamento e co-dependência é você participar de um grupo de mulheres que tenham sido vítimas de violência doméstica. Os abrigos para mulheres espancadas, em sua área, provavelmente podem encaminhá-la para tais grupos. Neles, é possível formar vínculos com outras mulheres e obter apoio para as decisões a serem tomadas a respeito de seu relacionamento. Você pode ensaiar comportar-se de forma assertiva e explorar o possível impacto que a execução dessas novas condutas terá em seu relacionamento.

O resultado psicológico

O resultado psicológico de estar num relacionamento de abuso parece-se muito com a síndrome de estresse pós-traumático, experienciada por muitos veteranos de guerra. Você pode achar que está constantemente em estado de sítio porque a memória das violências passadas e a incerteza de quando ocorrerão os novos episódios criam um estado de medo e antecipação constantes. Os sintomas comuns incluem ansiedade, medo, depressão, choque, raiva, compaixão imprópria, culpa, humilhação e confusão mental, recordações invasivas, revivências descontroladas dos eventos traumáticos, rigidez, falta de confiança, suspeitas constantes, hipervigilância e reação intensificada de susto diante de pistas sugestivas de violência. O conselheiro profissional que tenha tido treinamento para ajudar vítimas de abuso pode ajudá-la a lentamente curar as feridas que restam após as cicatrizes físicas terem desaparecido.

A descoberta de suas necessidades

Você precisa descobrir quais são as *suas* necessidades para poder saber como se colocar com mais firmeza quando buscar atender a elas. Os relacionamentos de abuso são caracterizados por mútua dependência, pois os agresssores esperam que todas as suas necessidades sejam atendidas pela parceira. Em conseqüência disso, a vítima começa a sufocar as suas próprias necessidades e seus próprios desejos e a se concentrar nas do parceiro. Com o tempo, diminui até mesmo a sua percepção delas. Ao redescobrir as suas necessidades e vontades pessoais e aprender atender a elas, você pode se sentir mais competente e independente. Isso não interromperá os maus-tratos, mas saber o que você quer que mude pode impulsioná-la a pedir ajuda ou partir.

Mudando de crenças

É importante avaliar os padrões de abuso que você pode ter aprendido em sua família de origem e assimilar outros, mais auto-respeitosos. Se, quando criança, você sofreu abusos ou foi testemunha de maus-tratos entre seus pais, talvez tenha aprendido que a violência é uma parte inevitável da vida. Será preciso que você questione suas crenças e opiniões a respeito de como merece ser tratada num relacionamento. Você merece sofrer abusos? Merece ser "punida" por fazer alguma coisa para si mesma, de que seu parceiro não gosta? Algum adulto tem o direito de punir outro adulto, seja fisicamente seja por outros meios?

Fortalecendo a auto-estima

O mais importante é que você deve resgatar seu sentimento de valor próprio. O padrão de abuso provavelmente minou sua sensação básica de valor pessoal, além de haver comprometido sua conduta. É difícil ouvir ataques freqüentes sem começar a concordar com eles, em algum nível. Talvez você já tivesse dúvidas secretas a respeito de seu valor; talvez já tenha se criticado por determinadas falhas. Todos têm uma voz crítica internalizada. Mas quando essa voz constantemente ataca e rebaixa você pode causar danos tremendos à sua auto-estima. Para avaliar a força desse crítico interior, faça uma lista das coisas que você fez hoje de modo correto. Acrescente tudo o que lhe dá uma sensação boa. Se não conseguir colocar muitas coisas nessa lista, é provável que seu crítico internalizado esteja fazendo hora extra.

O primeiro passo para fortalecer sua auto-estima está em identificar o crítico e determinar exatamente o que ele lhe diz. Como os ataques são freqüentes e conhecidos, dificilmente são perceptíveis. Tente ouvir o que o crítico está falando quando você comete um erro, quando seu parceiro a está criticando, ou quando você estiver se sentindo deprimida, desanimada. Tenha um diário onde anotar exatamente o que foi dito, desde palavras soltas ("Idiota!") até sentenças completas ("Se eu não tivesse sido uma teimosa tão estúpida, não teria feito um erro tão idiota.").

Repare se as críticas são gerais ou específicas. Críticas gerais são as que desfecham contra você ou seu comportamento um julgamento global ("Mas que relapsa!", "Cara, você é mesmo imbecil!", "Mas você nunca faz nada certo!"). Esse tipo de crítica destrói porque não dá espaço para nenhum sentimento de valor. As críticas específicas limitam-se a um incidente ou uma conduta em particular. Não condenam a pessoa por inteiro por erros ou falhas menores ("Eu hoje não falei com Dennis com a firmeza que era necessária", "Aquele anúncio não ficou do jeito que precisava").

Retome a lista de coisas que o crítico vem dizendo para você. Analise cada ataque. É geral ou específico? É uma condenação global ou se refere a uma situação específica sem condená-lo como pessoa? Tente substituir cada crítica por uma simples declaração dos fatos. Use termos específicos (evitando palavras como *nunca, sempre, tudo*) e não-pejorativos (evitando adjetivos com conotações negativas, como *preguiçoso, ilógico, estúpido, teimoso, maluco*). Sally foi capaz de trocar "Esqueci do aniversário de Fred e enviei um cartão para ele com alguns dias de atraso" pelo anterior "Mas que merda! Você nunca se lembra de nada na hora certa!". Já Pat substituiu "Mas que maldita manipuladora que você é!" por "Às vezes eu não falo diretamente pro Larry o que eu quero porque tenho medo de que ele reaja com raiva e violência".

Agora tente encontrar exceções ou pontos fortes que correspondam às opiniões do crítico. Pat conseguiu perceber que, embora não se expressasse para Larry de maneira direta, não tinha dificuldade em fazer isso com sua mãe ou irmã. Sally admitiu que embora se houvesse esquecido do aniversário de Fred tinha-se lembrado de tudo o mais que estava em sua lista de providências para aquela semana. Este último passo é particularmente importante no trabalho de recuperação da auto-estima

Alguns dos pontos fortes que você puder identificar podem ser transformados em afirmações positivas. Faça uma lista das qualidades e habilidades que você aprecia a seu respeito. Lembre-se de suas capacidades quando o crítico partir para o ataque.

Assim que tiver começado a ouvir o crítico e tiver prática em anotar as críticas, analisá-las e substituí-las por sentenças mais realistas auto-respeitosas, pode começar a pôr esse processo em andamento sem escrever. Quanto mais praticar, mais cedo começará a se sentir menos deprimida e mais positiva a seu próprio respeito.

Consultando um profissional

Embora haja muitas coisas que você mesma pode fazer para se cuidar, um profissional pode oferecer uma importante contribuição ao seu processo de recuperação. Uma grande variedade de conselheiros está treinada para ajudar as vítimas de abuso conjugal. Você pode consultar terapeutas de casal e de família, psiquiatras ou psicólogos, assistentes sociais, conselheiros religiosos e outros. Telefones específicos de serviços voluntários de prevenção de suicídio ou abuso infantil também podem ser úteis. Lembre-se, porém, de que vários profissionais, assim como muitas pessoas de nossa sociedade, pensam que a esposa e os filhos de um homem são suas propriedades e que ele tem o direito de tratar essas pessoas como bem quiser. Escolha bem os profissionais que melhor possam atendê-la, em caso de necessidade.

Se você usa violência

Se você, homem, quer mudar seu padrão de raiva e violência, o passo mais importante consiste em CONSEGUIR AJUDA. Mudar o ciclo do comportamento violento sem ajuda externa é, na melhor das hipóteses, difícil e quase sempre impossível. Um grupo de tratamento para agressores é provavelmente o procedimento mais útil e pode ser encontrado por meio de uma pequena pesquisa em agências que lidam com casos de violência doméstica. O contexto grupal é especialmente proveitoso para romper o cerco do isolamento e da dependência mútua que existe na maioria dos relacionamentos de abuso. Ele também pode servir como fórum para o desenvolvimento e o ensaio de técnicas de manejo da raiva.

Sessões individuais de aconselhamento também podem servir. Se você é militar, geralmente existem serviços psicológicos na base montados para o atendimento de problemas que afetam os oficiais e seus familiares. Verifique também seu hospital regional ou a clínica ambulatorial. O capelão de sua unidade pode às vezes ser uma fonte rica de sugestões e encaminhamentos.

Lembre-se de que sua disponibilidade para iniciar algum tipo de programa de tratamento é o melhor sinal de seu compromisso com o desejo de mudar seu comportamento violento. Sem esse compromisso, são remotas as chances de ocorrer alguma mudança.

Abuso químico

Se você usa álcool ou outras drogas, é essencial que avalie como essas substâncias contribuem para o seu padrão de abuso. Se tem dúvidas a respeito do impacto que o álcool ou as drogas têm, então vá a um centro de tratamento onde oferecem as avaliações e a ajuda de que você precisa. Consulte outras fontes de encaminhamento. Se precisar de um tratamento mais intensivo, programas com internação hospitalar oferecem opções valiosas mais rápidas, ao passo que internações em clínicas específicas significam um tempo mais prolongado de tratamento. É improvável que a tentativa de mudar a conduta violenta tenha sucesso caso você continue usando drogas ou álcool.

Controle da raiva

Existe pouca esperança de lidar com sua raiva no contexto de seu relacionamento a menos que você esteja comprometido com a crença de que não há justificativa para a violência contra sua parceira, sejam quais forem as circunstâncias. Seja qual for a provocação, ela não merece ser surrada. Como a violência é um comportamento que você aprendeu, você também pode aprender alternativas não-violentas.

As habilidades de controle da raiva envolvem cinco componentes principais: assumir a responsabilidade por sua dor e seu estresse; (2) desistir de recriminar e questionar os pensamentos que disparam a raiva; (3) identificar as primeiras pistas físicas de alerta e os padrões de intensificação; (4) aprender condutas que reduzem o estresse; e (5) aprender formas assertivas de comunicação, destinadas a resolver problemas.

Assumir a responsabilidade

O primeiro passo para lidar com a raiva e a violência é entender o modelo de dois passos da raiva (Capítulo 5) e o princípio da responsabilidade pessoal (Capítulo 6). Esse princípio sugere que você é responsável pelo desfecho de todas as suas interações. É estressante não conseguir o que você quer ou de que precisa, e é fácil mascarar os sentimentos subseqüentes de frustração e desamparo culpando alguém por sua dor. Mas você é a única pessoa que sabe exatamente quais são suas necessidades e seus desejos. A outra pessoa é consciente das suas próprias necessidades e está fazendo o melhor que pode, a cada momento, para conseguir atender a essas necessidades. Tentar forçar a outra pessoa a mudar mediante o uso da raiva ou da violência é destrutivo para ambas as pessoas e para seu relacionamento. Só mudando seu comportamento é que você poderá produzir um desfecho mais satisfatório. Não faz sentido perguntar quem é responsável por sua dor. Quando há um conflito de necessidades, como ocorre freqüentemente, é inevitável que um ou ambos os parceiros sintam-se frustrados ou decepcionados. O que tem sentido é usar sua raiva ou frustração como pista para se perguntar: "O que está me machucando?" e "Como o responsável por minha dor sou eu, o que posso fazer para resolvê-la?". Tente estratégias diferentes para descobrir as que servem melhor no seu caso e, se uma estratégia não der certo, não caia no papel da "vítima desamparada" – tente outro. Cada vez que a sogra vinha visitá-los, Joe sentia-se deixado de lado e ficava com muita raiva. Culpava Vicki por sua frustração e achava que ela devia resolver essa questão. Isso só provocava resistência em Vicki e um aumento da raiva de ambos. Quando Joe se fez essas duas perguntas, percebeu que se sentir excluído era o que o magoava. Decidiu então pesquisar algumas maneiras pelas quais *ele* poderia mudar a situação. Tentaria sugerir atividades que incluíssem os três. Poderia passar mais tempo com a sogra para realmente conhecê-la, e assim chegar a entender mais suas piadinhas e seu humor tão peculiar. Ou planejar coisas gostosas para fazer, de modo a não precisar ficar dentro de casa à toa, esperando, enquanto elas saíssem para se divertir.

Owen se percebia furioso toda vez que Betsy sorria para outro homem. Seus ciúmes estavam alcançando níveis patológicos. Quando se perguntou: "Mas o que dói?". Owen identificou um sentimento de medo e insegurança. Ele estava interpretando os sorrisos de Betsy como interesse em viver romances e sentia terror diante da possibilidade de vir a perdê-la – o tempo dela, sua atenção, seu amor. Se assumisse a responsabilidade total por mudar essa situação, Owen perceberia que tinha diversas escolhas. Poderia manifestar diretamente sua apreensão para Betsy e pedir que ela o tranqüilizasse. Quando seu nível de estresse ficava menor, ele sentia menos ciúmes e então conseguia colocar em prática suas técnicas de redução de estresse. Finalmente, conseguiu evitar situações que já sabia serem um gatilho para seus ciúmes.

Desistindo das recriminações

Há muitas maneiras de lidar com o estresse e a frustração de não conseguir satisfazer as próprias necessidades. Culpar alguém é uma delas. Você decide que sua dor foi causada por outra pessoa. Por trás da culpabilização está a opinião de que os outros *deveriam* sentir, pensar e agir de modo diferente. O fato de não o fazerem torna essas pessoas más, erradas, merecedoras de punição. O Capítulo 7 descreve como essas recriminações e "deverias" aumentam o próprio grau de estresse, acionando a raiva.

O problema com esse processo é que as pessoas que você está julgando raramente concordam com as suas regras acerca do que é certo e errado, e do que deveriam ou não estar fazendo, sentindo e pensando. Embora todo tipo de "deveria" possa disparar a raiva, o Capítulo 7 descreve alguns dentre eles dotados de alto poder de destruição em termos de relacionamentos íntimos. Reveja em particular a falácia do "ter direito a" ("Eu quero tanto que é lógico eu ter"), a falácia da justiça ("Não é justo minhas necessidades não serem atendidas"), a falácia da mudança ("Se eu fizer bastante pressão, posso mudar você e atender a minhas necessidades"), as suposições condicionais ("Se você realmente me amasse, atenderia às minhas necessidades") e a falácia do extravasar ("Se você não atender às minhas necessidades, merece ser punido com a minha raiva").

As recriminações importantes de serem entendidas são as dicotomias bom–mau ("O que você faz comigo é bom ou mau, certo ou errado"), as intenções presumidas ("Você deliberadamente não está atendendo às minhas necessidades para me magoar"), a amplificação ("As coisas são realmente terríveis, caóticas!") e as rotulações generalizantes ("Mas você é mesmo um grandessíssimo...!").

Para poder mudar seu padrão de raiva e violência, você precisa combater esses pensamentos-gatilho. Primeiro, reveja os últimos incidentes isolados que provocaram a sua raiva. Qual era o estresse que o pressionava antes desse incidente em particular? Que necessidades não estavam sendo atendidas e que método você usou para tentar satisfazê-las? Observe o padrão da intensificação, que começa como frustração e se transforma em raiva e violência. Se você ainda não começou o seu Diário da Raiva, comece agora. Toda vez que sentir raiva, anote o que está falando com os seus botões.

Identifique os pensamentos-gatilho que estava usando, de acordo com as sugestões apresentadas. E, por fim, reescreva seu depoimento original para que chegue a ficar mais realista e não contenha mais os pensamentos-gatilho que causam as distorções.

A primeira anotação de Adrian em seu Diário da Raiva foi: "Esta casa parece um maldito chiqueiro! E ela sabe que me deixa louco de raiva chegar em casa e encontrar toda essa bagunça depois de um dia de trabalho tão longo!". E depois reconheceu que seus pensamentos-gatilho eram intenções presumidas, amplificações e a falácia da justiça. Após refletir um pouco, Adrian reescreveu seu depoimento original: "Não gosto quando os brinquedos dos meninos ficam espalhados pela sala quando volto para casa. Acho que Melanie está fazendo o máximo que pode porque afora os brinquedos das crianças o resto da casa está bem em or-dem. E é mesmo uma trabalheira pôr ordem na bagunça de três filhos. Talvez precisemos conversar sobre a contratação de uma pessoa para ajudar com o serviço doméstico".

Interrompendo a intensificação da raiva

Você pode ter buscado controlar sua violência tentando não ficar com raiva. O que geralmente acontece nessas circunstâncias é que a raiva que você sente se acumula e acaba explodindo de forma ainda mais violenta. Você precisa tomar consciência de sua raiva no ponto *antes* de explodir. A maioria dos homens só tem consciência de níveis de raiva muito elevados, os que em geral estão acima de 5, numa escala de 1 a 10. Níveis mais tênues da raiva, que provavelmente você chama de aborrecimento ou irritação, são os que mais passam despercebidos, até que se acumulem a ponto de explodir. Releia o Capítulo 8 e veja quais são as pistas fisiológicas que acompanham o início da raiva. Volte a se lembrar dos momentos mais recentes em que se sentiu frustrado ou irritado. Qual era a sua sensação corporal? Você começou sentindo tensão no maxilar ou na nuca? Suas mãos fecharam-se como bolas? A sua barriga ficou dura ou você sentiu o estômago embrulhando? Volte ao seu Diário da Raiva. Toda vez que ficar com raiva ou frustrado, anote os concomitantes fisiológicos que perceber, a intensidade da raiva numa escala de 1 a 10 (sendo 10 o nível de maior intensidade) e a situação que o deixou com raiva. Assim que você tiver identificado seus primeiros sinais pessoais de alerta, pode começar a fazer mudanças no padrão da escalada que normalmente se instala.

A maneira mais eficaz de deter a intensificação é recorrer ao modelo do "tempo fora do campo". Usando o Capítulo 9 como guia, converse com seu parceiro a respeito de como cada um de vocês dará início ao período de "tempo!", quem irá sair primeiro, para onde cada qual está indo e a duração desse intervalo de ausência. É essencial que seja feito o pedido de "tempo!" ao primeiro sinal de intensificação. Também é crucial que, se a parceira pedir "tempo" antes de você ter tomado consciência de estar com raiva ou apenas irritado, você respeite a necessidade dela de parar com a discussão. Como a sua raiva é a maior ameaça nessas situações, deve ser você o primeiro a sair de casa. Provavelmente você já aprendeu há anos que só os covardes saem da briga. Mas a pessoa realmente corajosa é a que pode reconhecer uma situação em que não haverá vencedor, que potencialmente é desastrosa, e então sai dela sem recorrer à violência.

Redução do estresse

No Capítulo 8, você leu como a raiva e o estado de relaxamento são fisiologicamente incompatíveis. A raiva implica um aumento da tensão fisiológica, ao passo que o relaxamento leva a um decréscimo da tensão. É impossível estar relaxado e com raiva, ao mesmo tempo. Se você puder usar seus primeiros sinais de tensão como pistas para relaxar, pode reduzir ainda mais a possibilidade de uma escalada. O Capítulo 8 descreve várias técnicas para uma eficiente redução do estresse. Leia novamente esse capítulo e coloque em prática cada técnica várias vezes, antes de partir para a próxima. Dessa maneira, você pode saber as que melhor funcionam com você. Então repita. Como qualquer outra habilidade, a de relaxar requer prática, disciplina e comprometimento.

O próximo passo é identificar as situações que produzem tensão. Se você tem feito regularmente anotações em seu diário, é provável que consiga ver alguns padrões. Talvez seu trabalho seja o componente mais estressante de sua vida neste momento, ou quem sabe sua família ou vida social. Talvez uma série de contrariedades aparentemente sem importância tenha produzido irritação e frustração suficientes para resultar num estado de estresse crônico. Conhecer os seus padrões pessoais permite-lhe preparar-se com antecedência e abordar a situação com tanta calma quanto possível. O relaxamento é mais eficiente quando usado como medida de prevenção. É muito mais fácil relaxar músculos tensos no maxilar ou um estômago contraído do que combater a tensão que acompanha uma cólera avassaladora.

Adrian observou que, assim que entrava na sala e via os brinquedos dos meninos espalhados pelo chão, os músculos da nuca e dos ombros começavam a contrair. Em vez de sua reação habitual ("Esta casa parece um chiqueiro!"), Adrian sentou-se no sofá, respirou fundo várias vezes e, antes mesmo de começar a examinar os pensamentos-gatilho que disparavam a reação antiga, observou uma acentuada redução no nível de sua tensão.

Simon descobriu que uma rápida corrida de seis, sete quilômetros até a praia e de volta, em um intervalo de "tempo", clareava suas idéias e limpava todos os vestígios de tensão existente em seus músculos. Para sua surpresa, descobriu que deitar-se e meditar por 15 minutos surtia o mesmo efeito. Com o tempo, Simon descobriu que podia reduzir a necessidade de pedidos de "tempo" em casa separando dois intervalos curtos durante o dia para meditar. Combater o estresse no trabalho fez com que a intensidade do estresse em casa ficasse bem menor.

Comunicação

Como a raiva e a violência são freqüentemente alimentadas pelo estresse de necessidades não atendidas, é importante aprender maneiras mais apropriadas de conseguir satisfazê-las. Provavelmente, nunca o ensinaram a expressar com clareza e firmeza as suas necessidades particulares. É possível que você fique esperando que os outros saibam ou adivinhem quais são elas a partir dos sinais sutis que emite, ficando depois frustrado e com raiva porque não acertaram. Quanto menos você for capaz de se expressar verbalmente, mais provável que precise recorrer à violência quando se sentir frustrado. A comunicação destinada à resolução de problemas reconhece a validade das necessidades dos dois parceiros e a importância do comprometimento. Antes de continuar, certifique-se de ter lido e entendido os conceitos descritos no Capítulo 12 acerca da comunicação para a resolução de problemas.

1. Fazer pedidos. Para expressar com firmeza as suas necessidades, primeiro você deve ser capaz de defini-las. Quando está se sentindo com raiva ou frustrado você deve se fazer a mesma velha pergunta: "O que dói?" e em seguida "O que quero para poder resolver isso?". Crie uma sentença começando com "Sinto..." e continue com "... e quero...". Assuma a responsabilidade por suas necessidades sem culpar ninguém: "Sinto-me só e quero um abraço" é uma declaração mais firme do que "Você sempre está muito fria e distante". Diga "Estou entediado e gostaria de ir ao cinema hoje", em vez de "Mas você é chata mesmo! Nunca mais quis sair".

Às vezes, você precisará descrever o problema antes de chegar aos seus sentimentos e às suas necessidades. Apresente o problema com simplicidade, exatidão e de modo não-pejorativo. Apenas os fatos, sem jogar culpa em ninguém ou criar caso. "A TV normalmente está ligada depois do jantar (*fato*). Me sinto incomodado com o barulho e gostaria que ficasse desligada até as nove."

Tente reformular as perguntas tornando-as declarações. As perguntas são geralmente percebidas como críticas ou ataques e podem gerar posturas defensivas e a intensificação dos sentimentos. Diga "Fico ansioso por ir apressado para o trabalho quando o café da manhã não está pronto a tempo", em lugar de "Por que você nunca consegue preparar o café da manhã a tempo?", "Quando você questiona minha decisão na frente das crianças, sinto-me embaraçado e humilhado... Prefiro que fale comigo em particular" – provavelmente essa sentença criará menos defensividade do que "Mas que merda é essa de me fazer passar por bobo na frente das crianças?".

2. Estabelecer limites. Dizer "não" de maneira clara e direta é provavelmente muito difícil para você. Talvez ache que sua parceira irá rejeitá-lo se você se recusar a atender a algum pedido. Ou podem ter-lhe dito, quando você era criança, que é egoísta e indelicado recusar um pedido. Algumas pessoas dizem verbalmente "sim", mas suas atitudes estão dizendo "não"; por isso atendem ao pedido de modo lento, ineficaz, ressentido. Essas pessoas costumam sentir uma raiva crônica e se acham exploradas e desvalorizadas. Até mesmo um simples pedido pode disparar uma explosão de raiva ou violência. Esse é o tipo de "não" que prejudica os relacionamentos. Você pode sentir tanto medo de não ser capaz de dizer "não" que o diz o tempo todo, com uma intensidade que beira a violência. Estipular limites *com firmeza* reduz a probabilidade da raiva e da violência e também assegura que ao dizer "sim" você se sentirá melhor em prestar ajuda de bom grado em vez de contrariado.

Pense na última vez em que disse "sim" quando queria ter dito "não", ou disse "não" de maneira excessiva. Imagine-se na mesma situação usando a sentença em três partes descrita no Capítulo 12 – contendo o reconhecimento, a sua posição, e dizendo "não". George respondeu ao pedido de Michelle dizendo: "Eu sei que você gostaria que eu levasse as crianças para a escola amanhã cedo (*reconhecimento*), mas tenho de estar no trabalho às oito em ponto para uma reunião com a diretoria (*a sua posição*). Não posso levá-las (*dizer 'não'*)". Pratique dizer "não" primeiro nas situações mais fáceis e, aos poucos, passe para as mais difíceis.

3. Negociação. Em qualquer relacionamento é muito provável que existam conflitos. Não há duas pessoas com as mesmas necessidades. Sempre haverá um momento em que os desejos de um parceiro entrarão em conflito com os do outro. Desistir dos seus ou tentar forçar a outra pessoa a desistir dos seus não é, a longo prazo, um modo eficaz de lidar com essa questão. Ele ativa raiva, ressentimento, violência, muitas vezes. A negociação envolve um acordo relativamente satisfatório para as duas partes. Pode ser vista como uma extensão lógica do processo que você já começou. Você percebeu que ficou com raiva, então se pergunta: "O que dói?" e, depois, "O que quero para resolver isso?"; então você pode perguntar a si mesmo: "Quais são os meus limites?". Assim que tiver uma idéia mais clara do que quer, apresente-a ao parceiro. Nesse momento, você deve ouvir com cuidado quais são as objeções e as necessidades dele. Geralmente é difícil ouvir alguém apresentar necessidades que diferem das suas sem se sentir criticado e entrar na defensiva. Lembre-se de que você tem direito às suas necessidades e de que sua parceira (ou parceiro) tem direito às dela (dele).

Depois que ambos tiverem apresentado as respectivas necessidades, trabalhem para chegar a um acordo. Proponha algo que contemple os interesses dos dois. Se a primeira sugestão não funcionar, apresente outra. Incentive sua parceira a oferecer idéias próprias. Numa negociação nunca diga "não e pronto!". Sempre ofereça uma contraproposta para poder continuar buscando um acordo. No exemplo anterior, George foi muito claro e firme em sua resposta ao desejo de Michelle de que ele levasse as crianças para a escola. Se ele tivesse dado seu tipo habitual de resposta, a interação teria sido mais ou menos esta:

George: Por Deus! Outra vez você não pode levá-las? Bom eu também não! Então é melhor você descobrir alguma forma de fazê-las chegar lá.
Michelle: Mas a minha irmã está chegando amanhã...
George: Ótimo para sua irmã. Mas ela não consegue nem sequer pegar um ônibus! É mesmo tão idiota quanto parece?
Michelle: Mas que horror falar assim de Joan! Só estou pedido para...
George: Esqueça! Eu disse "não" e ponto final!

Mas a interação continuou da seguinte maneira:

Michelle: Bom, a minha irmã vem da Flórida amanhã de manhã e o vôo chega às 8h25. Eu gostaria de encontrá-la no aeroporto. (*Expressão da necessidade*)
George: E se eu pagar o táxi para ela vir do aeroporto? (*Acordo sugerido*)
Michelle: Não. Prefiro ir encontrá-la pessoalmente.
George: Então o que você sugere?
Michelle: Vou telefonar para Andrea e ver se ela poderia levá-los com Kevin. Se você deixasse os meninos na casa dela, ainda teria tempo de chegar no trabalho antes da reunião.
George: Bom, se você os deixar prontos antes de sair, eu não me importo de levá-los até a casa da Andrea.

Se você praticar essas técnicas de negociação, não terá de ficar com raiva e nem recorrer à violência para satisfazer as suas necessidades. Será capaz de desenvolver soluções que sejam aceitáveis aos dois.

4. Lidando com críticas. Ser criticado sempre dói e geralmente resulta no desejo de reagir de maneira defensiva ou de contra-atacar. No seu relacionamento é provável que você se perceba criticando e atacando. Sua reação pode ser parcialmente resultante de se sentir atacado ou incapaz de conseguir que suas necessidades sejam reconhecidas. O Capítulo 12 descreve como ser criticado pode fazê-lo sentir-se inferior, imperfeito, culpado e sem valor. Também descreve como você pode reagir a críticas de maneira mais eficiente. Você pode limitar os danos à sua auto-estima bloqueando o ataque, lembrando-se de que as críticas são apenas a opinião de outra pessoa e aceitando que a perfeição é impossível. Avalie a crítica, extraindo dela os pontos justos para poder usá-los e com isso aprender mais. Ao mesmo tempo, reconheça a parte dela que não é exata. Reaja concordando com o que é verdade e ignorando o restante. No início isso pode ser difícil e talvez seja uma boa idéia usar o pedido de "tempo!" para impedir a escalada.

Nos relacionamentos em que a mulher é espancada, ela geralmente sente muito medo de sofrer mais violências se expressar a raiva que sente pelos abusos já vividos. Assim que você começar a assumir mais a responsabilidade pelos abusos e passar a mudar o seu comportamento, ela poderá se sentir mais segura para expressar o que sente. Talvez se perceba sendo alvo de toda a raiva e cólera que sua parceira esteve sufocando, por anos a fio. É essencial que você não se deixe arrastar pelo velho padrão de defensividade e parta para o contra-ataque, que tão depressa desencadeia a violência. Peça "tempo!" assim que sentir que está ficando tenso ou com raiva. Permita-se acalmar e depois retome a situação usando as habilidades descritas no Capítulo 12.

Auto-estima

A maioria dos espancadores sente vergonha de sua violência e do fato de não conseguirem controlar seu comportamento. Além disso, costumam sofrer de um sentimento mais generalizado de desvalorização. Se na infância você foi vítima de abuso, é ainda mais provável que pense que, de alguma maneira, não tem valor ou é má pessoa. É importante que aprenda a separar seu comportamento (que pode ser impróprio e precisar de modificação), de ser a pessoa que é. Volte um pouco neste capítulo e releia a seção que aborda o fortalecimento da auto-estima. Comece a identificar a voz crítica internalizada que o ataca por causa de seus erros e de suas imperfeições. Mantenha um diário no qual possa registrar todas as coisas que o crítico lhe diz, desde palavras soltas até monólogos inteiros. Essas críticas são condenações gerais de sua pessoa ("Mas que mentiroso filho da puta você é!") ou referências específicas a condutas específicas ("O que você acabou de dizer, além de exagerado, me menospreza.")? Examine cada sentença proferida pelo crítico e substitua por algo menos condenatório e mais limitado aos fatos. Agora localize os seus pontos fortes e as exceções à crítica. Use esses mesmos elementos para desenvolver algumas afirmações positivas e repita-as interiormente sempre que puder. Incorpore essas sentenças ao seu acervo de técnicas para controle da raiva, descritas anteriormente. Quando sentir as primeiras pistas de que está ficando estressado ou com raiva, pergunte a si mesmo: "O que dói?" e depois "O que quero para resolver essa situação?". Você pode achar melhor pedir "tempo", fazer algum tipo de relaxamento, ou falar firmemente sobre suas necessidades e seus sentimentos. Usar as afirmações positivas, nesses momentos, aumentará a autoconfiança de que precisa para levar a cabo suas escolhas. Lembre-se de que você é uma pessoa que tem valor, que está fazendo o melhor que pode, e que pode lidar com situações estressantes sem recorrer à violência.

Quando a violência pára

Quando a violência pára, num relacionamento, os outros problemas não desaparecem. Problemas de dependência, isolamento e comunicação são comuns nos relacionamentos de abuso, mas não podem ser resolvidos com eficiência antes que a violência tenha terminado. Assim que o agressor assumir a responsabilidade por mudar seu comportamento violento, vocês podem trabalhar para construir um relacionamento mais sadio, baseado em respeito mútuo e afeto.

Este livro oferece alguns recursos para tanto, mas o processo da mudança provavelmente será longo e doloroso. Após anos de violência, você precisará restabelecer lentamente a confiança no relacionamento. A vítima talvez precise ver o agressor escolhendo consistentemente comportamentos não-violentos, durante um certo tempo, antes de começar a relaxar sua vigilância e passar a confiar na realidade das mudanças. Será preciso muita prática antes de os dois serem capazes de expressar claramente seus sentimentos, tanto os positivos quanto os negativos. É preciso prática para entrar nos inevitáveis conflitos com equanimidade e de modo assertivo, negociando com firmeza a satisfação das necessidades de ambos.

No entanto, com os dois comprometidos em construir um relacionamento sadio, e com a ajuda dos recursos explicitados neste livro, é possível desenvolver um tipo de relacionamento diferente do temido e doloroso convívio a que estão habituados.

Apêndice
Protocolo de grupo de TER

Escolha dos integrantes do grupo

O êxito de um grupo de TER depende da escolha apropriada de seus integrantes. Devem ser feitas entrevistas prévias. Indague sobre a duração e a qualidade dos relacionamentos. Tente excluir distúrbios de personalidade, especialmente os casos limítrofes. Como os grupos de TER são menos eficientes para clientes que têm problema de raiva generalizada, tente determinar se a raiva é desse tipo (uma hostilidade difusa e constante capaz de entrar em qualquer situação), ou limitada a situações e contextos específicos. Faça perguntas para determinar se o cliente aprecia sua raiva, se a cultiva, confia nela, ou de alguma maneira investe na manutenção de sua postura enraivecida diante da vida. Os clientes para quem a raiva é altamente recompensadora terão menos sucesso como integrantes de um grupo de TER.

Estrutura do grupo

Os grupos devem conter de cinco a dez clientes. Com mais de dez integrantes, há muito poucas oportunidades para treino de papéis, questionamentos e troca de experiências. Os grupos devem se reunir por uma hora e meia a duas horas, semanalmente, por seis a oito semanas.

Diário da Raiva

Na entrevista anterior ao início do grupo, peça aos clientes que mantenham um Diário da Raiva. Cada incidente de raiva deve ser anotado e avaliado de 1 a 10 numa escala em que 1 é o gradiente mínimo de raiva e 10, o máximo de raiva que o cliente já sentiu na vida. Enfatize que o Diário da Raiva é uma parte indispensável do tratamento que deve ser mantido atualizado de maneira consciencioso.

Se você quiser fazer testes antes e depois do grupo, recomendamos que utilize o excelente trabalho de Charles Spielberger "State-trait anger inventory" (Spielberger, Jacobs, Russell e Crane, 1983).

Sessão 1

Apresentação geral do TER

1. Seis estratégias pré-aprendidas para lidar com situações de raiva de maneira adaptativa.
2. As estratégias são divididas em respostas ativas e passivas.
3. O TER irá ajudá-lo a lidar com a situação mesmo se você estiver extremamente enraivecido.
4. O TER irá permitir-lhe aprender maneiras adaptativas de reagir que ajudam a resolver os problemas em vez de intensificar a tensão.
5. O TER irá impedir que você fique atado a reações que não estão funcionando e tornará mais provável que você encontre uma reação que lhe ofereça o que você quer.
6. O TER irá ajudá-lo a vivenciar a raiva como um sinal de que é preciso lidar com a situação por meio de uma nova resposta, em vez de percebê-la como sinal de que deve intensificar o ataque.

Descreva cada uma das respostas do TER. Enfatize que nem todas as seis serão apropriadas para determinadas situações de raiva. Acentue o conceito de trocar de reação, para lidar com a raiva cada vez mais intensa. Se uma única estratégia de controle da raiva costuma fracassar durante as provocações, a capacidade de usar uma variedade de estratégias ou reações em seguida aumenta a probabilidade de se chegar a uma resolução.

Atitude-chave

A principal atitude é resolver o problema e não se vingar. O vingador quer punir e machucar o agressor no mesmo grau em que tiver sido atacado. A dor deve ser devolvida. A atitude voltada para a solução do problema presume que o conflito é uma questão de necessidades em conflito, que não há certo ou errado a esse respeito. As necessidades de cada pessoa são legítimas e importantes. O objetivo é trabalhar visando alcançar um acordo por meio de diálogo e comprometimento.
Entregue a Folha de Resposta do TER.

1ª Resposta do TER: Peça o que você quer

1. Sentença de abertura antes do treino:
"Estou sentindo (o que está me aborrecendo)_____.
E acho que preciso (ou quero, ou gostaria) nesta situação de_____."

2. Regras
a) O que o está aborrecendo (o que você sente) é opcional. Inclua, se achar que é uma informação importante para ajudar a outra pessoa a tornar-se mais disponível, ou se ela for tão íntima que mereça saber quais são suas reações.
b) Peça algo em relação ao comportamento, não à atitude.
c) Peça algo específico, limitado a uma ou duas coisas.
d) Desenvolva uma opção de recuo, isto é, a menor mudança possível que para você ainda seria aceitável. Isso lhe dá margem de negociação.

3. Treinamento de papéis desempenhados pelos terapeutas para modelar o TER. (Inclua esta seção se o grupo tiver coliderança.) Enfatize o conceito de controle da voz: mantenha a voz baixa, sem muitas inflexões. Muitas vezes a voz comunica em tom e volume a raiva, a culpa, o desprezo, o sarcasmo, e assim por diante. O controle da voz previne as intensificações disparadas pelas metamensagens embutidas no tom em que ela é emitida.

4. Visualização do cliente. Alguns grupos acham difícil ou improdutiva a visualização. Se esse for o caso, deixe de lado o componente da visualização e enfatize o treinamento do papel. Os

exercícios para casa devem então focalizar a prática da reação do TER ao vivo, em situações de baixo impacto.
   a) Aula breve de visualização. Pratique uma cena na praia, incluindo seus aspectos visuais, auditivos e cinestésicos.
   b) Os clientes visualizam uma cena extraída de seus Diários da Raiva, decorrente de alguma necessidade frustrada ou não atendida. Os clientes visualizam o uso de uma reação do TER e o êxito da sua aplicação. Visualize uma segunda cena: a reação de TER inicial é neutralizada, mas o sucesso vem com a aplicação da reação mantida como margem de recuo.

5. Discussão da visualização.
   a) Discuta as cenas visualizadas e os eventuais problemas que os clientes tenham tido na produção de sentenças para expressar necessidades.
   b) O terapeuta ajuda os clientes que tenham tido dificuldade na produção de sentenças para expressar necessidades e de opções de recuo a criá-las.

6. Treinamento de papel da parte dos clientes. Usando uma cena de seu Diário da Raiva, o cliente assume o papel do provocador. Um segundo cliente pratica a sua reação do TER após saber o que queria o primeiro cliente. O terapeuta instrui o provocador e o cliente que está praticando o TER.

7. O terapeuta discute a importância de expressar desejos e necessidades.
Pergunte aos clientes se têm preocupações quanto ao que é certo pedir.

Exercícios para casa

1. Escolha três cenas de seu Diário da Raiva (baixa, média e alta). Faça sentenças de expressão de suas necessidades e opções de recuo para cada uma delas.
2. Pratique a visualização de cada cena, usando a resposta 1 do TER, todos os dias, de maneira bem-sucedida. Comece com cenas de baixo impacto e vá adiante até as de mais alto impacto.
3. Aprenda a resposta 2 do TER.

Sessão 2

Reveja a resposta 1. Discuta quaisquer problemas que tenha tido com os exercícios de casa.

2ª Resposta do TER: Negociar

1. Reveja a sentença de abertura

"O que você propõe para resolver este problema?"

(*Nota:* Se os clientes não se sentirem à vontade com a sentença de abertura, deixe que a modifiquem para que se sintam melhor.)

2. Regras
a) Se você for recebido com resistência ou com uma proposta sem valor, apresente sua opção de recuo.
b) Se ouvir uma proposta que tem possibilidades de ser aceita, comece a negociar. Busque um acordo. Exemplos:

- "Vamor fazer esta parte do que você quer e esta do que eu quero."
- "Desta vez é do meu jeito, da próxima é do seu."
- "Se você fizer isto para mim, farei aquilo para você."
- "Vamos rachar a diferença."
- "Vamos tentar do meu jeito por uma semana. Se você não gostar, voltamos ao jeito antigo."

c) O acordo só pode ser alcançado quando a solução contemplar as necessidades das DUAS pessoas.

Repita as seções 3, 4, 5 e 6 descritas na primeira sessão.

3ª Resposta do TER: Cuidar de si mesmo

1. Sentença de abertura antes do treino

"Se [o problema] persistir, terei de [solução para resolver por si mesmo a necessidade] para cuidar de mim."

2. Regras
a. A solução individual deve ter como principal finalidade *satisfazer as suas próprias necessidades,* não ferir a outra pes-

soa. Você aqui não está fazendo algo para a outra pessoa, mas sim para si mesmo.
b. Enfatize que essa é a sua maneira de resolver o problema por si mesmo, não um ultimato despótico tampouco uma punição.

Repita as seções 3, 4, 5 e 6 descritas na primeira sessão.

Exercícios para casa

1. Usando três cenas do Diário da Raiva (baixa, média e alta), visualize o uso bem-sucedido da resposta 2 do TER.
2. Usando as mesmas três cenas, crie três sentenças de auto-atendimento de suas necessidades e visualize-se usando-as.
3. Pratique diariamente as visualizações.
4. Aprenda a resposta 4 do TER.

Sessão 3

Reveja as respostas 2 e 3 do TER. Esclareça todas as dificuldades que tenha tido em seus exercícios de casa. Enfatize as respostas de 1 a 3, que são "ativas", e as de 4 a 6, que são "passivas".

4ª Resposta do TER: Obter informações

1. Reveja as sentenças de abertura
"Do que você precisa nesta situação?"
"O que o preocupa (incomoda) nesta situação?"
"O que o está aborrecendo (magoando) nesta situação?"

2. Regras
a) Use esta resposta quando alguém estiver com raiva de você e houver algo por trás dessa raiva que você não entende.
b) Se você ainda não sabe qual é a necessidade ou o incômodo da outra pessoa, PEÇA INFORMAÇÕES A ESSE RESPEITO.

Repita as seções 3, 4, 5 e 6 descritas na primeira sessão.

5ª Resposta do TER: Reconhecimento

1. Sentenças de abertura antes do treino
"Então o que você quer é... ."
"Então o que o preocupa (incomoda) é... ."
"Então o que o aborrece (magoa) é... ."

2. Regras
a) Use quando alguém lhe houver comunicado claramente quais são seus sentimentos.
b) Espere que a outra pessoa corrija ou modifique o que você disse, se não houver falado corretamente. Depois, torne a reconhecer explicitamente a nova informação.
c) O reconhecimento não serve só para mostrar que você ouviu o que o outro disse, mas é também uma maneira de esclarecer e corrigir os seus equívocos.

Repita as seções 3, 4, 5 e 6 descritas na primeira sessão.

6ª Resposta do TER: Afastamento

1. Sentença de abertura antes do treino
"Acho que estamos começando a ficar alterados. Quero parar e esfriar a cabeça um pouco."

2. Regras
a) Repita a frase, como um disco riscado, se a outra pessoa oferecer resistência. Reconheça a necessidade que ela tem de continuar com a discussão, ou reconheça o estado geral de desassossego em que ela se encontra, mas continue repetindo sua sentença de afastamento.
b) Saia fisicamente da situação. Vá para longe.
c) Com pessoas de sua intimidade, estipule um intervalo fixo após o qual retornará para retomar a discussão.

Repita as seções 3, 4, 5 e 6 descritas na primeira sessão.

Exercícios para casa

1. Escolha três cenas do Diário da Raiva (baixa, média e alta) e visualize o uso das respostas 4 e 5 do TER.

2. Visualize as mesmas três cenas, mas acrescente a necessidade de usar a resposta 6 do TER (afastamento).
3. Faça visualizações diariamente.
4. Reveja as sentenças de abertura das respostas 1 a 6, todos os dias.

Sessão 4

Reveja seus exercícios para casa e tire todas as dúvidas.

Trocando

1. Regras

a) Memorize todas as sentenças de abertura. Teste-se diariamente.
b) Sempre que possível, ensaie com antecedência as respostas ativas 1 e 3. Resolva se quer incluir os seus sentimentos acerca da situação. Depois, formule seu pedido e sua opção de recuo. Cuide para que sejam comportamentais e específicos. Tente também produzir uma reação de auto-atendimento. Pergunte-se como você pode resolver o problema *sem* a cooperação da outra pessoa.
c) A presença da raiva ainda ou sua intensificação são sinais para que você TROQUE de resposta. Não fique preso numa reação se ela não estiver funcionando. Passe para aquela que, intuitivamente, lhe parece ser a melhor opção seguinte.
d) Não tenha receio de repetir as respostas. Você pode precisar voltar várias vezes a fazer perguntas que lhe tragam mais informações. Pode querer se certificar expressamente de que está entendendo os sentimentos da outra pessoa. E, conforme a conversa avança, você pode sentir que é oportuno sugerir outra rodada de negociações.
e) Se você não sabe o que fazer a seguir, tente trocar as respostas ativas pelas passivas (ou vice-versa). Se se concentrou em obter informações, tente expressar agora as suas necessidades particulares. Se as negociações até aqui se mostraram infrutíferas, considere a opção obter informações.

f) Como regra geral, comece com a resposta ativa 1 (pedir o que quer) quando estiver com raiva ou quiser que alguma coisa mude. Comece com a resposta passiva 4 (pedir informações) quando a outra pessoa estiver com raiva e no ataque.

g) Continue trocando as suas reações até sentir que o problema está resolvido ou que parece sem sentido prosseguir com aquela comunicação. Se você ainda estiver com raiva e empacado, adote uma das respostas de saída (afastamento ou auto-atendimento).

2. Pensamentos anti-raiva: para serem usados quando sentir a sua raiva aumentando

a) "Respire fundo e relaxe."
b) "Tenho um plano para lidar com isso. Qual é o próximo passo?"

Treino de troca de papéis

Divida o grupo em pares.

1. Usando os Diários da Raiva

a) Comece com uma provocação de baixa intensidade anotada no diário de um cliente.
b) Instrua o cliente a fazer o seu próprio papel e o segundo cliente a fazer o do provocador.
c) O terapeuta atua como instrutor de ambos os clientes. Treino de uso das pistas, lembrando o cliente provocado de usar dois pensamentos anti-raiva fundamentais. Lembre os clientes das sentenças de abertura do TER, se foram esquecidas. Pode sugerir trocar para uma nova resposta do TER. O cliente que provoca é instruído a resistir até que três ou quatro respostas diferentes do TER tenham sido apresentadas.
d) O cliente provocado usa a raiva como pista para trocar e escolhe qual resposta do TER tentar em seguida.
e) O treino de desempenho de papéis deve terminar com uma resolução bem-sucedida.

Exercícios para casa

1. Reveja todas as sentenças de abertura, diariamente.
2. Exercício ao vivo:
   a) Usando uma cena do Diário da Raiva, escolha uma pessoa que representa baixo risco e com quem tenha tido algum conflito. Visualize o uso do TER com essa pessoa. Planeje sua Declaração das Próprias Necessidades e sua Opção de Recuo.
   b) Pratique concretamente o TER numa situação que envolva essa pessoa.
   c) Anote os resultados no seu Diário da Raiva.

Sessões 5, 6 e 7

Repita o exercício de troca de papéis, da Sessão 4. Incentive os clientes a trocar de respostas, adotando as velhas reações já experimentadas. Eles podem reconhecer os sentimentos do outro, negociar, pedir o que querem, mais uma vez. Quanto mais os clientes se tornam eficientes ao usar o TER, mais passam a praticar esses recursos com cenas de médio e depois alto impacto, extraídas de seus diários.

Exercícios para casa para as Sessões 5 e 6

Use as mesmas tarefas atribuídas à Sessão 4. Faça com que os clientes escolham uma pessoa que representa um risco médio, com quem usarão o TER semanalmente. Lembre seus clientes de registrar os resultados das interações em seus Diários da Raiva.

Bibliografia

ALEXANDER, F. "Emotional factors in hypertension". *Psychosomatic Medicine*, 1939, 1:175-79.
AUDREY, R. *The Territorial Imperative*. Nova York, Atheneum, 1966.
BAER, P.E.; COLLINS; F. H.; BOURIANOFF; G. C.; e KETCHEL; M. F. "Assessing personality factors in essential hypertension with a brief self-report instrument". *Psychosomatic Medicine*, 1969, 7:653-59.
BAREFOOT, J.C.; DAHLSTROM; W. G.; e WILLIAMS; R. B. "Hostility, CHD incidence, and total morbidity: A 25-year follow-up study of 255 physicians". *Psychosomatic Medicine*, 1983, 45:59-63.
BATESON, G. "The frustration-aggression hypothesis and culture". *Psychological Review*, 1941, 48:350-55.
BENSON, H. *The Relaxation Response*. Nova York, Morrow, 1975.
BERKMAN, L. e SYME; S. L. "Social networks, lost resistance, and mortality: A nine year follow-up study of Alameda residents". *American Journal of Epidemiology*, 109:186-204.
BIAGGIO, M.K. "Anger arousal and personality characteristics". *Journal of Consulting and Social Psychology*, 1980, 39:352-56.
BLUMENTHAL, J.A.; Williams; R.; Y. Kong; Schonberg; S. M.; e Thompson; L. W.; "Type A behavior and angiographically documented coronary disease". *Circulation*, 1978, 58:634-39.
BRADSHAW, J. *Bradshaw on the Family*. Deerfield Beach, FL., Health Communications, 1988.
BRY, A. *How to Get Angry Without Feeling Guilty*. Nova York, New American Library, 1976.
BURNS, D. *Feeling Good: The New Mood Therapy*. Nova York, William Morrow, 1980.
CANNON, W. "Bodily changes in pain, hunger, fear and rage". Nova York, Appleton-Century-Crofts, 1929.

CAUTELA, J. "Covert modeling". Artigo apresentado no quinto encontro anual da Associação para o Avanço da Terapia Comportamental, 1971.

CROCKENBERG, S. "Toddler's reaction to maternal anger". *Merril-Palmer Quarterly,* 1985, 31:361-73.

_____. "Predictions and correlates of anger toward and punitive control of toddlers by adolescent mothers". *Child Development,* 1987, 58:964-65.

DAVIS, M., ESHELMAN, E. R.; e McKAY, M.; *The Relaxation & Stress Reduction Workbook.* Oakland, CA, New Harbinger Publications, 3ª ed., 1988.

DENTAN, R.K. *The Semai – A Nonviolent People of Malaya.* Nova York, Holt, Rinehart & Winston, 1968.

DESCHNER, J.P. *The Hitting Habit: Anger Control for Battering Couples.* Nova York, Macmillan, 1984.

DIAMOND, E.L. "The role of anger and hostility in essential hypertension and coronary heart disease". *Psychological Bulletin,* 1982, 92:410-33.

DINKMEYER, D. e McKAY; G. *The Parent's Handbook: Systematic Training for Effective Parenting.* Circle Pines, MN, American Guidance Service, 1982.

_____. *The Parent's Guide: A Systematic Training for Effective Parenting of Teens.* Circle Pines, MN, American Guidance Service, 1982.

DOLLARD, J.R., DOOB; L. W.; MILLER; N. E.; e MOWRER; O. H. *Frustration and Aggression.* New Haven, Yale University Press, 1939.

DOTY, B. e ROONEY; P. *Shake the Anger Habit.* Redding, CA, The Bookery, 1987.

DREIKERS, M.D. *Children: The Challenge.* Nova York, E.P. Dutton, 1987.

EBBESEN, E., DUCAN; B. e KONECNI; V. "The effects of content of verbal aggression on future verbal aggression: A field experiment". *Journal of Experimental Psychology,* 1975, 11:192-204.

EISENBERG, S.E. e MICKLOW; P. "The assaulted wife: 'Catch 22' revisited". *Women's Rights Law Reporter,* 1979, 3:138-61.

ELLIOT, F. "The neurology of explosive rage: The dyscontrol syndrome". *The Practitioner,* 1976, 217:51-60.

ESLER, M., JULIUS; S. ZWEIFLER; A. RANDALL; O. HARBURG; E. GARDINER; H. e DE QUATTRO; V. "Mild high-renin essential hypertension: Neurogenic human hypertension?" *New England Journal of Medicine,* 1977, 296:405-11.

FESBACH, S. "The catharsis hypothesis and some consequences of interaction with aggression and neutral play objects". *Journal of Personality,* 1956, 24:449-62.

FIRESTONE, R. *The Fantasy Bond.* Nova York, Human Sciences, 1985.

FREUD, S.[1923] *The Ego and the Id.* Trad. Joan Riviere. Nova York, W.W. Norton, 1962.

FRIEDMAN, M.; GEORGE; S. ST. BYERS; S. O. e ROSENMAN; R. H. "Excretion of catecholamines in men exhibiting a particular behavior pattern (A) associated with high incidence of clinical coronary artery disease". *Journal of Clinical Investigation,* 1960, 39:758-64.

FRIEDMAN, M. E ULMER; D. *Treating Type A Behavior – and Your Heart.* Nova York, Alfred A. Knopf, 1984.

FRUDE, N. e GOSS; A. "Parental anger: A general population survey". *Child Abuse and Neglect,* 1979, 3:331-33.

GORDON, T. *Parent Effectiveness Training*. Nova York, New American Library, 1975.

GRESSEL, G.E.; SHOBE; F. O. SASLOW; G. DUBOIS; M. e SCHROEDER; H. A. "Personality factors in essential hypertension". *Journal of the American Medical Association*, 1949, 140:265-72.

HADLEY, J. e STAUDACHER; C. *Hypnosis for Change*. Oakland, CA: New Harbinger Publications, 1985.

HAMILTON, J.A. "Psychophysiology of blood pressure". *Psychosomatic Medicine*, 1942, 4:125-33.

HANSSON, R.D.; JONES; W. H. e CARPENTER; B. "Relational competence and social support". *Review of Personality and Social Psychology*, 1984, 5:265-84.

HARBURG, E.; JULIUS; S. MCGINN; N. F. MCLEOD; J. e HOOBLER; S. W. "Personality traits and behavior patterns associated with systolic blood pressure in college males". *Journal of Chronic Diseases*, 1964, 17:405-14.

HARBURG, E.; ERFURT; J. C. HAUESNTEIN; L. S. CHAPE; C. SCHULL; W. J. e SCHORK; M. A. "Socio-ecological stress, suppressed hostility, skin color, and black-while male blood pressure: Detroit". *Psychosomatic Medicine*, 1973, 35:276-96.

HARBURG, E.; BLAKELOCK; E. W. e ROEPER; P. J. "Resentful and reflective coping with arbitrary authority and blood pressure: Detroit". *Psychosomatic Medicine*, 1979, 41:189-202.

HARRIS, R:E.; SOKOLOW; M. CARPENTER; L. G. FREEDMAN; M. e HUNT; S. "Response to psychogenic stress in persons who are potentially hypertensive". *Circulation*, 1953, 7:572-78.

HAYNES, S.G.; FEINLEIB; M. e KANNEL; W. B. "The relationship of psychosocial factors to coronary heart disease in the Framingham study, Part III: Eight year incidence of CHD". *American Journal of Epidemiology*, 1980, 3:37-58.

HAZALEUS, S. e DEFFENBACHER; J. "Relaxation and cognitive treatments of anger". *Journal of Consulting and Clinical Psychology*, 186, 54:222-26.

HERMAN, D. "A statutory proposal to limit the infliction of violence upon chldren". *Family Law Quarterly*, 1985, 19:1-52.

HEUSSER, C. "Parental anger: An examination of cognitive and situational factors". Tese de doutoramento, Universidade de Waterloo, Waterloo, Ontario, 1986.

HOFFMAN, . "Moral development". *In Carmichael's Manual of Child Psychology*, editado por P. Mussen, Nova York, Wiley Publications, 1970.

HOKANSON, J.E. "Psychophysiological evaluation of the catharsis hypothesis". In: MEGAREE e HOKANSON (eds.). *The Dynamics of Aggression*, Nova York, Harper & Row, 1970.

JONES, W.H.; FREEMAN; J. E. e GASEWICK; R. A. "The persistence of loneliness: Self and other determinants". *Journal of Personality*, 1981, 49:27-48.

KAHN, H.A.; MEDALIE; J. H. NEWFIELD; H. N. RISS; R. e GOLDBOURT; U. "The incidence of hypertension and associated factors: The Israel ischemic heart disease study". *American Heart Journal*, 1972, 84:171-82.

KAHN, M. "The physiology of catharsis". *Journal of Personality and Social Psychology*, 1966, 3 (3):278-86.

KAPLAN, S.; GOTTSCHALK; L. A. MAGLIOCCO; E. ROHOVIT; D. e ROSS; W. "Hostility verbal productions and hypnotic dreams in hypertensive patients". *Psychosomatic Medicine,* 1961, 23:311-22.

KELLNER, R.; BUCKMAN; M. T. FAVA; M. FAVA; G. A. e MASUOGIACOMO; I. "Prolactin, aggression, and hostility: A discussion of recent studies". *Psychiatric Developments,* 1984, 2:131-38.

KONNER, M. *The Tangled Wing.* Nova York, Holt, 1962.

LAZARUS, R.S. e FOLKMAN; S. *Stress, Appraisal, and Coping.* Nova York, Springer Publishing Co., 1984.

LEAKEY, R. *The Making of Mankind.* Nova York, E.P. Dutton, 1981.

LERNER, H.G. *The Dance of Anger.* Nova York, Harper & Row, 1985.

LEWIS, H.K. e LEWIS; M. E. *Psychosomatics: How Your Emotions Can Damage Your Health.* Nova York, Viking Press, 1972.

LORENZ, K. *On Aggression.* Nova York, Bantam Books, 1971.

MALLICK, S.K. e McCANDLES; B. R. "A study of catharsis aggression". *Journal of Personality and Social Psychology,* 1966, 4:591-96.

MANN., A.H. "Psychiatric morbidity and hostility in hypertension". *Psychological Medicine,* 1977, 7:653-59.

MARANON, G. "Contribution a l'étude de l'action emotive de l'adrenaline". *Revue Française d'Endocrinologie,* 1924, 2:301-25.

MARK, V. "Sociobiological theories of abnormal aggression". In: I.L. KUTASH et al. (eds.). *Violence,* San Francisco, Jossey-Bass, 1978.

MCKAY, M.; DAVIS; M. e FANNING; P. *Thoughts and Feelings: The Art of Cognitive Stress Intervention,* Oakland, CA, New Harbinger Publications, 1981.

_____. *Messages: The Communication Book.* Oakland, CA, New Harbinger Publications, 1987.

MEICHENBAUM, D. *Cognitive Behavior Modifications.* New York, Plenum Press, 1977.

MILLER, A. *The Drama of the Gifted Child.* Nova York, Basic Books, 1981.

_____. *For Your Own Good – Hidden Cruelty in Chld-rearing and the Roots of Violence.* New York, Farrar, Strauss & Giroux, 1983.

MILLER, C. e GRIM; C. "Personality and emotional stress measurement on hypertensive Patients with essential and secondary hypertension". *International Journal of Nursing Studies,* 1979, 16:85-93.

MILLER, N.E. "The frustration-aggresion hypothesis". *Psychological Review,* 1941, 48:337-42.

MINDEN, H.A. *Two Hugs for Survival.* Toronto, McClelland and Stewart, 1982.

MONAT, A. e LAZARUS; R. (eds.) *Stress and Coping: An Anthology.* 2ª ed. Nova York, Columbia University Press, 1985.

MULLIN, R.E. *Handbook of Cognitive Therapy Techniques.* Nova York, W.E. Norton.

NEIDIG, P.H. e FRIEDMAN; D. H. *Spouse Abuse: A Treatment Program for Couples.* Champaign, IL, Research Press, 1984.

NELSON, J. *Positive discipline.* Fair Oaks, CA, Sunrise Press, 1981.

NEW YORK TIMES. "Cynicism and mistrust linked to early death". 17 de janeiro de 1989.

NiCarthy, G. *Getting Free: A Handbook for Women in Abusive Relationships.* Seattle, The Seal Press, 1982.
Novaco, R. *Anger Control: The Development and Evaluation of na Experimental Treatment.* Lexington, MA, C.D. Health, 1975.
Ornstein, R. e Sobel; D. *The Healing Brain.* New York, Simon and Schuster, 1987.
Patterson, G.R. *Coercive Family Process.* Eugene, OR, Castalia, 1982.
Paul, J. e Paul; M. *If You Really Loved Me.* Minneapolis, CompCare Publisher, 1987.
Pino, C. *Divorce, Remarriage, and Blended Families.* Palo Alto, CA, R.& E. Press, 1982.
Rosenman, R.H. "Health consequences of anger and implications for treatment". In: M.A. Chesney e R.H. Rosenman (eds.). *Anger and Hostility in Cardiovascular and Behavioral Disorders,* editado por Washington, DC, Hemisphere Publications Co., 1985.
Rubin, I.R. *The Angry Book.* New York, Collier Boos, 1969.
Rule, B.G. e Nesdale; A. R. "Emotional arousal and aggressive behavior". *Psychological Bulletin,* 1976, 83:851-63.
Scaramella, T.H. e Brown; W. A. "Serum testosterone and aggressiveness in hockey players". *Psychosomatic Medicine,* 1978, 40:262-67.
Schachter, J. "Pain, fear, and anger in hypertensives and normotensives". *Psychosomatic Medicine,* 1957, 19:17-29.
Schachter, S. *Emotion, Obesity, and Crime.* Nova York, Academic Press, 1971.
Schachter, S. e Singer; J. "Cognitive social and physiological determinants of emotional state". *Psychological Review,* 1962, 69:379-99.
Schwartz, G.E.; Weinberger; D. A e Singer; J. A. "Cardiovascular differentiation of happiness, sadness, anger, and fear following imagery and exercise". *Psychosomatic Medicine,* 1981, 43:343-64.
Selye, H. "A syndrome produced by diverse noxious agents". *Nature,* 1936, 138:32.
Shekelle, R.B.; Gale; M. Ostfeld; A. M. e Paul; O. "Hostility risk of CHD, and Mortality". *Psychosomatic Medicine,* 1983, 45:109-14.
Sonkin, D.J. e Durphy; M. *Learning to Live Without Violence: A Handbook for Men.* Ed. rev. San Francisco, Volcano Press, 1985.
Sonkin, D.J.; Martin; D. e Walker; L. E. *The Male Batterer: A Treament Approach.* New York, Springer Publishing Co., 1985.
Spielberger, C.D.; Jacobs; G. A. Russell; S. e Crane; R. S. "Assessment of anger: The State-Trait Anger Scale". In: J.N. Butcher e C.D. Spielberger (eds.). *Advances in Personality, vol. 2,* Hillsdale, NJ, Erlbaum, 1983.
Straus, M. "Leveling, civility, and violence in the family". *Journal of Marriage and the Family,* 1974, 36:13-29.
Strauss, M.A.; Gelles; R. H. e Steinmetz; S. K. *Behind Closed Doors: Violence in the American Family.* Nova York, Achor-Doubleday, 1981.
Tavris, C. *Anger – the Misunderstood Emotion.* Nova York, Simon & Schuster, 1982.

TAVRIS, C. "On the wisdom of counting from one to ten." *Review of Personality and Social Psychology,* 1984, 5:270-91.

WALKER, L.E. "The battered woman syndrome study". In: D. FINKELHOR, R.J. GELLES, G. HOTALING e M. STRAUS (eds.). *The Dark Side of Families: Current Family Violence Research,* Beverly Hills, CA, Sage Publications, 1983.

_____. *The Battered Woman Syndrome.* Nova York, Springer Publishing Co., 1984.

WEISINGER, H. *Dr. Weisinger's Anger Work-Out Book.* Nova York, William Morrow and Co., 1985.

WEISS, R. *Marital Separation.* Nova York, Basic Books, 1985.

WHITTING, J.W.M. *Becoming a Kwoma.* New Haven, Yale University Press, 1941.

WILLIAMS, R.B.; HANEY; T. L. LEE; K. I. KONG; Y. BLUMENTHAL; J. A. e WALEN; R. E. "Type A behavior, hostility, and coronary atherosclerosis". *Psychosomatic Medicine,* 1980, 42:539-49.

WOLFF, H.S. e WOLF; S. "A study of experimental evidence relating life stress to the Pathogenesis of essential hypertension in man". In: E.T. BELL (eds.). *Hypertension: A Symposium,* Minneapolis, University of Minnesota Press, 1951.

_____. "Stress and the gut". *Gastroenterology,* 1967, 52:2.

WOLPE, J. *The Practice of Behavior Therapy.* Oxford, Pergamon Press, 1969.

WOOD, C. "The hostile heart". *Psychology Today,* 1986, 20:9.

MATTHEW MCKAY é diretor de algumas instituições de atendimento psicológico e apoio familiar, em São Francisco. É co-autor de vários livros na área de psicologia para o grande público, entre eles o *Manual de relaxamento e redução do stress e Mensagens*, publicados pela Summus Editorial. Doutorou-se pela California School of Professional Psychology. Em seu consultório especializou-se no tratamento de ansiedade, raiva e depressão segundo a abordagem comportamental cognitiva.

PETER D. ROGERS é diretor de algumas instituições de atendimento psicológico e apoio familiar, em São Francisco. Trabalha também no Departamento de Psiquiatria do Hospital Kaiser, em Redwood City. Doutorou-se em psicologia clínica pela Adelphi University. É co-autor da obra *The Divorce Book*. Especializou-se em psicoterapia breve e resolução de problemas a curto prazo. Tem desenvolvido métodos para a aplicação do humor em psicoterapia.

JUDITH MCKAY bachalerou-se em ciências da enfermagem pela Universidade Estadual da Califórnia. Elaborou um guia com recomendações para o desenvolvimento de uma auto-estima elevada nas crianças. Sua pesquisa sobre padrões saudáveis para criação de filhos e os efeitos psicológicos da raiva constituiu uma valiosa contribuição para o presente livro. Trabalha atualmente na unidade de pacientes oncológicos internados no hospital Alta Bates, em Berkeley, Califórnia.

www.gruposummus.com.br